La Folle Journée
ou
Le Mariage de Figaro

Du même auteur
dans la même collection

LE BARBIER DE SÉVILLE (édition avec dossier).
LE BARBIER DE SÉVILLE. LE MARIAGE DE FIGARO. LA MÈRE
   COUPABLE.
LE MARIAGE DE FIGARO (édition avec dossier).

BEAUMARCHAIS

—

La Folle Journée
ou
Le Mariage de Figaro

●

CHRONOLOGIE
PRÉSENTATION
NOTES
DOSSIER
BIBLIOGRAPHIE

par Élisabeth Lavezzi

Édition mise à jour en 2008

GF Flammarion

SOMMAIRE

CHRONOLOGIE   6

PRÉSENTATION   17

La Folle Journée
ou
Le Mariage de Figaro

Préface	43
Caractères et habillements de la pièce	73
Acte I	79
Acte II	105
Acte III	144
Acte IV	175
Acte V	196

DOSSIER

1. La Première du *Mariage*	229
2. Naissance du genre sérieux	236
3. De la parade au drame	242
4. L'évolution des tons dans la trilogie	253
5. Le monologue de Figaro	261
6. Beaumarchais scénographe	269
7. La surprise du désir	276

RÉPERTOIRE des Comédiens Français
ayant créé *Le Mariage*   282

BIBLIOGRAPHIE   284

CHRONOLOGIE	REPÈRES HISTORIQUES ET CULTURELS	VIE ET ŒUVRES DE BEAUMARCHAIS
1713	Naissance de Diderot.	
1715	Mort de Louis XIV.	
1721	Montesquieu, *Lettres persanes*.	
1723	Mort du Régent. Début du règne de Louis XV.	
1732	Marivaux, *Le Triomphe de l'amour*, *L'École des mères*, *Les Serments indiscrets*. Voltaire, *Zaïre*. Naissance de Fragonard.	(24 janvier) Naissance de Pierre-Augustin de Beaumarchais à Paris, septième enfant d'une famille de dix. Il est le fils d'André-Charles Caron, maître horloger et de Marie-Louise Pichon.
1737	Marivaux, *Les Fausses Confidences*.	
1740	Frédéric II, roi de Prusse. Guerre de Succession d'Autriche (1740-1748).	
1742	Marivaux est élu à l'Académie française. Traduction française de *Pamela* de Richardson (1740).	
1742-1745		Beaumarchais fréquente l'école des métiers d'Alfort.
1743	Mort de Fleury. Gouvernement personnel de Louis XV.	

1745	Victoire de Fontenoy. Mme de Pompadour, favorite du roi (jusqu'à sa mort en 1764).
1746	Voltaire entre à l'Académie française.
1747	Mort de Lesage. Voltaire, *Zadig*.
1748	Traité d'Aix-la-Chapelle. Montesquieu, *L'Esprit des lois*. Diderot, *Les Bijoux indiscrets*. Naissance de David.
1751	Premier volume de l'*Encyclopédie* (→ 1772).
1752	Querelle des Bouffons (oppose les partisans de la musique française à ceux de la musique italienne). Traduction française de *Clarisse Harlowe* de Richardson (1747) par Prévost.
1753-1755	Apprenti horloger dans l'atelier de son père, il invente un nouveau système d'échappement (mécanisme régulateur) que Lepaute, horloger du roi, fait passer pour sien ; mais Beaumarchais proteste, et l'Académie des sciences lui en reconnaît la paternité. Il achète une charge de contrôleur clerc d'office de la Maison du roi à Franquet.

CHRONOLOGIE	REPÈRES HISTORIQUES ET CULTURELS	VIE ET ŒUVRES DE BEAUMARCHAIS
1754	Naissance du Dauphin (futur Louis XVI).	
1755	Tremblement de terre de Lisbonne. Rousseau, *Discours sur l'origine et les fondements de l'inégalité parmi les hommes.* Greuze, *Le Père de famille.* Mort de Saint-Simon et de Montesquieu.	
1756	Guerre de Sept Ans (France, Autriche et Russie contre l'Angleterre et la Prusse). Ouverture du théâtre de Lyon (Soufflot).	
1756-1757		Beaumarchais épouse Madeleine-Catherine Aubertin, veuve de Franquet. Il se fait appeler Caron de Beaumarchais, nom d'une terre de sa femme. Mort de sa femme. Endetté, Beaumarchais se trouve en procès avec ses beaux-parents ; l'affaire ne sera terminée qu'en 1781. Rencontre avec Le Normand d'Étiolles, banquier et mari de Mme de Pompadour.
1757	Diderot, *Le Fils naturel* et *Entretiens sur Le Fils naturel.* Chardin, *L'Écureuse.* Boucher, *Vulcain présentant à Vénus des armes pour Énée.* Mort de Fontenelle.	

1758	Gouvernement Choiseul. Diderot, *Le Père de famille* et *De la poésie dramatique*. Rousseau, *Lettre à d'Alembert sur les spectacles*.	Beaumarchais devient maître de musique des filles du Louis XV et perfectionne la harpe. Il rencontre le financier Pâris-Duverney qui l'associe à ses affaires et fera sa fortune.
1759	Suppression des places installées sur la scène de la Comédie-Française. Voltaire, *Candide*. Naissance de Danton et de Robespierre.	
1761	Rousseau, *La Nouvelle Héloïse*. *Le Père de famille* représenté à la Comédie-Française. Greuze, *L'Accordée de village*.	
1761-1763		Il achète la charge de conseiller secrétaire du roi, qui lui confère la noblesse, puis celle de lieutenant général des chasses. Il envisage d'épouser une jeune Créole, Pauline Le Breton, mais le projet n'aboutira pas.
1762	Fusion de la Comédie-Italienne et de l'Opéra-Comique. Rousseau, *Émile, Du contrat social*.	
1763	Traité de Paris (fin de la guerre de Sept ans et démantèlement de l'empire colonial français). Mort de Marivaux et de l'abbé Prévost.	

	REPÈRES HISTORIQUES ET CULTURELS	VIE ET ŒUVRES DE BEAUMARCHAIS
1764	Voltaire, *Dictionnaire philosophique.* Achèvement du Petit Trianon par Gabriel. Naissance d'André Chénier. Mort de Rameau.	Voyage en Espagne comme mandataire de Pâris-Duverney. Ses négociations avec le gouvernement espagnol sont un échec. Il tente également en vain d'obtenir que l'écrivain et naturaliste Clavijo respecte sa promesse d'épouser sa sœur. Cette histoire lui inspirera le sujet d'*Eugénie.*
1765	Mort de Carle Van Loo ; Boucher, Premier Peintre du roi.	
1766	Naissance de Mme de Staël.	
1767	Voltaire, *L'Ingénu.*	Première représentation d'*Eugénie* à la Comédie-Française. Le drame est publié avec l'*Essai sur le genre dramatique sérieux.*
1768	Maupeou chancelier. Naissance de Chateaubriand.	Beaumarchais épouse Geneviève-Madeleine Wattebled, veuve. Naissance de son fils, Augustin.
1769	Naissance de Napoléon Bonaparte. Ducis, *Hamlet* (adapté de Shakespeare).	
1770		Échec de son drame, *Les Deux Amis*, représenté à la Comédie-Française. Naissance et mort prématurée d'une fille, Aimable-Eugénie. Mort de son épouse.

CHRONOLOGIE

1771	Mariage du Dauphin avec Marie-Antoinette. Maupeou brise l'opposition parlementaire. Chardin, *Autoportrait*.	Procès avec La Blache, neveu et légataire de Pâris-Duverney, mort en 1770. Mort du jeune Augustin.
1771-1772		
1773-1774		Les Comédiens-Français reçoivent *Le Barbier de Séville*. Beaumarchais est emprisonné trois mois après une altercation avec le duc de Chaulnes qui l'accuse de lui avoir pris sa maîtresse. Il perd son procès en appel où Goëzman, rapporteur, a pris le parti de La Blache. Goëzman porte plainte contre Beaumarchais qui publie quatre mémoires contre lui. Rencontre avec Marie-Thérèse de Willer-Mawlas, qu'il épousera en 1786. Début d'une série de séjours à l'étranger, où il officie comme agent secret pour détruire des pamphlets visant la maîtresse du roi. Arrêté à Vienne, il est libéré sur intervention du ministère français.
1774	Mort de Louis XV ; avènement de Louis XVI. Goethe, *Werther*.	
1775		Chute, puis succès du *Barbier de Séville*. Mémoire contre La Blache. Beaumarchais négocie à Londres avec le chevalier d'Éon, agent secret qui se fait passer pour une femme.

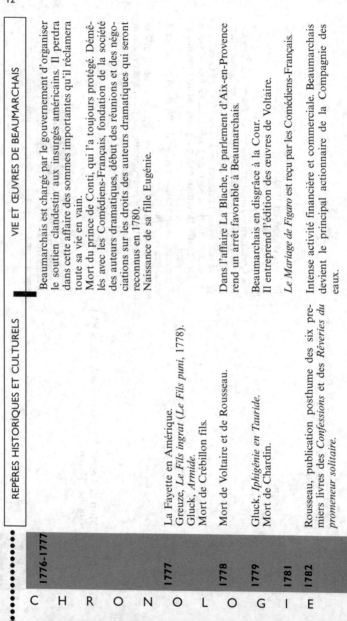

CHRONOLOGIE	REPÈRES HISTORIQUES ET CULTURELS	VIE ET ŒUVRES DE BEAUMARCHAIS
1776-1777		Beaumarchais est chargé par le gouvernement d'organiser le soutien clandestin aux insurgés américains. Il perdra dans cette affaire des sommes importantes qu'il réclamera toute sa vie en vain.
1777	La Fayette en Amérique. Greuze, *Le Fils ingrat* (*Le Fils puni*, 1778). Gluck, *Armide*. Mort de Crébillon fils.	Mort du prince de Conti, qui l'a toujours protégé. Démêlés avec les Comédiens-Français, fondation de la société des auteurs dramatiques, début des réunions et des négociations sur les droits des auteurs dramatiques qui seront reconnus en 1780. Naissance de sa fille Eugénie.
1778	Mort de Voltaire et de Rousseau.	Dans l'affaire La Blache, le parlement d'Aix-en-Provence rend un arrêt favorable à Beaumarchais.
1779	Gluck, *Iphigénie en Tauride*. Mort de Chardin.	Beaumarchais en disgrâce à la Cour. Il entreprend l'édition des œuvres de Voltaire.
1781		*Le Mariage de Figaro* est reçu par les Comédiens-Français.
1782	Rousseau, publication posthume des six premiers livres des *Confessions* et des *Rêveries du promeneur solitaire*.	Intense activité financière et commerciale. Beaumarchais devient le principal actionnaire de la Compagnie des eaux.

1783	Installation de la Comédie-Française dans sa nouvelle salle (actuel Odéon). Laclos, *Les Liaisons dangereuses*.	(13 juin) La représentation de *La Folle Journée* au théâtre des Menus-Plaisirs est interdite. Le 26 septembre, la pièce est jouée à Gennevilliers.
1784	Naissance de Stendhal. Mort de d'Alembert.	Lettre au baron de Breteuil et au roi pour défendre la pièce. (27 avril) Première triomphale du *Mariage de Figaro*. Le livret de *Tarare* est accepté par l'Académie royale de musique.
1785	Mort de Diderot.	La parution dans le *Journal de Paris* d'une lettre où Beaumarchais évoque les « lions et tigres » qu'il a combattus pour faire jouer *Le Mariage de Figaro* provoque la colère du roi. Il est emprisonné à Saint-Lazare (8 au 13 mai). Publication du *Mariage de Figaro*. En août, la reine joue Rosine dans une représentation du *Barbier de Séville* à la Cour. Reprise d'*Eugénie*.
1786	Rétif de la Bretonne, *La Paysanne pervertie*. David, *Serment des Horace*.	
	Affaire du collier de la reine.	(1er mai) Première à Vienne des *Noces de Figaro*, de Mozart.

	REPÈRES HISTORIQUES ET CULTURELS	VIE ET ŒUVRES DE BEAUMARCHAIS
1787	Constitution des États-Unis d'Amérique. Le parlement réclame la convocation des états généraux. Bernardin de Saint-Pierre, *Paul et Virginie*.	Création de l'opéra *Tarare* (musique de Salieri). Début d'une bataille de mémoires avec Bergasse, avocat de Kornmann qui a fait enfermer sa femme ; Beaumarchais la fait libérer. Il entreprend de se faire construire un hôtel particulier par Lemoyne près de la Bastille ; on donnera plus tard son nom au boulevard qui longe le terrain. En août, Beaumarchais est invité à une représentation à la Cour du *Barbier de Séville*.
1789	Réunion des états généraux (5 mai) ; les députés du tiers état se proclament Assemblée nationale (17 juin) ; prise de la Bastille (14 juillet) ; abolition des privilèges (4 août) ; déclaration des droits de l'homme (26 août). La Comédie-Française devient le Théâtre de la Nation.	Il est élu président du district des Blancs-Manteaux. Il doit surveiller la démolition de la Bastille.
1790	Constitution civile du clergé. Naissance de Lamartine.	Rédaction de *La Mère coupable*.
1791	Fuite du roi à Varennes. Monarchie constitutionnelle. Sade, *Justine*.	Les Comédiens-Français reçoivent *La Mère coupable*, mais Beaumarchais leur retirera sa pièce.
1792	Chute de la royauté et proclamation de la République ; première séance de la Convention.	En décembre, reprise du *Mariage de Figaro*. Début de l'affaire des fusils de Hollande (le ministère de

CHRONOLOGIE

	Valmy et Jemmapes. Rouget de Lisle, *La Marseillaise*.	la Guerre charge Beaumarchais d'acheter et de faire livrer en France des armes entreposées en Hollande). En juin, première de *La Mère coupable* au Théâtre du Marais. Incarcéré à diverses reprises en France ou à l'étranger, Beaumarchais est mis en accusation par la Convention.
1793	Exécution de Louis XVI, puis de Marie-Antoinette. Comité de salut public ; début de la Terreur. David, *Marat*.	Innocenté par le Comité de salut public qui l'envoie de nouveau acheter les armes en Hollande.
1794	Aggravation de la Terreur ; dictature et chute de Robespierre. Chénier guillotiné.	Beaumarchais est placé sur la liste des émigrés. Sa famille proche est emprisonnée à Paris, puis libérée. Il passe en Hollande puis en Allemagne.
1795	Le Directoire. Sade, *La Philosophie dans le boudoir, Aline et Valcour*.	Reprise de *Tarare*.
1796	Campagne d'Italie ; Arcole.	Rayé de la liste des émigrés, Beaumarchais rentre à Paris, ruiné et couvert de dettes.
1797	Rivoli ; traité de Campoformio entre la France et l'Autriche. Naissance de Vigny. Chateaubriand, *Essai sur les révolutions*.	Reprise de *La Mère coupable* par les Comédiens-Français. La pièce a du succès.

	REPÈRES HISTORIQUES ET CULTURELS	VIE ET ŒUVRES DE BEAUMARCHAIS
1798	Expédition d'Égypte.	
1798-1799	Naissance de Michelet et de Delacroix.	Beaumarchais est plusieurs fois jugé débiteur de l'État dans l'affaire des fusils.
1799	Coup d'État du 18 Brumaire ; le consulat. Naissance de Balzac.	Dans la nuit du 17 au 18 mai, Beaumarchais meurt subitement dans son sommeil d'une crise d'apoplexie. Il est enterré dans son jardin. Ses restes seront transférés au Père-Lachaise en 1822.
1805		
1809	Mort de Greuze.	Publication par Gudin de la Brunellerie, son ami depuis 1770, des *Œuvres complètes de Pierre-Augustin Caron de Beaumarchais*, en sept volumes.

C H R O N O L O G I E

Présentation[1]

Le Mariage de Figaro se situe au centre d'une trilogie, entre *Le Barbier de Séville* et *La Mère coupable*. La création de l'ensemble s'étend sur dix-sept ans ; *Le Barbier de Séville ou La Précaution inutile* a été représenté pour la première fois le 23 février 1775, *La Folle Journée ou Le Mariage de Figaro* le 27 avril 1784 (tous deux par les Comédiens-Français), *L'Autre Tartuffe ou La Mère coupable*, le 26 juin 1792 (au Théâtre du Marais). De cette histoire qui dure vingt-trois ans, seuls trois jours sont représentés sur scène. *Le Barbier* montre comment Lindor, comte Almaviva, aidé de Figaro, son ancien valet, réussit à épouser Rosine, en dépit de son tuteur, Bartholo. *Le Mariage* se déroule trois ans plus tard, au château d'Aguas-Frescas, où demeurent à présent Lindor et Rosine ; plusieurs intrigues se nouent le jour du mariage de Figaro avec Suzanne, la caameriste. *La Mère coupable* fait intervenir, vingt ans après, les deux couples installés à Paris et les enfants Almaviva. La trilogie a été conçue progressivement ; dans la préface du *Barbier*, comédie d'une grande gaieté, Beaumarchais expose un canevas partiel du *Mariage* ; dans celle du *Mariage*, comédie plus nostalgique, il annonce *La Mère coupable* qui est un drame. L'originalité de *La Folle Journée* s'explique en partie par la place de pivot qu'elle occupe dans la trilogie, mais elle découle surtout du renouvellement dramaturgique qu'elle met à l'épreuve.

---

1. Je remercie Guy Belzane dont l'amicale attention et les judicieux conseils m'ont été d'une aide précieuse.

D'UNE ESQUISSE À UNE PIÈCE MONUMENTALE

La préface du *Barbier de Séville ou La Précaution inutile* contient l'idée de départ du *Mariage*[1]. À la première représentation, le public accueille mal cette œuvre qu'il trouve trop longue. Beaumarchais tient immédiatement compte de cette critique et écourte la pièce d'un acte (le quatrième). Un franc succès couronne cette nouvelle version, mais la satisfaction qu'il a dû en tirer ne semble pas avoir totalement remplacé et dissipé le déplaisir de s'être coupé les ailes en supprimant une partie de sa pièce. Car dans la *Lettre modérée sur la chute et la critique du Barbier de Séville* qui sert de préface au *Barbier de Séville*, s'il raconte comment il a réduit la pièce, c'est seulement après avoir exposé qu'il lui était possible de la prolonger grâce à un épisode supplémentaire dont il propose le canevas. En imaginant qu'il pourrait allonger *Le Barbier*, il se console du sacrifice que le public a exigé de lui ; l'ébauche d'un sixième acte a d'abord compensé la disparition du quatrième acte. Toutefois, il ne s'en tient pas là, et transforme peu après cette réparation imaginaire en réelle revanche. Non seulement l'esquisse d'un sixième acte est métamorphosée en œuvre à part entière[2] (la page de la *Lettre* est le point de départ du *Mariage*), mais encore cet appendice potentiel du *Barbier* devient une pièce de théâtre où le dramaturge parvient à imposer au public une durée de représentation que celui-ci a d'abord refusée, et des nouveautés dont il ne pouvait se douter.

Si l'on s'en tient aux intrigues, le canevas proposé dans la *Lettre* est repris et développé essentiellement dans la scène 16 de l'acte III du *Mariage* qui raconte une reconnaissance : Figaro, qui sait être un enfant volé, retrouve ses parents en Marceline et Bartholo, grâce à une marque

---

1. Voir le Dossier, p. 255-259.
2. Beaumarchais raconte dans la préface du *Mariage* (voir p. 51), que le prince de Conti l'a mis au défi de réaliser son projet ; le désir d'une revanche a pu lui fournir la force de relever ce défi.

au fer que son père lui a faite. Beaumarchais enrichit cette action de départ, notamment en modifiant la chronologie des faits ; dans la préface du *Barbier*, la scène de reconnaissance suit immédiatement la dernière scène où se décide le mariage de Lindor avec Rosine, alors que l'action de *La Folle Journée* se situe trois années plus tard. En différant la scène de reconnaissance, le dramaturge se donne une double liberté : celle de faire évoluer les personnages du *Barbier* et celle d'en faire intervenir de nouveaux. Dans l'élargissement de cet intervalle temporel, la fiction peut proliférer ; le noyau initial n'est plus qu'un élément au sein d'un réseau complexe d'intrigues.

L'action du *Mariage* n'est pas réductible à un schéma, et ce n'est que bien artificiellement que l'unité d'action peut s'y retrouver : il s'agit en réalité plus d'une folle journée que d'un mariage ; mais les nombreuses intrigues entretiennent entre elles des rapports qui constituent l'action sous forme de nébuleuse. Un rapide tableau des intrigues principales qui se présentent au début de la pièce fournit quelques repères. Elles font intervenir des personnages d'âges divers qui peuvent, *grosso modo*, être classés en trois générations. Les personnages les plus âgés viennent du *Barbier* : Bartholo, le médecin, Marceline, devenue femme de charge[1] au château, et Bazile, qui y enseigne la musique. D'une part, Bartholo refuse toujours d'épouser Marceline à qui, trente ans auparavant, il a fait un enfant qui leur a été volé ; de l'autre, Bazile est tombé amoureux de Marceline et désire se marier avec elle. La génération médiane est représentée d'un côté par Figaro et Suzanne (absente du *Barbier*), les domestiques, de l'autre, par le comte et la comtesse (Lindor et Rosine), leurs maîtres. Figaro, qui est devenu concierge du château, est sur le point d'épouser Suzanne, la camériste, qui partage son amour ; le comte, délaissant son épouse qui veut le reconquérir, tente de séduire Suzanne qui lui résiste ; le maître et le valet se trouvent ainsi

---

1. Femme de charge : « femme chargée de la garde, du soin de la vaisselle, du linge, etc. ».

rivaux en amour. La troisième génération (le terme n'est pas à prendre au sens strict) concerne deux adolescents, Fanchette, fille du jardinier Antonio, et Chérubin, page du comte ; Chérubin courtise Fanchette qui est éprise de lui.

À ces intrigues qui se jouent dans chaque génération, et qui sont comme les fils de chaîne, s'ajoutent celles où se croisent les générations, et qui en sont comme les fils de trame. L'action qui relie la première à la deuxième génération concerne Marceline et Figaro ; il lui a emprunté de l'argent, et s'est engagé à la rembourser ou à l'épouser, solution autant souhaitée par la duègne que redoutée par le valet. Un triple enjeu marque la rencontre des deuxième et troisième générations : le comte courtise Fanchette, le page est amoureux de la comtesse, sans dédaigner Suzanne – ce qui le rend ainsi trois fois le rival du comte. Deux des intrigues amoureuses entre les générations ont rapport à l'inceste, de façon plus ou moins directe. Une relative analogie rapproche, en effet, les actions suivantes : Marceline veut épouser Figaro qui, bien que tous deux l'ignorent, est son fils ; et la comtesse n'est pas insensible à Chérubin qui lui fait la cour, alors qu'il est son filleul.

Ces intrigues dont nous n'avons retenu que les principales créent fréquemment des situations où des personnages, à la fois, œuvrent à leur propre entreprise, tout en aidant d'autres personnages dans leur projet, ou inversement en s'opposant à eux. Ainsi, le comte, en favorisant le mariage de Marceline avec Figaro, espère trouver un libre accès à Suzanne. Quand les situations se modifient, il arrive que les personnages changent de camp. Par exemple Bazile, qui d'abord aide Almaviva à séduire la camériste, adopte ensuite une autre stratégie quand il comprend que le comte, en poussant à l'union de Marceline et Figaro, dessert la réalisation de sa propre passion pour la duègne. De nombreux personnages sont engagés simultanément, mais à titres divers, dans plusieurs intrigues. C'est pourquoi, au gré des complicités qui se nouent puis se dénouent, les revers et les rebondissements se succèdent rapidement. En fin de compte, l'entrelacement des intrigues ressemble à une nébuleuse d'alliances variables, et crée un univers que caractérise une permanente instabilité.

Toutefois, J. Scherer [1] propose une organisation qui est un guide utile et dont nous retenons les principaux aspects. Il divise chaque acte en trois ou quatre mouvements dont chacun rassemble les scènes en fonction d'une dominante (un personnage, une action ou un jeu scénique). Le premier acte présente d'abord Figaro et Suzanne préoccupés de leur mariage (1-2), puis Marceline qui poursuit Figaro pour l'épouser (3-6), enfin Chérubin, le page, qui tente d'échapper au comte (7-11). Le deuxième acte montre Chérubin et les femmes qui le travestissent (1-9), puis le comte qui cherche à découvrir qui est caché chez son épouse (10-21), ensuite Marceline qui revient (22-23) et enfin la comtesse émue (24-26). Le troisième acte fait voir le comte qui s'emploie au départ de Chérubin (1-4), le comte et Figaro qui se sondent à cause du comportement feint de Suzanne (5-11), le procès de Marceline contre Figaro (12-15) et la scène de reconnaissance suivie de ses conséquences (16-20). Le quatrième acte commence par le projet de rendez-vous que forgent Suzanne et la comtesse (1-3), il se prolonge avec la découverte de Chérubin par le comte (4-8), la noce (9-13) et les desseins ombrageux de Figaro qui se croit trahi (14-16). Le dernier acte voit succéder, au Figaro qui dispose ses troupes (1-2), celui qui prononce son monologue (3) ; plusieurs rencontres, dont celle du comte avec la comtesse déguisée en Suzanne, poussent les personnages à se cacher (4-12), finalement chacun sort de sa cachette (13-19) et le comte est confondu. De plus, G. Conesa montre comment, souvent, les scènes contiennent des « effets séquentiels » ; il s'agit d'un ensemble de répliques qui « sont organisées suivant une

---

1. Voir l'édition du *Mariage de Figaro* par J. Scherer, Sedes, 1966, p. 413-414.

structure précise » autour d'un trait d'esprit et qui se décomposent en :

> – Ouverture de l'effet ;
> – Trait ;
> – Commentaire sur le trait ;
> – Enchaînement de la suite du dialogue [1].

Il conclut que « ces effets séquentiels constituent une unité dramatique parfaitement homogène, parfois mobile, mais rarement nécessaire à la progression référentielle du dialogue [2] ».

Il est aisé de comprendre qu'une telle pièce ne peut pas être brève. *Le Mariage* est remarquable, entre autres, par ses aspects quantitatifs : la durée de sa représentation est, à l'époque de sa création, de deux heures quarante, le nombre de ses scènes se monte à 92 et celui de ses personnages à 16 [3]. C'était largement bousculer les usages, mais Beaumarchais avait une revanche à prendre sur le terrain

---

1. G. Conesa, *La Trilogie de Beaumarchais*, PUF, 1985, p. 103-105. Il en propose l'exemple suivant, extrait de la scène 2 de l'acte II.
   Ouverture :
   FIGARO. – [...] Veut-on me laisser faire ?
   SUZANNE. – On peut s'en fier à lui pour mener une intrigue.
   FIGARO. – Deux, trois, quatre à la fois, bien embrouillées, qui se croisent. J'étais né pour être courtisan.
   SUZANNE. – On dit que c'est un métier si difficile !
   Trait :
   FIGARO. – Recevoir, prendre et demander, voilà le secret en trois mots.
   Commentaire :
   LA COMTESSE. – Il a tant d'assurance qu'il finit par m'en inspirer.
   FIGARO. – C'est mon dessein.
   Enchaînement :
   SUZANNE. – Tu disais donc ?
2. *Ibid.*, p. 117.
3. Beaumarchais, dans le manuscrit de la pièce conservé à la bibliothèque de la Comédie-Française, signale la durée de la représentation : « Premier acte : 30 minutes / Deuxième acte : 44 minutes / Troisième acte : 30 minutes / Quatrième acte : 25 minutes / Cinquième acte : 30 minutes. » Au total, 92 scènes sont réparties ainsi : acte I, 11 scènes, acte II, 26 scènes, acte III, 20 scènes, acte IV, 16 scènes, acte V, 19 scènes. Outre les troupes de valets, paysans et paysannes, qui n'ont pas de rôle parlé, on compte 16 personnages individualisés.

même où il avait dû reculer : après la frustration d'avoir raccourci *Le Barbier*, il se devait d'imposer une pièce qui tienne de la fresque. L'invention en dramaturgie est née, entre autres, de l'idée selon laquelle les spectateurs, eux aussi, peuvent changer.

RADIOGRAPHIE DU MARIAGE

Si la nébuleuse d'intrigues justifie au moins partiellement le titre de *Folle Journée*, le sous-titre, *Le Mariage de Figaro*, promu d'ailleurs en désignation d'usage, indique, malgré tout, qu'il est question de mariage. Il s'agit de l'une des problématiques majeures qui ne se limite pas aux seuls domestiques ; la pièce, en effet, renouvelle cet enjeu et le traite de façon originale.

Un mariage imminent constitue la conclusion habituelle de la comédie [1], et ce qui se passe ensuite ne relève pas de son domaine. Or *La Folle Journée* présente un indice majeur de nouveauté : la cérémonie civile qui unit Figaro à Suzanne se déroule au quatrième acte, et non après le baisser de rideau. Cette comédie rompt donc délibérément avec l'usage : le mariage n'y est plus cet aboutissement au-delà duquel la comédie se tait. Cette modification de l'allure traditionnelle de la comédie entraîne plusieurs conséquences. D'abord, ce sont le statut et la fonction du mariage qui en sont modifiés. Beaumarchais sépare sa fonction conclusive d'usage de sa fonction dramatique, qu'il choisit d'exploiter de façon autonome en l'analysant pour elle-même ; loin de constituer une réponse de convention à la nécessité de clore une intrigue, cette nouvelle façon de traiter le mariage permet de mettre les personnages en situation et d'en montrer les multiples facettes. Ensuite, grâce à ce déplacement, la comédie élargit son champ. En franchissant la frontière du mariage, en deçà de laquelle elle se tenait

---

1. C'est le cas dans *Le Barbier de Séville*.

confinée, elle agrandit son domaine thématique par une annexion partielle du terrain romanesque[1]. *La Folle Journée* dessine une nouvelle architecture de la comédie et trace de nouvelles limites à son territoire. Beaumarchais va contre la convention d'un genre non pour le détruire, mais bien au contraire pour l'enrichir ; décaler vers l'amont le mariage est acte d'explorateur littéraire.

L'attention portée par Beaumarchais au traitement du mariage, non comme fait conclusif, mais comme élément centralisé, se manifeste dans un autre indice : le mariage est envisagé selon des modalités multipliées. La plus traditionnelle est celle du mariage qui doit se faire, et qui concerne Figaro et Suzanne jusqu'à l'acte IV. La deuxième, la plus originale, est celle du mariage en train de se réaliser, elle correspond à cet état transitoire de Figaro et Suzanne après la cérémonie civile. La troisième concerne un mariage qui, tout en existant encore, se défait, celui du comte et de la comtesse. La quatrième montre un mariage qui aurait dû se faire depuis trente ans, et commence à se réaliser à l'acte IV, celui de Marceline et Bartholo. La cinquième présente un mariage qui ne devrait pas se faire, qui ne se fera pas, mais se réalisera au regard de la nature après la fin de la pièce, celui Chérubin avec la comtesse[2]. De cet ensemble, deux modalités retiennent notre attention, le mariage en train de se dérouler, parce que, on l'a dit, il s'agit d'une véritable originalité théâtrale, et le mariage en train de se défaire, parce que le traitement en est le plus complexe.

Le comte et la comtesse, unis depuis trois ans, vivent l'après-mariage. Tous deux sont pris entre le regret de leur bonheur perdu et les tentations du présent. Le comte évoque sa surprise du désir disparu : « On est tout surpris

---

1. Le sujet appartient au roman depuis longtemps sous la forme du traitement des femmes mariées, et plus particulièrement encore depuis *La Nouvelle Héloïse* de J.-J. Rousseau (1761) ; plus de la moitié de cet ouvrage, en effet, suit la vie de l'héroïne après son mariage, et celui-ci est raconté en détail (Troisième partie, lettre 18).
2. Dans *La Mère coupable*, on apprend que Léon est le fils de Chérubin qui a abusé de la comtesse.

un beau soir de trouver la satiété où l'on recherchait le bonheur » (acte V, scène 7) ; il s'est livré à diverses conquêtes jusqu'à ce qu'il entreprenne celle de Suzanne, la cameriste de son épouse. Seule la jalousie l'attache encore à la comtesse et lui fait poursuivre Chérubin, ce rival à présent imaginaire, mais plus tard réellement dangereux. La comtesse veut reconquérir son mari et elle est aussi troublée par ce page qui lui fait la cour. Le couple de l'après-mariage, bien que les deux partenaires ne soient pas en situation exactement symétrique, se trouve dans une position ambivalente : chacun est à la fois encore trop attaché à l'autre pour ne plus souffrir, et déjà assez détaché de l'autre pour être sensible à un tiers. L'après-mariage montre un lien qui se relâche sans se défaire totalement, si bien qu'aucun membre du couple ne se sent bien ni dedans ni dehors. L'intrigue qui concerne la comtesse et le comte se termine à la dernière scène ; celle-ci apporte une solution immédiate, mais ne semble rien résoudre à moyen ni à long terme – ce que confirme la dernière pièce de la trilogie, *La Mère coupable*. En effet, la querelle du comte et de la comtesse s'achève, en partie comme le drame d'*Eugénie* (1767), par un pardon que l'épouse accorde à son mari ; mais ce pardon est le troisième d'une série qui a commencé le matin, et les deux qui l'ont précédé n'ont rien changé au comportement du comte ; par conséquent, il est plus que probable que le troisième pardon n'ait pas plus d'efficacité que les deux précédents. De même, l'air « absorbé » de la comtesse et l'inadaptation de sa dernière réplique à la question que lui a posée le comte montrent qu'elle est ailleurs, emportée par une rêverie qu'a dû susciter en elle le geste amoureux du page récupérant le ruban qu'il lui avait une première fois volé. Au regard de l'après-mariage, la dernière scène convainc mal et, si elle termine la pièce, elle ne conclut en rien la crise matrimoniale.

Le mariage de Figaro et Suzanne commence à se dérouler au quatrième acte et, à la fin de la pièce, il n'est toujours pas achevé ; le couple dépeint pendant le déroulement de ses noces, à partir de la scène 9 de l'acte IV, incarne ce moment bien particulier qu'est le mariage en train de se faire. Une double interdiction frappe la représentation scénique du mariage ; celle du mariage naturel serait contraire aux bienséances, et celle du mariage religieux, qui est l'un des sept sacrements de la foi catholique, serait sacrilège. Seule les faces civile et festive du mariage peuvent être montrées ; c'est pourquoi la cérémonie de la remise des ajustements se déroule sur scène. Beaumarchais a su en tirer parti. D'une part, l'ensemble procure la possibilité de composer des scènes de groupe, parfois agrémentées de danses et de chants, et d'en exploiter les ressources scéniques et spectaculaires. D'autre part, et surtout, Beaumarchais prolonge pendant un acte et demi la situation d'entre-deux que partage le couple des domestiques, afin de l'analyser en détail. Suzanne et Figaro, qui sont en train de changer d'état, se trouvent dans une position intermédiaire : ils ne sont ni mariés ni célibataires. Si Figaro se dit marié « à moitié [1] », ce n'est pas seulement parce que le mariage n'a pas été consommé, c'est aussi parce que les festivités civiles ne sont pas terminées, et que la cérémonie religieuse, dont il n'est jamais question, n'a pas eu lieu.

Qu'advient-il de Figaro pendant cet entre-deux que le dramaturge dilate à loisir ? Dès que s'est déroulée la cérémonie de la remise des ajustements, c'est-à-dire à peine le processus de son mariage avec Suzanne enclenché, Figaro apprend [2] qu'elle a donné rendez-vous au comte qui, il le sait, la poursuit de ses ardeurs – et se rend compte qu'elle l'a fait au moment même où elle a reçu de lui la toque virginale. En proie à la jalousie, il souffre les affres de l'amour avant d'en connaître les plaisirs ; si message il y a, il n'est guère optimiste. Peu après, Figaro comprend que ses soupçons envers Suzanne ne sont pas justifiés. Or, pendant quelques instants, il lui laisse croire qu'il aime la comtesse [3]. Le bénéfice qu'il tire de l'illusion

---

1. Acte IV, scène 15, et acte V, scène 3.
2. Acte IV, scène 14.
3. Acte V, scène 8.

qu'il crée chez Suzanne est au moins double. D'un côté, comme il fait seulement semblant de courtiser la comtesse, au regard des faits, sa fidélité à Suzanne reste intacte, et il peut continuer à se croire un mari intègre, même en étant marié à demi. De l'autre, en faisant semblant, il se donne un prétexte qui l'autorise à agir malgré tout ; cette façon de se comporter sans prendre les choses vraiment au sérieux lui permet d'avoir sa revanche sur Suzanne dont le comportement a suscité sa jalousie. Feindre l'autorise aussi à exprimer son attirance envers la comtesse, ce qui, de toute autre façon, serait inconcevable en raison des convenances ; c'est le seul moyen de faire partiellement ce qu'il serait le plus mal venu de faire effectivement. Si tout rentre vite dans l'ordre, Figaro tire de cette situation passagère plus de bénéfice qu'il n'en subit de perte. C'est dans l'entre-deux du mariage en cours qu'émerge, de façon privilégiée, l'ambivalence du personnage.

Le comportement de Suzanne est approximativement symétrique de celui de Figaro. Ce n'est pas sans ironie que Beaumarchais situe pendant la cérémonie civile le moment où Suzanne donne rendez-vous au comte en lui glissant un billet alors qu'il lui remet la toque virginale. En agissant ainsi, certes, elle obéit à sa maîtresse qui se rendra à sa place au lieu et à l'heure fixés, et elle ne fait que semblant de céder au comte. Un tel comportement, qui n'est qu'apparence, et qui vise à défendre les intérêts matrimoniaux de la comtesse, lui permet de croire qu'elle est autant une cameriste dévouée qu'une fidèle épouse à demi ; feindre l'acquitte de ses exigences morales vis-à-vis des autres et d'elle-même. De même, quand, cachée, elle assiste à ce rendez-vous entre le comte, trompé, et la comtesse déguisée en Suzanne[1], au regard de la réalité concrète, elle garde son innocence car elle demeure fidèle à Figaro et à sa maîtresse ; elle protège son idéal moral, et le bénéfice qu'elle en tire est loin d'être négligeable. Toutefois, lorsqu'elle entend le comte à la fois flatter celle

---

1. Acte V, scène 7.

qu'il croit être Suzanne, et dénigrer la comtesse, elle satisfait imaginairement au moins deux désirs inavouables, celui de se lancer dans une aventure avec un grand d'Espagne, et celui d'être préférée à la comtesse. Du côté de l'imagination, l'amour-propre féminin de Suzanne est satisfait, du côté des faits, sa conscience morale est tranquille. En somme, on pourrait croire qu'il n'y a que des bénéfices à tirer de ces comportements feints.

Et pourtant, en dilatant sur un acte et demi l'état transitoire et éphémère où Suzanne et Figaro ne sont déjà plus fiancés, mais ne sont pas encore époux, Beaumarchais radiographie sans concession l'entrée dans l'union matrimoniale. Pour imaginaires que soient leurs sentiments et leurs aventures, le mariage n'en échoue pas moins à stabiliser et à endiguer les désirs inavoués et les sombres soupçons. Montrer Figaro et Suzanne qui, mariés à moitié, traversent déjà la jalousie et la tentation de l'infidélité, suggère que le mariage n'unit qu'à demi et n'instaure aucune transparence. De plus, grâce à une sorte de peinture simultanée, de nombreuses analogies entre le couple en cours de formation (Figaro-Suzanne) et le couple marié depuis trois ans (la comtesse-le comte) montrent que le mariage en train de se faire contient en germe ce que l'après-mariage peut développer. La construction de la pièce va dans le même sens : peindre dès le début de la pièce le couple de l'après-mariage a aussi pour fonction d'annoncer ce qui risque de se passer pour le couple qui vit le déroulement de son mariage ; cependant, le couple de Figaro et Suzanne, contrairement à celui du comte et de la comtesse, n'est pas détérioré quand, vingt ans plus tard, a lieu l'histoire de *La Mère coupable* ; Beaumarchais ébauche, dans son analyse du mariage en train de se faire, un ensemble de possibles qui ne se réalisent pas tous dans la suite de l'histoire, mais sont effectifs dans le couple du comte et de la comtesse. La comédie qui déplace le mariage de sa fin vers son centre le peint comme une alliance à hauts risques.

COMÉDIE, DRAME ET TRAGÉDIE

Parmi les spectateurs du *Mariage*, certains ont vu *Le Barbier*[1] et lu dans sa préface le canevas du sixième acte, où Figaro, enfant volé, retrouve en Marceline et Bartholo ses parents. Quand, au premier acte, Marceline et Bartholo entrent en scène, et que la duègne parle de l'enfant qui lui a été jadis volé, ils comprennent qu'il s'agit des parents de Figaro, et prévoient qu'une scène de reconnaissance va avoir lieu. Ils se trouvent donc dans une situation d'attente, donnée tout à fait particulière, dont Beaumarchais tire parti : il joue, en effet, sur l'effet de surprise en apportant des réponses décalées par rapport à ce que l'usage peut faire prévoir ; par ces déplacements, il revisite certains traits de la comédie et lui donne une place nouvelle par rapport à la tragédie et au drame. Comme pour le mariage, c'est encore en inventeur qu'il met à l'épreuve la scène de reconnaissance[2].

Que modifie *La Folle Journée* au traitement de ce type de scène dans la comédie ? Dans ce genre théâtral, habituellement, sa place précède de peu les dernières répliques, et son utilité est de participer à lever l'obstacle au mariage ; scène de convention, elle fait fonction d'auxiliaire à la conclusion. Beaumarchais modifie cette tradition ; il semble n'en retenir qu'un aspect : à partir du moment où Marceline reconnaît en Figaro son fils volé, elle n'empêche plus l'union de celui-ci avec Suzanne. Mais, parce qu'il en bouscule la place – cette scène est disposée au centre de la pièce –, il lui enlève une partie de sa fonction conclusive : bien des intrigues encore restent à régler pendant les deux actes qui suivent. En

---

1. Beaumarchais exploite cette connivence avec son public : les répliques du *Mariage* qui renvoient directement au *Barbier* sont autant de clins d'œil aux spectateurs fidèles et complices.
2. On appelle au théâtre « scène de reconnaissance » celle au cours de laquelle un parent ou les parents retrouvent un ou plusieurs enfants perdus ou abandonnés ; soit encore celle où un parent apprend à un personnage qu'il est son enfant, alors qu'il lui avait attribué auparavant un autre statut.

quoi consiste la surprise du spectateur qui a lu la préface
du *Barbier* ? Il se doute, on l'a vu, qu'une scène de reconnaissance va avoir lieu, et, selon les habitudes de la comédie, il en anticipe le moment : elle devrait se dérouler vers
la fin. Beaumarchais choisit donc de l'étonner en situant
cette scène au centre d'une comédie, où elle n'est pas
attendue. Cette disposition originale entraîne un renouvellement du genre en le rapprochant du drame. C'est
dans ce genre récent, en effet, que le traitement de cette
scène a été modifié : sa place n'y est plus obligatoirement
finale, et sa fonction de conclusion y est devenue partielle, voire a été annulée [1]. Beaumarchais a donc inséré
dans sa comédie deux caractéristiques du traitement que
cette scène a acquis dans le drame.

Toutefois, dans ce déplacement, il instaure à nouveau
un décalage, générateur d'un autre effet de surprise. La
modification la plus immédiatement marquante que
réserve le traitement par le drame de la scène de reconnaissance concerne son ton : elle fournit d'ordinaire
l'occasion d'un moment éminemment pathétique qui vise
à faire pleurer le spectateur [2]. Or, c'est aussi sur ce trait
que Beaumarchais joue. Selon l'usage du genre sérieux, le
spectateur devrait verser des larmes, mais Beaumarchais
désamorce en partie l'attendrissement : en découvrant

---

1. Voir le Dossier, p. 251-252.
2. De plus, en permettant de raconter à grands traits un passé lointain
qui aurait pu être le sujet d'un roman, genre non théâtral (on peut
penser au *Cleveland* de Prévost), elle inscrit le drame, pièce de théâtre
réelle, dans le cadre d'un roman qui reste potentiel ; Beaumarchais est
conscient de cette greffe générique puisqu'il l'a théorisée dans son *Essai
sur le genre dramatique sérieux* (1767) : « Le drame est la conclusion et
l'instant le plus intéressant d'un roman quelconque. » *Essai sur le genre
dramatique sérieux*, Beaumarchais, *Œuvres complètes*, éd. Larthomas,
Gallimard, « Bibliothèque de la Pléiade », 1988, p. 123. Désormais :
Larthomas, éd. cit. Avec *La Mère coupable*, qui se déroule une vingtaine
d'années plus tard, le temps continue à se dilater. Cette trilogie s'appa-
rente à un roman que Beaumarchais n'a jamais écrit comme tel. À
propos de l'articulation entre le roman et le drame, voir l'article de
M. de Rougemont, « Beaumarchais dramaturge : le substrat romanesque du drame », *RHLF*, sept-oct 1984, p. 710-721.

leur lien familial, Figaro et Bartholo éprouvent une vive et réciproque déception ; seule Marceline se réjouit. Le dramaturge choisit donc de parodier la modalité pathétique que la scène de reconnaissance a acquise dans le drame. Encore ne s'en tient-il pas là. À peine cette distance critique et comique vis-à-vis du ton touchant est-elle instaurée que, à nouveau, le spectateur est repris et surpris par l'émotion ; celle-ci est suscitée, en effet, par le plaidoyer de Marceline en faveur des femmes abandonnées [1]. Refusé par l'aspect parodique de la scène de reconnaissance, le pathétique, loin d'être liquidé, revient en force dans les répliques qui la suivent immédiatement : apparemment inversé en rire, il n'est en réalité que déplacé. Beaumarchais se plaît à bousculer le spectateur qui, soit n'obtient pas ce qu'il attend, soit l'obtient là où il ne l'attend pas ; il ménage la coexistence de la parodie et du pathétique.

Encore ne se contente-t-il pas de greffer des aspects du drame sur la comédie, puisque la scène de reconnaissance est aussi brossée sur fond de tragédie. Ce genre, on le sait, choisit ses sujets dans le fond culturel connu et ancien des récits mythologique ou historique ; de ce fait, avant même le lever du rideau, le spectateur connaît l'argument de la pièce et en sait plus que les personnages. Or il est étonnant de constater que le spectateur du *Mariage* qui a lu la préface du *Barbier* est placé dans une situation analogue : il sait, en partie, la fin de l'histoire que les protagonistes, eux, ignorent encore. Qu'en est-il de son contenu ? Sur ce point encore, Beaumarchais joue sur deux genres. D'une part, et son long monologue de l'acte V le confirme, Figaro ressemble à un personnage de roman, voire de roman picaresque [2], que caractérisent sa roture et la trivialité fréquente de ses aventures ;

---

1. Ce passage est audacieux pour l'époque : les Comédiens-Français refusèrent de le jouer à cause de son indécence (voir préface, p. 59-61).
2. Le parcours d'un individu dans la société fournit en effet matière au roman, que l'on pense au *Paysan parvenu* de Marivaux, par exemple, ou, plus précisément pour la veine picaresque, au *Gil Blas* de Lesage.

d'autre part, bien qu'il l'ignore, il risque d'épouser sa mère et méprise son père : cette situation ne peut pas ne pas faire penser au mythe d'Œdipe [1], à cette différence près que ses personnages sont des rois et qu'ils descendent de Zeus ! Beaumarchais traite donc un sujet tragique avec des personnages qui ne le sont pas ; la scène de reconnaissance et l'intrigue qui y conduit font de Figaro une sorte d'Œdipe roturier. Beaumarchais récrit le mythe grec en gardant une partie de son canevas, en attribuant aux protagonistes certains traits de personnages de roman, et en insérant le tout dans la première partie d'une comédie qui n'en finit pas de remettre en question les habitudes du genre.

Mais, de la trame œdipienne, que garde au juste Beaumarchais ? Là encore, il ne procède pas sans malice. Considérons tout d'abord le versant maternel. Figaro, pour emprunter de l'argent à Marceline, a accepté de lui signer un engagement : il devra l'épouser s'il ne la rembourse pas. Aussi Marceline réclame-t-elle le mariage. Le spectateur voit la situation cocasse d'une duègne qui désire épouser un jeune homme, et celui qui a lu la préface du *Barbier* comprend, en plus, le risque d'inceste involontaire. Pourtant, s'il est vrai que Figaro et Marceline ignorent leur relation parentale, alors que, réciproquement, la mère et le fils prétendent se rechercher, aucun ne pratique l'enquête systématiquement ; par conséquent, chacun semble entretenir une part de son propre aveuglement – voire s'obstine à s'y maintenir. Marceline, en effet, réfléchit peu à l'identité de ce jeune homme qui pourrait être son fils : l'indice de l'âge ne lui met guère la puce à l'oreille ; il en va de même pour Figaro. Il est étonnant qu'ils ne se doutent de rien. De

---

1. Averti par un oracle que son fils le tuerait et provoquerait la ruine de sa famille, Laïos, père d'Œdipe, l'abandonne à sa naissance ; devenu grand, celui-ci tue son père, sans connaître l'identité de sa victime. Arrivé à Thèbes, après avoir trouvé la solution de l'énigme du Sphinx, il épouse la reine Jocaste, sans savoir que c'est sa mère, et devient roi. Quand la vérité est révélée, la reine se tue et Œdipe se crève les yeux.

plus, leur décision les a réciproquement engagés dans une relation de dépendance mutuelle, puisque le valet a emprunté une somme d'argent qu'il ne peut rembourser, et que la duègne a imposé en contrepartie le mariage : tous deux se sont donc enfermés délibérément dans l'obligation de s'épouser. L'emprunt et le remboursement « en nature » sont ici autant de substituts triviaux du Destin, qui, traditionnellement, frappe les héros tragiques.

Que se passe-t-il du côté paternel ? Figaro, qui prétend chercher son père depuis quinze ans, semble s'obstiner à ne pas voir que ce pourrait bien être Bartholo. Il interprète, en effet, une marque qu'il a au bras comme un hiéroglyphe ; mais il se trompe, car c'est celle d'une spatule [1] que Bartholo, encore *frater* [2], lui a appliquée. Cette erreur est étrange dans son cas ; comme tout barbier, il a pratiqué la chirurgie [3], et, de ce fait, n'ignore pas cet instrument ; il est donc particulièrement bien placé pour en reconnaître la forme dans la marque laissée. En constatant que Figaro n'a pas identifié cet objet familier qui l'aurait mis sur la bonne piste, le spectateur se demande s'il a autant envie qu'il le prétend de retrouver celui qui l'en a marqué. Cet aveuglement est d'autant plus étonnant que le fils ressemble à son père en plus d'un point : il a pratiqué un métier proche de celui de Bartholo, comme lui, il ne respecte pas ses engagements envers Marceline, comme lui, il a un enfant illégitime (Figaro se vante d'être le père du dernier fils du juge Brid'oison). En récrivant de façon triviale le mythe grec, et en suggérant une certaine insouciance des personnages qui prête à sourire, Beaumarchais emprunte à la tragédie

---

1. Instrument qu'utilisent les chirurgiens pour étaler les onguents sur les emplâtres.
2. Aide du barbier et du chirurgien.
3. La pratique de la chirurgie au XVIIIe siècle diffère de la nôtre. L'exercice de la médecine est alors uniquement intellectuel ; les interventions chirurgicales sont considérées comme de basses besognes parce qu'elles sont manuelles ; le chirurgien s'occupe des opérations d'importance, alors que le barbier n'accomplit que les petites (comme les saignées).

un canevas et en modifie certaines données pour l'intégrer à une comédie.

ÉCHANGES SOCIAUX ET RELATIONS CONTRACTUELLES

Sans refaire l'histoire de la lecture politique et sociale du *Mariage*, on peut en proposer quelques repères ; souvent les critiques se réfèrent à la phrase que Mme Campan met dans la bouche de Louis XVI : « Il faudrait détruire la Bastille pour que la représentation de cette pièce ne fût pas une inconséquence dangereuse [1] », et au mot de Bonaparte : « *Le Mariage de Figaro*, c'est déjà la Révolution en action. » Quelle est la pensée sociopolitique de Beaumarchais, et surtout quel est son statut dans la pièce ? J. Scherer a une position nuancée [2] ; il considère, en effet, que Beaumarchais, certes, conteste la naissance, mais qu'il ne s'agit que d'un lieu commun de l'époque : il « attaque les mauvais nobles, il n'attaque pas la noblesse en tant que classe ». Il juge que la critique de la justice appartient à une tradition théâtrale, et que la réflexion sur les femmes se limite à une conception « individualiste ». Le dramaturge dénonce donc les abus, mais s'en tient là : pour J. Scherer, l'originalité de l'œuvre ne réside pas dans son aspect sociopolitique.

A. Ubersfeld propose une lecture bien distincte : *Le Mariage* est une pièce à thèse [3]. Beaumarchais y attaque la justice et lui reproche « ignorance, sottise, vénalité, formalisme, docilité lâche et moutonnière envers les puissants ». Il expose aussi des revendications féministes et celle de la liberté de la part de la classe montante, au point que le sous-titre de la pièce pourrait être « Du mérite personnel », ou de l'égalité des chances. Selon elle,

---

1. Voir Dossier, p. 229-230.
2. Dans le chapitre « Le sel politique » de J. Scherer, *La Dramaturgie de Beaumarchais*, Nizet, 1954.
3. Dans son édition du *Mariage*, Éd. sociales, « Les classiques du peuple », 1968, p. 26-34.

il est « impossible de souligner plus clairement non seulement le conflit de classes mais la prise de conscience par
la classe montante de ses droits et de ses possibilités ».
La pièce a donc une valeur révolutionnaire, même si
Beaumarchais ne « préparait pas consciemment la prise
de la Bastille ». Quelques années plus tard, A. Ubersfeld
propose une analyse un peu différente [1] ; la pièce, parce
qu'elle révèle l'absurdité de « la politique concrète »,
conduit à considérer que l'action ne peut aboutir que
dans le lieu de l'« histoire, proposé et nié par le vaudeville
final » : quand « on l'opprime », le « bon peuple »,
« peste », « crie » et « s'agite », mais « tout finit par des
chansons ».

La démarche qui consiste à analyser les propos de
Figaro, qui dénonce certains abus de la noblesse et prône
le mérite personnel, le plaidoyer de Marceline et la satire
de la justice, a joué un rôle indéniable dans l'histoire des
lectures de cette œuvre. Mais, aujourd'hui, elle semble
réductrice. Les critiques, dont ceux qui ont discuté la lecture sociopolitique, comme J. Scherer et A. Ubersfeld,
ont en effet démontré la complexité et la richesse de
l'œuvre en multipliant les angles d'approche et les objets
d'analyse. De son côté, J. Goldzink [2] s'est attaché à com-
menter le mot de Bonaparte en articulant l'aspect sociopolitique de la pièce à la complexité des personnages, de
leurs relations et des actions. Si le noble et le valet constituent une « thématique à valeur politique [qui] structure
l'œuvre », en revanche, la question sous-jacente du pouvoir est « investi par la problématique des sexes » et de
la famille. Et c'est bien là une des questions majeures
qui peut être posée grâce aux riches apports des divers
commentaires : comment l'imagination interfère-t-elle
avec une analyse des valeurs sociales ? Grâce à la rêverie
en effet, un personnage parvient à envisager qu'il pour-

---

1. Dans « Un balcon sur la terreur », *Europe*, avril 1973, n° spécial sur
Beaumarchais.
2. Dans son édition du *Mariage*, Larousse, « Les classiques », 1996,
chapitre : « C'est déjà la Révolution en action », p. 289-312.

rait vivre une situation différente de celle que la réalité lui impose. Cette construction imaginaire le conduit à réfléchir à la place qu'il occupe dans son entourage et dans la société ; il en cerne les mécanismes et les valeurs, il en dénigre les effets néfastes. Il peut aussi être amené à adopter d'autres valeurs. Par exemple, le pathétique plaidoyer de Marceline, les moments de nostalgie de la comtesse, les lucides analyses de Suzanne constituent diverses approches critiques d'une même réalité, bien peu favorable à la condition féminine.

Pour illustrer plus précisément notre propos, revenons rapidement sur la scène de reconnaissance : deux histoires de Figaro y sont ébauchées. L'une est noble : pour avoir été trouvé près d'un château, le valet imagine être un fils de seigneur au prix, comme on l'a vu, d'un certain aveuglement. L'autre n'est pas noble, et correspond à la réalité : Figaro est le fils naturel d'un médecin qui, dans sa jeunesse, a séduit une domestique. Toutefois, en inventant son histoire à l'image d'un conte de fée, le domestique envisage ce que la réalité sociale fondée sur la naissance lui refuse : il pourrait être gentilhomme ; il généralise ensuite son cas particulier : seul le hasard de la naissance fait le seigneur, comme il le chante dans le vaudeville final. Ainsi, sa rêverie, qui lui apporte pour un temps une réponse consolante à l'énigme de son origine, lui fournit aussi la possibilité de ne pas considérer la naissance comme une valeur, et de prendre ses distances avec l'organisation sociale qui en dépend. Que Figaro ait pu se rêver une identité sociale identique à celle d'Almaviva porte un éclairage autant sur sa relative liberté de propos que sur leur rivalité sous-jacente.

Assez récemment, plusieurs critiques [1] ont affiné l'analyse des aspects sociopolitiques en étudiant les échanges, leurs dysfonctionnements et la circulation des objets, où

1. Voir J. Seebacher, « Chérubin, le temps, la mort, l'échange », *Europe*, numéro déjà cité, p. 57-71 ; P. Testud « Échange et change dans *Le Mariage de Figaro* », *La Licorne*, n° 7, Université de Poitiers, 1983, p. 41-52.

se combinent statut social et désir des personnages. La prostitution est, à cet égard, un type d'échange qui retient l'attention, puisqu'il combine la différence des sexes, l'argent, l'écart des conditions et l'astuce individuelle. Elle est sensible dans les intentions et le comportement du comte envers Suzanne, ainsi que dans leurs conséquences, bien que jamais la camériste ne cède aux avances du maître. Pourtant, quand elle fait part à Figaro, puis à la comtesse, des manœuvres du comte, elle les décrit lucidement en termes mercantiles ; la dot promise par Almaviva pour l'appâter n'est que l'achat de ses faveurs. Le comte lui-même tient un langage analogue ; au « point de rendez-vous, point de dot, point de mariage » du comte, Suzanne répond par « point de mariage, point de droit du seigneur[1] » : les termes du marché sont clairement définis. Certes, le comte verse l'or et un diamant – à sa femme déguisée en Suzanne – et n'obtient en retour que le droit de baiser la main... de cette même épouse : l'honneur de la camériste est sauf et l'« époux suborneur[2] » bien attrapé ! Certes, à la fin, c'est la comtesse qui donne la bourse à Figaro et le diamant à Suzanne ; mais la libéralité aristocratique récompense l'honneur des domestiques avec les objets mêmes qui étaient destinés à l'amour vénal : si leur finalité est ainsi détournée, voire inversée, le souvenir en est-il effacé ? De plus, même si Suzanne n'a jamais pensé qu'elle accepterait le marché, elle en a immédiatement compris les termes et, ne serait-ce que pour le refuser tout en faisant semblant d'accepter, elle l'a bel et bien envisagé. Quant à Figaro, dès le début de la pièce, il veut en tirer avantage en empochant l'or du comte sans lui céder la belle. Ainsi, selon divers modes – ouvertement pour le comte, en détournant les objets pour la comtesse, en feignant l'accord pour Suzanne ou en voulant en tirer

---

1. Acte III, scène 9, p. 157. Le droit du seigneur est aussi appelé droit de cuissage : droit qu'avait le seigneur de passer la nuit de noce avec la mariée.
2. Titre auquel Beaumarchais a pensé, voir sa préface, p. 51.

profit et revanche pour Figaro –, chacun est partie prenante d'une tentative de prostitution. Figaro, pas plus que Suzanne, ne semble pouvoir se tenir à l'écart d'un échange que faussent les inégalités sexuelle et/ou sociale. C'est pourquoi on est conduit à se demander si leur honneur n'est pas sauvé par la convention du genre : personnages de comédie, ils doivent échapper au drame d'un destin avilissant.

Beaumarchais ne se contente pas d'exposer une tentative avortée de prostitution pour peindre une problématique de l'échange ; il aborde aussi ce sujet en présentant les difficultés des relations contractuelles qu'il implique. Un personnage se trouve, par trois fois, aux prises avec une convention d'échange, et, par expérience, en fait évoluer la configuration : c'est Marceline ; dans son cas, l'auteur fournit davantage matière à réflexion qu'il ne propose de solution. Rappelons qu'un échange suppose que ses deux volets symétriques et réciproques (donner et recevoir) soient réalisés ; or, dans trois situations où se trouve Marceline, seul un versant a été réalisé – un partenaire a donné –, alors que l'autre versant n'a pas été exécuté – le partenaire qui a donné ne reçoit rien et reste lésé. Une sorte de vol par trahison remplace ce qui, au départ, devait être un échange, au moins dans l'esprit de l'un des deux partenaires. La première expérience de l'échange qu'a faite Marceline a été malheureuse. Dans sa relation de jeune fille avec Bartholo, elle a été victime d'un contrat tacite faussé ; comme elle le rappelle au début de la pièce en termes de « prix » et d'« engagement »[1], elle s'est donnée au médecin, qui ne l'a pas épousée en retour. Le premier volet de l'échange a eu lieu, mais le second reste en attente : le dysfonctionnement découle de l'absence de réciprocité. Bartholo finit, certes, par se marier avec Marceline, mais l'échange est demeuré bloqué une trentaine d'années...

Cette expérience malheureuse apprend à la victime à se défendre ; dans ce but, lors du deuxième contrat

---

1. Acte I, scène 4.

d'échange, elle exige que la contrepartie soit préalablement réalisée. Telle est la condition imposée à Bazile qui veut l'épouser : elle ne lui cédera que s'il adopte le fils qui lui a été jadis volé [1]. Marceline entend recevoir avant de donner ; c'est, de son point de vue, imposer une condition pour se protéger ; avec Bazile, elle inverse la conduite qu'elle a suivie avec Bartholo, où, pour avoir d'abord donné, elle n'a rien reçu en retour. En gelant la part de l'échange qui lui incombe, elle ne perd rien, ce qui, pour elle, est déjà beaucoup. Quand Bazile refuse d'adopter Figaro, en qui Marceline a reconnu son fils, l'échange potentiel s'écroule dans sa totalité ; Marceline évite d'être lésée. La condition qu'elle a imposée a donc une fonction préservatrice. Serait-ce la seule défense possible ? La troisième expérience en propose une nouvelle, qui ne représente pas obligatoirement un progrès. Dans la convention qu'elle passe avec Figaro, Marceline se protège en faisant écrire le contrat, ce qui ménage un recours en justice. Elle a prêté de l'argent à Figaro ; en contrepartie, elle exige d'être soit remboursée, soit épousée ; mais le valet ne peut l'un, ni ne veut l'autre. Comme le volet réciproque manque, elle fait appel à la justice. Mais, pour que l'écriture de la convention et le recours soient des garanties, encore faudrait-il que la justice se montre digne de confiance ! La décision du comte, qui oblige Figaro à épouser Marceline puisqu'il ne peut la rembourser, n'est d'ailleurs pas absurde ; toutefois, Beaumarchais l'inscrit dans un contexte qui la ruine. Il discrédite, en effet, l'institution judiciaire – vénalité, incompétence, texte illisible, jugement qui sert l'intérêt personnel du juge, etc. – et frappe d'une noire ironie le verdict puisque, s'il se réalisait, il pousserait l'accusé et la plaignante à commettre un inceste, crime plus grave que celui qui est jugé ! Ce ne sont pas les personnes qui sont visées, parce que la relation parentale entre Figaro et Marceline est ignorée de tous, mais c'est un aveuglement intrinsèque et inévitable de l'institution qui est stigmatisé. L'équité

1. Acte IV, scène 10.

peut-elle être garantie, voire exister, grâce à certaines modalités dans la relation contractuelle sur laquelle repose tout échange ?

Le scepticisme de Beaumarchais, bien au-delà de la justice et de la relation d'échange, tient plutôt à une conception assez désenchantée de la relation humaine qui s'inscrit sur un horizon de hasard. *La Folle Journée*, commencée à la lumière matinale, s'emballe dans l'opacité des cœurs, et s'enlise dans l'obscurité nocturne, à la lueur de quelques flambeaux... mais sur l'air d'une chanson.

Élizabeth LAVEZZI.

NOTE SUR L'ÉTABLISSEMENT DU TEXTE

Le texte de la présente édition a été établi à partir de l'édition originale (Paris, chez Ruault, 1785). L'orthographe a été systématiquement modernisée. La ponctuation a été adaptée à l'usage actuel, mais on s'est efforcé d'en limiter le plus possible les modifications. L'annotation tient compte des précieux éclaircissements apportés par P. Larthomas, dans son édition de la Bibliothèque de la Pléiade, Gallimard, 1988.

La Folle Journée
ou
Le Mariage de Figaro

COMÉDIE EN CINQ ACTES EN PROSE,
PAR M. DE BEAUMARCHAIS.
REPRÉSENTÉE POUR LA PREMIÈRE FOIS,
PAR LES COMÉDIENS-FRANÇAIS ORDINAIRES DU ROI
LE MARDI 27 AVRIL 1784.

> *En faveur du* [1] *badinage,*
> *Faites grâce à la raison.*
> Vaudeville de la pièce.

---

1. *En faveur de* : en considération de.

PRÉFACE

En écrivant cette préface, mon but n'est pas de rechercher oiseusement si j'ai mis au théâtre une pièce bonne ou mauvaise ; il n'est plus temps pour moi ; mais d'examiner scrupuleusement, et je le dois toujours, si j'ai fait une œuvre blâmable.

Personne n'étant tenu de faire une comédie qui ressemble aux autres, si je me suis écarté d'un chemin trop battu, pour des raisons qui m'ont paru solides, ira-t-on me juger, comme l'ont fait MM. Tels, sur des règles qui ne sont pas les miennes ? imprimer puérilement que je reporte l'art à son enfance, parce que j'entreprends de frayer un nouveau sentier à cet art dont la loi première, et peut-être la seule, est d'amuser en instruisant ? Mais ce n'est pas de cela qu'il s'agit.

Il y a souvent très loin du mal que l'on dit d'un ouvrage à celui qu'on en pense. Le trait qui nous poursuit, le mot qui importune reste enseveli dans le cœur, pendant que la bouche se venge en blâmant presque tout le reste. De sorte qu'on peut regarder comme un point établi au théâtre, qu'en fait de reproche à l'auteur, ce qui nous affecte le plus est ce dont on parle le moins.

Il est peut-être utile de dévoiler, aux yeux de tous, ce double aspect des comédies, et j'aurai fait encore un bon usage de la mienne, si je parviens, en la scrutant, à fixer l'opinion publique sur ce qu'on doit entendre par ces mots : Qu'est-ce que LA DÉCENCE [1] THÉÂTRALE ?

---

1. *Décence* : « Décence, bienséance, convenance. La décence désigne ce qui est honorable ; la bienséance, ce qui sied bien ; la convenance, ce qui convient. Quand on pèche contre la décence, on commet une action qui mérite un blâme moral ; quand on pèche contre la bienséance ou la convenance, on commet une action qui mérite un blâme moins grave et qui ne porte pas sur la moralité. » (Les définitions proposées proviennent, pour la plupart, du dictionnaire Littré auquel *Le Mariage* a

À force de nous montrer délicats, fins connaisseurs, et d'affecter, comme j'ai dit autre part [1], l'hypocrisie de la décence auprès du relâchement des mœurs, nous devenons des êtres nuls, incapables de s'amuser et de juger de ce qui leur convient, faut-il le dire enfin ? des bégueules [2] rassasiées qui ne savent plus ce qu'elles veulent, ni ce qu'elles doivent aimer ou rejeter. Déjà ces mots si rebattus, *bon ton, bonne compagnie*, toujours ajustés au niveau de chaque insipide coterie [3], et dont la latitude est si grande qu'on ne sait où ils commencent et finissent, ont détruit la franche et vraie gaieté qui distinguait de tout autre le comique de notre nation.

Ajoutez-y le pédantesque abus de ces autres grands mots *décence* et *bonnes mœurs*, qui donnent un air si important, si supérieur que nos jugeurs de comédies seraient désolés de n'avoir pas à les prononcer sur toutes les pièces de théâtre, et vous connaîtrez à peu près ce qui garrotte le génie, intimide tous les auteurs, et porte un coup mortel à la vigueur de l'intrigue, sans laquelle il n'y a pourtant que du bel esprit à la glace [4], et des comédies de quatre jours.

Enfin, pour dernier mal, tous les états de la société sont parvenus à se soustraire à la censure dramatique : on ne pourrait mettre au théâtre *Les Plaideurs* de Racine, sans entendre aujourd'hui les Dandins et les Brid'oisons [5], même des gens plus éclairés, s'écrier qu'il n'y a plus ni mœurs ni respect pour les magistrats.

---

fourni de nombreux exemples ; cette référence est indiquée dans les notes par la lettre *L*.)

1. Voir la *Lettre modérée sur la chute et la critique du Barbier de Séville* qui sert de préface à la pièce.

2. *Bégueule* : « femme prude et dédaigneuse d'une façon mal plaisante ». *(L.)*

3. *Coterie* : « compagnie de personnes qui vivent entre elles familièrement ou qui cabalent dans un intérêt commun ». *(L.)*

4. *Bel esprit à la glace* : Bel esprit, « genre d'esprit qui ne manque ni de distinction ni d'élégance, mais qui tombe facilement dans la prétention. [...] Il se trouve souvent en mauvaise part. » *(L.)* ; « être à la glace, se dit des ouvrages d'esprit qui glacent le lecteur ou le spectateur, qui le laissent sans émotion ». *(L.)*

5. Dandin est le juge des *Plaideurs* (1668), Brid'oison le magistrat du *Mariage de Figaro*. Si Beaumarchais livre clairement sa source, le nom de son personnage rappelle aussi celui de Bridoye, autre juge du *Tiers Livre* (1546) de Rabelais.

On ne ferait point le *Turcaret* [1], sans avoir à l'instant sur les bras fermes, sous-fermes, traites et gabelles, droits-réunis, tailles, taillons, le trop-plein, le trop-bu, tous les impositeurs royaux. Il est vrai qu'aujourd'hui *Turcaret* n'a plus de modèles. On l'offrirait sous d'autres traits, l'obstacle resterait le même.

On ne jouerait point *Les Fâcheux, les marquis, les emprunteurs* de Molière, sans révolter à la fois la haute, la moyenne, la moderne et l'antique noblesse. Ses *Femmes savantes* irriteraient nos féminins bureaux d'esprit [2] ; mais quel calculateur peut évaluer la force et la longueur du levier qu'il faudrait, de nos jours, pour élever jusqu'au théâtre l'œuvre sublime du *Tartuffe* ? Aussi l'auteur qui se compromet avec le public *pour l'amuser, ou pour l'instruire*, au lieu d'intriguer [3] à son choix son ouvrage, est-il obligé de tourniller [4] dans des incidents impossibles, de persifler au lieu de rire, et de prendre ses modèles hors de la société, crainte de se trouver mille ennemis, dont il ne connaissait aucun en composant son triste drame.

J'ai donc réfléchi que si quelque homme courageux ne secouait pas toute cette poussière, bientôt l'ennui des pièces françaises porterait la nation au frivole opération comique [5], et plus loin encore, aux boulevards, à ce ramas infect de tréteaux élevés à notre honte, où la décente liberté, bannie du théâtre français, se change en une licence effrénée, où la jeunesse va se nourrir de grossières inepties, et perdre, avec ses mœurs, le goût de la décence et des chefs-d'œuvre de nos maîtres. J'ai tenté

---

1. *Turcaret ou le Financier* (1709) : pièce de Lesage dont le personnage central est un fermier général. Dans la phrase qui suit, Beaumarchais énumère différents termes techniques se rapportant au système de perception des impôts indirects sur la terre et les denrées, en vigueur sous l'Ancien Régime. À noter l'emploi du mot « trop-plein », qui est probablement une invention de l'auteur.
2. *Bureau d'esprit* : « en parlant de choses littéraires, société où l'on s'occupe ordinairement de littérature ; cela se dit ordinairement par dénigrement ». *(L.)*
3. *Intriguer* : « intriguer une pièce, y mettre une intrigue bien nouée. » *(L.)*
4. *Tourniller* : « faire beaucoup de petits tours ». *(L.)*
5. Au début du XVIIIe siècle, l'Opéra-Comique, théâtre où l'on joue des pièces mêlant chants et dialogues, est installé à la foire Saint-Laurent. Il est réuni à la Comédie-Italienne en 1762, et s'installe en 1783 à l'emplacement de l'actuelle salle Favart. L'opéra-comique est aussi un genre, c'est une petite pièce contenant de nombreux vaudevilles chantés sur des airs connus.

d'être cet homme, et si je n'ai pas mis plus de talent à mes ouvrages, au moins mon intention s'est-elle manifestée dans tous.

J'ai pensé, je pense encore, qu'on n'obtient ni grand pathétique, ni profonde moralité, ni bon et vrai comique au théâtre, sans des situations fortes, et qui naissent toujours d'une disconvenance sociale, dans le sujet qu'on veut traiter. L'auteur tragique, hardi dans ses moyens, ose admettre le crime atroce : les conspirations, l'usurpation du trône, le meurtre, l'empoisonnement, l'inceste, dans *Œdipe* et *Phèdre* ; le fratricide dans *Vendôme* ; le parricide dans *Mahomet* ; le régicide dans *Macbeth*[1], etc., etc. La comédie, moins audacieuse, n'excède pas les disconvenances, parce que ses tableaux sont tirés de nos mœurs, ses sujets, de la société. Mais comment frapper sur l'avarice, à moins de mettre en scène un méprisable avare ? démasquer l'hypocrisie, sans montrer, comme Orgon, dans le *Tartuffe*, un abominable hypocrite, *épousant sa fille et convoitant sa femme*[2] ? un homme à bonnes fortunes[3], sans le faire parcourir un cercle entier de femmes galantes ? un joueur effréné, sans l'envelopper de fripons, s'il ne l'est pas déjà lui-même ?

Tous ces gens-là sont loin d'être vertueux ; l'auteur ne les donne pas pour tels ; il n'est le patron[4] d'aucun d'eux ; il est le peintre de leurs vices. Et parce que le lion est féroce, le loup vorace et glouton, le renard rusé, cauteleux[5], la fable est-elle sans moralité ? Quand l'auteur la dirige contre un sot que la louange enivre, il fait choir du bec du corbeau le fromage dans la gueule du renard, sa moralité est remplie[6] ; s'il la tournait contre le bas flatteur, il finirait son apologue[7] ainsi : « Le renard s'en saisit, le dévore ; mais le fromage était empoisonné. » La fable est une comédie légère, et toute comédie n'est

---

1. *Œdipe* de Corneille (1659) ou de Voltaire (1718) ; Vendôme est un personnage d'*Adelaïde du Guesclin* de Voltaire (1734) ; *Mahomet* de Voltaire (1741) ; *Macbeth* probablement l'adaptation de la pièce de Shakespeare par Ducis en 1784.
2. Cf. *Tartuffe*, acte IV, scène 7.
3. *Bonnes fortunes* : « faveurs d'une femme ». *(L.)*
4. *Patron* : au sens de « protecteur ».
5. *Cauteleux* : hypocrite, sournois.
6. La Fontaine, « Le corbeau et le renard », *Fables*, livre I (1668).
7. *Apologue* : « exposé d'une vérité morale sous une forme allégorique, et dans lequel l'enseignement est presque toujours donné par une assimilation de l'espèce humaine aux êtres que l'on fait parler ou agir ». *(L.)*

qu'un long apologue ; leur différence est que, dans la fable, les animaux ont de l'esprit, et que, dans notre comédie, les hommes sont souvent des bêtes, et, qui pis est, des bêtes méchantes.

Ainsi, lorsque Molière, qui fut si tourmenté par les sots, donne à l'Avare un fils prodigue et vicieux qui lui vole sa cassette, et l'injurie en face, est-ce des vertus ou des vices qu'il tire sa moralité ? Que lui importent ses fantômes ? c'est vous qu'il entend corriger. Il est vrai que les afficheurs [1] et balayeurs littéraires de son temps ne manquèrent pas d'apprendre au bon public combien tout cela était horrible ! Il est aussi prouvé que des envieux très importants, ou des importants très envieux, se déchaînèrent contre lui. Voyez le sévère Boileau, dans son épître au grand Racine, venger son ami qui n'est plus, en rappelant ainsi les faits :

> *L'Ignorance et l'Erreur à ses naissantes pièces,*
> *En habits de marquis, en robes de comtesses,*
> *Venaient pour diffamer son chef-d'œuvre nouveau,*
> *Et secouaient la tête à l'endroit le plus beau.*
> *Le commandeur voulait la scène plus exacte ;*
> *Le vicomte indigné sortait au second acte :*
> *L'un, défenseur zélé des dévots mis en jeu,*
> *Pour prix de ses bons mots, le condamnait au feu ;*
> *L'autre, fougueux marquis, lui déclarant la guerre,*
> *Voulait venger la Cour immolée au parterre* [2].

On voit même dans un placet de Molière à Louis XIV qui fut si grand en protégeant les arts, et sans le goût éclairé duquel notre théâtre n'aurait pas un seul chef-d'œuvre de Molière, on voit ce philosophe auteur se plaindre amèrement au roi que, pour avoir démasqué les hypocrites, ils imprimaient partout qu'il était « un libertin, un impie, un athée, un démon vêtu de chair, habillé en homme [3] » ; et cela s'imprimait avec APPROBATION

---

1. *Afficheur* : d'après le mot *affiche*, « feuille imprimée ou manuscrite que l'on applique sur les murs, pour donner connaissance au public de quelque chose ». *(L.)* Afficheurs et balayeurs désignent ici les critiques littéraires.
2. *Épître VII* (v. 23-32) ; Boileau emploie *bigot* à la place de *dévot*.
3. Citation déformée d'un extrait du *Premier placet présenté au roi Sur la comédie du Tartuffe, qui n'avait pas encore été représentée en public (31 août 1664)* : « Mais malgré cette glorieuse déclaration du plus grand roi du monde et du plus éclairé, malgré l'approbation encore de monsieur le légat, et de la plus grande partie de nos prélats, qui tous, dans les lectures particulières que je leur ai faites de mon ouvrage, se sont trouvés d'accord avec les sentiments de VOTRE MAJESTÉ : malgré

ET PRIVILÈGE de ce roi qui le protégeait : rien là-dessus n'est empiré.

Mais, parce que les personnages d'une pièce s'y montrent sous des mœurs vicieuses, faut-il les bannir de la scène ? Que poursuivrait-on au théâtre ? les travers et les ridicules ? cela vaut bien la peine d'écrire ! ils sont chez nous comme les modes ; on ne s'en corrige point, on en change.

Les vices, les abus, voilà ce qui ne change point, mais se déguise en mille formes sous le masque des mœurs dominantes ; leur arracher ce masque et les montrer à découvert, telle est la noble tâche de l'homme qui se voue au théâtre. Soit qu'il moralise en riant, soit qu'il pleure en moralisant, Héraclite ou Démocrite [1], il n'a pas un autre devoir ; malheur à lui, s'il s'en écarte. On ne peut corriger les hommes qu'en les faisant voir tels qu'ils sont. La comédie utile et véridique n'est point un éloge menteur, un vain discours d'académie.

Mais gardons-nous bien de confondre cette critique générale, un des plus nobles buts de l'art, avec la satire odieuse et personnelle : l'avantage de la première est de corriger sans blesser. Faites prononcer au théâtre par l'homme juste, aigri de l'horrible abus des bienfaits : « tous les hommes sont des ingrats » ; quoique chacun soit bien près de penser comme lui, personne ne s'offensera. Ne pouvant y avoir un ingrat, sans qu'il existe un bienfaiteur, ce reproche même établit une balance égale entre les bons et mauvais cœurs ; on le sent, et cela console. Que si l'humoriste [2] répond qu'« un bienfaiteur fait cent ingrats », on répliquera justement qu'« il n'y a peut-être pas un ingrat qui n'ait été plusieurs fois bienfaiteur » : cela console encore. Et c'est ainsi qu'en généralisant, la critique la plus amère porte du fruit, sans nous blesser ; quand la satire personnelle, aussi stérile que funeste, blesse toujours et ne produit jamais. Je hais

---

tout cela, dis-je, on voit un livre composé par le curé de..., qui donne hautement un démenti à tous ces augustes témoignages, VOTRE MAJESTÉ a beau dire, et M. le légat et MM. les prélats ont beau donner leur jugement, ma comédie, sans l'avoir lue, est diabolique, et diabolique mon cerveau ; je suis un démon vêtu de chair et habillé en homme ; un libertin, un impie digne d'un supplice exemplaire. » (Molière, *Œuvres complètes*, t. III, GF-Flammarion, p. 263-264).
1. Héraclite (576-480 av. J.-C.) réputé pour sa misanthropie ; Démocrite (460-370 av. J.-C.). Un lieu commun oppose ces deux philosophes grecs, Démocrite riant de ce qui fait pleurer Héraclite.
2. *Humoriste* : « qui a souvent de l'humeur, difficile à vivre ». *(L.)*

partout cette dernière, et je la crois un si punissable abus que j'ai plusieurs fois d'office invoqué la vigilance du magistrat pour empêcher que le théâtre ne devînt une arène de gladiateurs, où le puissant se crût en droit de faire exercer ses vengeances par les plumes vénales, et malheureusement trop communes, qui mettent leur bassesse à l'enchère.

N'ont-ils donc pas assez, ces grands, des mille et un feuillistes, faiseurs de bulletins [1], afficheurs, pour y trier les plus mauvais, en choisir un bien lâche, et dénigrer qui les offusque ? On tolère un si léger mal, parce qu'il est sans conséquence, et que la vermine éphémère démange un instant et périt ; mais le théâtre est un géant qui blesse à mort tout ce qu'il frappe. On doit réserver ses grands coups pour les abus et pour les maux publics.

Ce n'est donc ni le vice ni les incidents qu'il amène qui font l'indécence théâtrale ; mais le défaut de leçons et de moralité. Si l'auteur, ou faible ou timide, n'ose en tirer de son sujet, voilà ce qui rend sa pièce équivoque ou vicieuse.

Lorsque je mis *Eugénie* au théâtre (et il faut bien que je me cite, puisque c'est toujours moi qu'on attaque) lorsque je mis *Eugénie* au théâtre, tous nos jurés-crieurs [2] à la décence jetaient des flammes dans les foyers [3] sur ce que j'avais osé montrer un seigneur libertin, habillant ses valets en prêtres, et feignant d'épouser une jeune personne qui paraît enceinte au théâtre, sans avoir été mariée.

Malgré leurs cris, la pièce a été jugée, sinon le meilleur, au moins le plus moral des drames, constamment jouée sur tous les théâtres et traduite dans toutes les langues. Les bons esprits ont vu que la moralité, que l'intérêt y naissaient entièrement de l'abus qu'un homme puissant et vicieux fait de son nom, de son crédit, pour tourmenter une faible fille, sans appui, trompée, vertueuse et délaissée. Ainsi tout ce que l'ouvrage a d'utile et de bon naît du courage qu'eut l'auteur d'oser porter la disconvenance sociale au plus haut point de liberté.

---

1. *Feuilliste* : « celui qui fait métier d'écrire des feuilles périodiques ; ce terme ne se prend qu'en mauvaise part ». *(L.)* ; *faiseurs de bulletin* : bulletin, « petit écrit par lequel on rend compte de l'état d'une chose qui intéresse le public ». *(L.)*
2. *Jurés-crieurs* : « ou, simplement, crieur[s], autrefois officier[s] public[s] chargé[s] par la ville de faire des annonces au nom des particuliers, d'inviter aux funérailles et de fournir la tenture, etc. ». *(L.)*
3. *Foyers* : salles communes des théâtres où se rassemblaient les acteurs.

Depuis, j'ai fait *Les Deux Amis*, pièce dans laquelle un père avoue à sa prétendue nièce qu'elle est sa fille illégitime[1] ; ce drame est aussi très moral, parce qu'à travers les sacrifices de la plus parfaite amitié, l'auteur s'attache à y montrer les devoirs qu'impose la nature sur les fruits d'un ancien amour, que la rigoureuse dureté des convenances sociales, ou plutôt leur abus, laisse trop souvent sans appui.

Entre autres critiques de la pièce, j'entendis, dans une loge auprès de celle que j'occupais, un jeune *important*[2] de la Cour qui disait gaiement à des dames : « L'auteur, sans doute, est un garçon fripier, qui ne voit rien de plus élevé que des commis des fermes, et des marchands d'étoffes ; et c'est au fond d'un magasin qu'il va chercher les nobles amis qu'il traduit à la scène française ! – Hélas ! monsieur, lui dis-je en m'avançant, il a fallu du moins les prendre où il n'est pas impossible de les supposer. Vous ririez bien plus de l'auteur, s'il eût tiré deux vrais amis de l'Œil-de-bœuf[3], ou des carrosses ? Il faut un peu de vraisemblance, même dans les actes vertueux. »

Me livrant à mon gai caractère, j'ai depuis tenté, dans *Le Barbier de Séville*, de ramener au théâtre l'ancienne et franche gaieté, en l'alliant avec le ton léger de notre plaisanterie actuelle ; mais comme cela même était une espèce de nouveauté, la pièce fut vivement poursuivie. Il semblait que j'eusse ébranlé l'État ; l'excès des précautions qu'on prit et des cris qu'on fit contre moi décelait surtout la frayeur que certains vicieux de ce temps avaient de s'y voir démasqués. La pièce fut censurée quatre fois, cartonnée[4] trois fois sur l'affiche, à l'instant d'être jouée, dénoncée même au parlement d'alors[5] ; et moi, frappé de ce tumulte, je persistais à demander que le public restât le juge de ce que j'avais destiné à l'amusement du public.

Je l'obtins au bout de trois ans. Après les clameurs, les éloges ; et chacun me disait tout bas : « Faites-nous donc des

---

1. Voir Dossier, p. 251-252.
2. *Important* : « en mauvaise part. Qui est infatué de soi-même. » *(L.)*
3. *Œil-de-bœuf* : « nom d'une salle d'attente dans le château de Versailles, lorsque la cour s'y tenait ; elle était éclairée par un œil de bœuf [petite lucarne ronde] ». *(L.)*
4. *Cartonnée* : recouverte d'un carton. L'affiche d'une pièce frappée d'interdiction était recouverte d'un carton.
5. En 1771, le parlement est dans un état particulier puisque Maupeou répond à son agitation en exilant ses membres récalcitrants.

pièces de ce genre, puisqu'il n'y a plus que vous qui osiez rire en face. »

Un auteur désolé par la cabale et les criards, mais qui voit sa pièce marcher, reprend courage, et c'est ce que j'ai fait. Feu M. le prince de Conti [1], de patriotique mémoire (car en frappant l'air de son nom, l'on sent vibrer le vieux mot *patrie*), feu M. le prince de Conti, donc, me porta le défi public de mettre au théâtre ma préface du *Barbier*, plus gaie, disait-il, que la pièce, et d'y montrer la famille de Figaro, que j'indiquais dans cette préface [2]. « Monseigneur, lui répondis-je, si je mettais une seconde fois ce caractère sur la scène, comme je le montrerais plus âgé, qu'il en saurait quelque peu davantage, ce serait bien un autre bruit, et qui sait s'il verrait le jour ! » Cependant, par respect, j'acceptai le défi : je composai cette *Folle Journée*, qui cause aujourd'hui la rumeur. Il daigna la voir le premier. C'était un homme d'un grand caractère, un prince auguste, un esprit noble et fier : le dirai-je ? il en fut content.

Mais quel piège, hélas ! j'ai tendu au jugement de nos critiques en appelant ma comédie du vain nom de *Folle Journée* ! Mon objet était bien de lui ôter quelque importance ; mais je ne savais pas encore à quel point un changement d'annonce peut égarer tous les esprits. En lui laissant son véritable titre, on eût lu *L'Époux suborneur*. C'était pour eux une autre piste ; on me courait [3] différemment. Mais ce nom de *Folle Journée* les a mis à cent lieues de moi : ils n'ont plus rien vu dans l'ouvrage que ce qui n'y sera jamais ; et cette remarque un peu sévère sur la facilité de prendre le change a plus d'étendue qu'on ne croit. Au lieu du nom de *George Dandin*, si Molière eût appelé son drame *La Sottise des alliances*, il eût porté bien plus de fruits ; si Regnard eût nommé son *Légataire* [4], *La Punition du célibat*, la pièce nous eût fait frémir. Ce à quoi il ne songea pas, je l'ai fait avec réflexion. Mais qu'on ferait un beau chapitre sur tous les jugements des hommes, et la morale du théâtre, et qu'on pourrait intituler : *De l'influence de l'affiche* !

---

1. Louis François de Bourbon, prince de Conti (1717-1776), qui s'illustra pendant la guerre de Succession d'Autriche, fut un protecteur des lettres et des arts.
2. Voir Dossier, p. 255-259.
3. *Courir* : « poursuivre à la course ». *(L.)*
4. Regnard (1655-1709), *Le Légataire universel* (1708).

Quoi qu'il en soit, *La Folle Journée* resta cinq ans au porte-feuille[1] ; les Comédiens ont su que je l'avais, ils me l'ont enfin arrachée. S'ils ont bien ou mal fait pour eux, c'est ce qu'on a pu voir depuis. Soit que la difficulté de la rendre excitât leur émulation, soit qu'ils sentissent, avec le public, que pour lui plaire en comédie, il fallait de nouveaux efforts, jamais pièce aussi difficile n'a été jouée avec autant d'ensemble ; et si l'auteur (comme on le dit) est resté au-dessous de lui-même, il n'y a pas un seul acteur dont cet ouvrage n'ait établi, augmenté ou confirmé la réputation. Mais revenons à sa lecture, à l'adop-tion des Comédiens.

Sur l'éloge outré qu'ils en firent, toutes les sociétés voulurent le connaître, et dès lors il fallut me faire des querelles de toute espèce, ou céder aux instances universelles. Dès lors aussi les grands ennemis de l'auteur ne manquèrent pas de répandre à la Cour qu'il blessait dans cet ouvrage, d'ailleurs « un tissu de bêtises », la religion, le gouvernement, tous les états de la société, les bonnes mœurs, et qu'enfin la vertu y était opprimée, et le vice triomphant, « comme de raison[2] », ajoutait-on. Si les graves messieurs qui l'ont tant répété me font l'honneur de lire cette préface, ils y verront au moins que j'ai cité bien juste ; et la bourgeoise intégrité que je mets à mes citations n'en fera que mieux ressortir la noble infidélité des leurs.

Ainsi dans *Le Barbier de Séville* je n'avais qu'ébranlé l'État ; dans ce nouvel essai, plus infâme et plus séditieux, je le renver-sais de fond en comble. Il n'y avait plus rien de sacré si l'on permettait cet ouvrage. On abusait l'autorité par les plus insi-dieux rapports ; on cabalait auprès des corps puissants ; on alarmait les dames timorées ; on me faisait des ennemis sur le prie-Dieu des oratoires : et moi, selon les hommes et les lieux, je repoussais la basse intrigue par mon excessive patience, par la roideur de mon respect, l'obstination de ma docilité, par la raison, quand on voulait l'entendre.

Ce combat a duré quatre ans[3]. Ajoutez-les aux cinq du por-tefeuille, que reste-t-il des allusions qu'on s'efforce à voir dans l'ouvrage ? Hélas ! quand il fut composé, tout ce qui fleurit

---

1. *Portefeuille* : « compositions achevées ou inachevées qu'un auteur a par-devers lui ». *(L.)*
2. *Comme de raison* : « comme il est juste qu'on fasse ». (Dictionnaire de l'Académie, édition de 1778. Désormais : *Acad.*)
3. Voir Dossier, p. 229-235.

aujourd'hui n'avait pas même encore germé. C'était tout un autre univers.

Pendant ces quatre ans de débat je ne demandais qu'un censeur ; on m'en accorda cinq ou six [1]. Que virent-ils dans l'ouvrage, objet d'un tel déchaînement ? la plus badine des intrigues. Un grand seigneur espagnol, amoureux d'une jeune fille qu'il veut séduire, et les efforts que cette fiancée, celui qu'elle doit épouser et la femme du seigneur, réunissent pour faire échouer dans son dessein un maître absolu que son rang, sa fortune et sa prodigalité, rendent tout-puissant pour l'accomplir. Voilà tout, rien de plus. La pièce est sous vos yeux.

D'où naissaient donc ces cris perçants ? De ce qu'au lieu de poursuivre un seul caractère vicieux, comme le Joueur, l'Ambitieux, l'Avare, ou l'Hypocrite, ce qui ne lui eût mis sur les bras qu'une seule classe d'ennemis, l'auteur a profité d'une composition légère, ou plutôt a formé son plan de façon à y faire entrer la critique d'une foule d'abus qui désolent la société. Mais comme ce n'est pas là ce qui gâte un ouvrage aux yeux du censeur éclairé, tous, en l'approuvant, l'ont réclamé pour le théâtre. Il a donc fallu l'y souffrir ; alors les grands du monde ont vu jouer avec scandale

> *Cette pièce où l'on peint un insolent valet*
> *Disputant sans pudeur son épouse à son maître.*

M. GUDIN [2].

Oh ! que j'ai de regret de n'avoir pas fait de ce sujet moral une tragédie bien sanguinaire ! Mettant un poignard à la main de l'époux outragé, que je n'aurais pas nommé Figaro, dans sa jalouse fureur je lui aurais fait noblement poignarder le puissant vicieux ; et comme il aurait vengé son honneur dans des vers carrés, bien ronflants, et que mon jaloux, tout au moins général d'armée, aurait eu pour rival quelque tyran bien horrible et régnant au plus mal sur un peuple désolé, tout cela, très loin de nos mœurs, n'aurait, je crois, blessé personne ; on eût crié : « Bravo ! ouvrage bien moral ! » Nous étions sauvés, moi et mon Figaro sauvage.

Mais ne voulant qu'amuser nos Français et non faire ruisseler les larmes de leur épouse, de mon coupable amant j'ai fait

---

1. Voir Dossier, p. 229.
2. Gudin de La Brunellerie, que Beaumarchais rencontre en 1770 et qui fut le premier éditeur de ses œuvres complètes.

un jeune seigneur de ce temps-là, prodigue, assez galant, même un peu libertin, à peu près comme les autres seigneurs de ce temps-là. Mais qu'oserait-on dire au théâtre d'un seigneur, sans les offenser tous, sinon de lui reprocher son trop de galanterie ? N'est-ce pas là le défaut le moins contesté par eux-mêmes ? J'en vois beaucoup, d'ici, rougir modestement (et c'est un noble effort) en convenant que j'ai raison.

Voulant donc faire le mien coupable, j'ai eu le respect généreux de ne lui prêter aucun des vices du peuple. Direz-vous que je ne le pouvais pas, que c'eût été blesser toutes les vraisemblances ? Concluez donc en faveur de ma pièce, puisque enfin je ne l'ai pas fait.

Le défaut même dont je l'accuse n'aurait produit aucun mouvement comique, si je ne lui avais gaiement opposé l'homme le plus dégourdi de sa nation, le *véritable* Figaro, qui, tout en défendant Suzanne, sa propriété, se moque des projets de son maître, et s'indigne très plaisamment qu'il ose jouter de ruse avec lui, maître passé dans ce genre d'escrime.

Ainsi, d'une lutte assez vive entre l'abus de la puissance, l'oubli des principes, la prodigalité, l'occasion, tout ce que la séduction a de plus entraînant, et le feu, l'esprit, les ressources que l'infériorité, piquée au jeu, peut opposer à cette attaque, il naît dans ma pièce un jeu plaisant d'intrigue, où l'*époux suborneur*, contrarié, lassé, harassé, toujours arrêté dans ses vues, est obligé, trois fois dans cette journée, de tomber aux pieds de sa femme, qui, bonne, indulgente et sensible, finit par lui pardonner [1] : c'est ce qu'elles font toujours. Qu'a donc cette moralité de blâmable, messieurs ?

La trouvez-vous un peu badine pour le ton grave que je prends ? accueillez-en une plus sévère qui blesse vos yeux dans l'ouvrage, quoique vous ne l'y cherchiez pas : c'est qu'un seigneur assez vicieux pour vouloir prostituer à ses caprices tout ce qui lui est subordonné, pour se jouer, dans ses domaines, de la pudicité de toutes ses jeunes vassales, doit finir, comme celui-ci, par être la risée de ses valets. Et c'est ce que l'auteur a très fortement prononcé, lorsqu'en fureur, au cinquième acte, Almaviva, croyant confondre une femme infidèle, montre à son jardinier un cabinet, en lui criant : « Entres-y toi, Antonio ; conduis devant son juge l'infâme qui m'a déshonoré » ; et que celui-ci lui répond : « Il y a, parguenne, une bonne Providence !

---

1. Cf. acte II, scène 19 ; acte IV, scène 5 ; acte V, scène 19 et dernière.

Vous en avez tant fait dans le pays qu'il faut bien aussi qu'à votre tour [1] !... »

Cette profonde moralité se fait sentir dans tout l'ouvrage ; et s'il convenait à l'auteur de démontrer aux adversaires qu'à travers sa forte leçon il a porté la considération pour la dignité du coupable plus loin qu'on ne devait l'attendre de la fermeté de son pinceau, je leur ferais remarquer que, croisé [2] dans tous ses projets, le Comte Almaviva se voit toujours humilié, sans être jamais avili.

En effet, si la Comtesse usait de ruse pour aveugler sa jalousie dans le dessein de le trahir, devenue coupable elle-même, elle ne pourrait mettre à ses pieds son époux, sans le dégrader à nos yeux. La vicieuse intention de l'épouse brisant un lien respecté, l'on reprocherait justement à l'auteur d'avoir tracé des mœurs blâmables ; car nos jugements sur les mœurs se rapportent toujours aux femmes ; on n'estime pas assez les hommes pour tant exiger d'eux sur ce point délicat. Mais, loin qu'elle ait ce vil projet, ce qu'il y a de mieux établi dans l'ouvrage est que nul ne veut faire une tromperie au Comte, mais seulement l'empêcher d'en faire à tout le monde. C'est la pureté des motifs qui sauve ici les moyens du reproche ; et, de cela seul que la Comtesse ne veut que ramener son mari, toutes les confusions qu'il éprouve sont certainement très morales, aucune n'est avilissante.

Pour que cette vérité vous frappe davantage, l'auteur oppose à ce mari peu délicat, la plus vertueuse des femmes par goût et par principes.

Abandonnée d'un époux trop aimé, quand l'expose-t-on à vos regards ? dans le moment critique où sa bienveillance pour un aimable enfant, son filleul, peut devenir un goût dangereux, si elle permet au ressentiment qui l'appuie de prendre trop d'empire sur elle. C'est pour faire mieux sortir l'amour vrai du devoir que l'auteur la met un moment aux prises avec un goût naissant qui le combat. Oh ! combien on s'est étayé de ce léger mouvement dramatique pour nous accuser d'indécence ! On accorde à la tragédie que toutes les reines, les princesses aient des passions bien allumées qu'elles combattent plus ou moins ; et l'on ne souffre pas que, dans la comédie, une femme ordinaire puisse lutter contre la moindre faiblesse ! Ô grande

---

1. Acte V, scène 14, citation légèrement modifiée.
2. *Croisé* : « croiser quelqu'un, le traverser dans ses desseins. » *(L.)*

influence de l'affiche ! jugement sûr et conséquent ! Avec la différence du genre, on blâme ici ce qu'on approuvait là. Et cependant en ces deux cas c'est toujours le même principe : point de vertu sans sacrifice.

J'ose en appeler à vous, jeunes infortunées que votre malheur attache à des Almaviva ! Distingueriez-vous toujours votre vertu de vos chagrins, si quelque intérêt importun, tendant trop à les dissiper, ne vous avertissait enfin qu'il est temps de combattre pour elle ? Le chagrin de perdre un mari n'est pas ici ce qui nous touche ; un regret aussi personnel est trop loin d'être une vertu ! Ce qui nous plaît dans la Comtesse, c'est de la voir lutter franchement contre un goût naissant qu'elle blâme, et des ressentiments légitimes. Les efforts qu'elle fait alors pour ramener son infidèle époux, mettant dans le plus heureux jour les deux sacrifices pénibles de son goût et de sa colère, on n'a nul besoin d'y penser pour applaudir à son triomphe ; elle est un modèle de vertu, l'exemple de son sexe et l'amour du nôtre.

Si cette métaphysique [1] de l'honnêteté des scènes, si ce principe avoué de toute décence théâtrale n'a point frappé nos juges à la représentation, c'est vainement que j'en étendrais ici le développement, les conséquences ; un tribunal d'iniquité n'écoute point les défenses de l'accusé qu'il est chargé de perdre ; et ma Comtesse n'est point traduite au parlement de la nation : c'est une commission qui la juge [2].

On a vu la légère esquisse de son aimable caractère, dans la charmante pièce d'*Heureusement* [3]. Le goût naissant que la jeune femme éprouve pour son petit cousin l'officier n'y parut blâmable à personne, quoique la tournure des scènes pût laisser à penser que la soirée eût fini d'autre manière, si l'époux ne fût pas rentré, comme dit l'auteur, « heureusement ». Heureusement aussi l'on n'avait pas le projet de calomnier cet auteur : chacun se livra de bonne foi à ce doux intérêt qu'inspire une jeune femme honnête et sensible qui réprime ses premiers goûts ; et notez que dans cette pièce, l'époux ne paraît qu'un peu sot ; dans la mienne, il est infidèle ; ma Comtesse a plus de mérite.

_____

1. *Métaphysique* : « en un sens plus restreint, théorie des idées ». *(L.)*
2. *Commission* : « nom de certains tribunaux d'exception jugeant de faits graves, en général politiques. Il fut condamné non par justice mais par commission ». *(L.)*
3. Comédie de Rochon de Chabannes (1762).

Aussi, dans l'ouvrage que je défends, le plus véritable intérêt se porte-t-il sur la Comtesse ! Le reste est dans le même esprit.

Pourquoi Suzanne la camariste [1], spirituelle, adroite et rieuse, a-t-elle aussi le droit de nous intéresser ? C'est qu'attaquée par un séducteur puissant, avec plus d'avantage qu'il n'en faudrait pour vaincre une fille de son état, elle n'hésite pas à confier les intentions du Comte aux deux personnes les plus intéressées à bien surveiller sa conduite, sa maîtresse et son fiancé ; c'est que, dans tout son rôle, presque le plus long de la pièce, il n'y a pas une phrase, un mot, qui ne respire la sagesse et l'attachement à ses devoirs ; la seule ruse qu'elle se permette est en faveur de sa maîtresse, à qui son dévouement est cher, et dont tous les vœux sont honnêtes.

Pourquoi, dans ses libertés sur son maître, Figaro m'amuse-t-il, au lieu de m'indigner ? C'est que, l'opposé des valets, il n'est pas, et vous le savez, le malhonnête homme de la pièce : en le voyant forcé par son état de repousser l'insulte avec adresse, on lui pardonne tout, dès qu'on sait qu'il ne ruse avec son seigneur que pour garantir ce qu'il aime, et sauver sa propriété.

Donc, hors le Comte et ses agents, chacun fait dans la pièce à peu près ce qu'il doit. Si vous les croyez malhonnêtes parce qu'ils disent du mal les uns des autres, c'est une règle très fautive. Voyez nos honnêtes gens du siècle : on passe la vie à ne faire autre chose ! Il est même tellement reçu de déchirer sans pitié les absents que moi, qui les défends toujours, j'entends murmurer très souvent : « Quel diable d'homme, et qu'il est contrariant ! Il dit du bien de tout le monde ! »

Est-ce mon page, enfin, qui vous scandalise, et l'immoralité qu'on reproche au fond de l'ouvrage serait-elle dans l'accessoire ? Ô censeurs délicats ! beaux esprits sans fatigue ! inquisiteurs pour la morale, qui condamnez en un clin d'œil les réflexions de cinq années ! soyez justes une fois, sans tirer à conséquence. Un enfant de treize ans, aux premiers battements du cœur, cherchant tout, sans rien démêler, idolâtre, ainsi qu'on l'est à cet âge heureux, d'un objet céleste pour lui dont le hasard fit sa marraine, est-il un sujet de scandale ? Aimé de tout le monde au château, vif, espiègle et brûlant, comme tous les enfants spirituels, par son agitation extrême, il dérange dix fois, sans le vouloir, les coupables projets du Comte. Jeune

---

1. *Camariste* : pour camériste. Beaumarchais orthographie d'après le mot espagnol *camarista*.

adepte de la nature ! tout ce qu'il voit a droit de l'agiter : peut-être il n'est plus un enfant, mais il n'est pas encore un homme, et c'est le moment que j'ai choisi pour qu'il obtînt de l'intérêt, sans forcer personne à rougir. Ce qu'il éprouve innocemment, il l'inspire partout de même. Direz-vous qu'on l'aime d'amour ? Censeurs ! ce n'est pas là le mot : vous êtes trop éclairés pour ignorer que l'amour, même le plus pur, a un motif intéressé : on ne l'aime donc pas encore ; on sent qu'un jour on l'aimera. Et c'est ce que l'auteur a mis avec gaieté dans la bouche de Suzanne, quand elle dit à cet enfant : « Oh ! dans trois ou quatre ans, je prédis que vous serez le plus grand petit vaurien [1] !... »

Pour lui imprimer plus fortement le caractère de l'enfance, nous le faisons exprès tutoyer par Figaro. Supposez-lui deux ans de plus, quel valet dans le château prendrait ces libertés ? Voyez-le à la fin de son rôle ; à peine a-t-il un habit d'officier, qu'il porte la main à l'épée aux premières railleries du Comte, sur le quiproquo d'un soufflet [2]. Il sera fier, notre étourdi ! mais c'est un enfant, rien de plus. N'ai-je pas vu nos dames dans les loges aimer mon page à la folie ? Que lui voulaient-elles ? hélas ! rien : c'était de l'intérêt aussi ; mais, comme celui de la Comtesse, un pur et naïf intérêt, un intérêt... sans intérêt.

Mais est-ce la personne du page ou la conscience du seigneur qui fait le tourment du dernier, toutes les fois que l'auteur les condamne à se rencontrer dans la pièce ? Fixez ce léger aperçu [3], il peut vous mettre sur sa voie ; ou plutôt apprenez de lui que cet enfant n'est amené que pour ajouter à la moralité de l'ouvrage, en vous montrant que l'homme le plus absolu chez lui, dès qu'il suit un projet coupable, peut être mis au désespoir par l'être le moins important, par celui qui redoute le plus de se rencontrer sur sa route.

Quand mon page aura dix-huit ans, avec le caractère vif et bouillant que je lui ai donné, je serai coupable à mon tour, si je le montre sur la scène. Mais à treize ans qu'inspire-t-il ? quelque chose de sensible et doux, qui n'est ni amitié ni amour, et qui tient un peu de tous deux.

J'aurais de la peine à faire croire à l'innocence de ces impressions, si nous vivions dans un siècle moins chaste, dans un de ces siècles de calcul, où, voulant tout prématuré, comme les

---

1. Acte I, scène 7.
2. Acte V, scène 19.
3. *Fixez ce léger aperçu* : soyez attentif à cette suggestion.

fruits de leurs serres chaudes, les grands mariaient leurs enfants à douze ans, et faisaient plier la nature, la décence et le goût aux plus sordides convenances, en se hâtant surtout d'arracher de ces êtres non formés, des enfants encore moins formables dont le bonheur n'occupait personne, et qui n'étaient que le prétexte d'un certain trafic d'avantages, qui n'avait nul rapport à eux, mais uniquement à leur nom. Heureusement nous en sommes bien loin ; et le caractère de mon page, sans conséquence pour lui-même, en a une relative au Comte, que le moraliste aperçoit, mais qui n'a pas encore frappé le grand commun de nos jugeurs.

Ainsi, dans cet ouvrage, chaque rôle important a quelque but moral. Le seul qui semble y déroger est le rôle de Marceline.

Coupable d'un ancien égarement, dont son Figaro fut le fruit, elle devrait, dit-on, se voir au moins punie par la confusion de sa faute, lorsqu'elle reconnaît son fils [1]. L'auteur eût pu même en tirer une moralité plus profonde : dans les mœurs qu'il veut corriger, la faute d'une jeune fille séduite est celle des hommes, et non la sienne. Pourquoi donc ne l'a-t-il pas fait ?

Il l'a fait, censeurs raisonnables ! étudiez la scène suivante [2], qui faisait le nerf du troisième acte, et que les Comédiens m'ont prié de retrancher, craignant qu'un morceau si sévère n'obscurcît la gaieté de l'action.

Quand Molière a bien humilié la coquette ou coquine du *Misanthrope*, par la lecture publique de ses lettres à tous ses amants, il la laisse avilie sous les coups qu'il lui a portés [3] ; il a raison ; qu'en ferait-il ? vicieuse par goût et par choix, veuve aguerrie, femme de cour, sans aucune excuse d'erreur, et fléau d'un fort honnête homme, il l'abandonne à nos mépris, et telle est sa moralité. Quant à moi, saisissant l'aveu naïf de Marceline au moment de la reconnaissance, je montrais cette femme humiliée, et Bartholo qui la refuse, et Figaro, leur fils commun, dirigeant l'attention publique sur les vrais fauteurs du désordre où l'on entraîne sans pitié toutes les jeunes filles du peuple, douées d'une jolie figure.

Telle est la marche de la scène.

BRID'OISON, *parlant de Figaro qui vient de reconnaître sa mère en Marceline* : C'est clair : i-il ne l'épousera pas.

---

1. Acte III, scène 16.
2. En réalité, il s'agit de la même scène (acte III, scène 16).
3. Célimène dans l'acte V, scène 4 et dernière.

BARTHOLO : Ni moi non plus.

MARCELINE : Ni vous ! et votre fils ? Vous m'aviez juré...

BARTHOLO : J'étais fou. Si pareils souvenirs engageaient, on serait tenu d'épouser tout le monde.

BRID'OISON : E-et si l'on y regardait de si près, per-ersonne n'épouserait personne.

BARTHOLO : Des fautes si connues ! une jeunesse déplorable !

MARCELINE, *s'échauffant par degrés* : Oui, déplorable, et plus qu'on ne croit ! Je n'entends pas nier mes fautes, ce jour les a trop bien prouvées ! mais qu'il est dur de les expier après trente ans d'une vie modeste ! J'étais née, moi, pour être sage, et je la suis devenue sitôt qu'on m'a permis d'user de ma raison. Mais dans l'âge des illusions, de l'inexpérience et des besoins, où les séducteurs nous assiègent, pendant que la misère nous poignarde, que peut opposer une enfant à tant d'ennemis rassemblés ? Tel nous juge ici sévèrement, qui, peut-être, en sa vie a perdu dix infortunées !

FIGARO : Les plus coupables sont les moins généreux ; c'est la règle.

MARCELINE, *vivement* : Hommes plus qu'ingrats, qui flétrissez par le mépris les jouets de vos passions, vos victimes ! c'est vous qu'il faut punir des erreurs de notre jeunesse ; vous et vos magistrats, si vains du droit de nous juger, et qui nous laissent enlever, par leur coupable négligence, tout honnête moyen de subsister. Est-il un seul état pour les malheureuses filles ? Elles avaient un droit naturel à toute la parure des femmes : on y laisse former mille ouvriers de l'autre sexe.

FIGARO, *en colère* : Ils font broder jusqu'aux soldats !

MARCELINE *exaltée* : Dans les rangs même plus élevés, les femmes n'obtiennent de vous qu'une considération dérisoire ; leurrées de respects apparents, dans une servitude réelle ; traitées en mineures pour nos biens, punies en majeures pour nos fautes ! ah, sous tous les aspects, votre conduite avec nous fait horreur, ou pitié !

FIGARO : Elle a raison !

LE COMTE, *à part* : Que trop raison !

BRID'OISON : Elle a, mon-on Dieu ! raison.

MARCELINE : Mais que nous font, mon fils, les refus d'un homme injuste ? ne regarde pas d'où tu viens, vois où tu vas ; cela seul importe à chacun. Dans quelques mois ta fiancée ne dépendra plus que d'elle-même ; elle t'acceptera, j'en réponds : vis entre une épouse, une mère tendres, qui te chériront à qui mieux mieux. Sois indulgent pour elles, heureux pour toi, mon fils ; gai, libre et bon pour tout le monde : il ne manquera rien à ta mère.

FIGARO : Tu parles d'or, maman, et je me tiens à ton avis. Qu'on est sot en effet ! il y a des mille, mille ans que le monde roule, et dans cet océan de durée, où j'ai par hasard attrapé quelques chétifs trente ans qui ne reviendront plus, j'irais me tourmenter pour savoir à qui je les dois ! tant pis pour qui s'en inquiète. Passer ainsi la vie à chamailler, c'est peser sur le collier sans relâche, comme les malheureux chevaux de la remonte des fleuves, qui ne reposent pas, même quand ils s'arrêtent, et qui tirent toujours, quoiqu'ils cessent de marcher. Nous attendrons.

J'ai bien regretté ce morceau ; et maintenant que la pièce est connue, si les Comédiens avaient le courage de le restituer à ma prière, je pense que le public leur en saurait beaucoup de gré. Ils n'auraient plus même à répondre, comme je fus forcé de le faire à certains censeurs du beau monde, qui me reprochaient, à la lecture, de les intéresser pour une femme de mauvaises mœurs : « Non, messieurs, je n'en parle pas pour excuser ses mœurs, mais pour vous faire rougir des vôtres sur le point le plus destructeur de toute honnêteté publique : *la corruption des jeunes personnes* ; et j'avais raison de le dire, que vous trouvez ma pièce trop gaie, parce qu'elle est souvent trop sévère. Il n'y a que façon de s'entendre.

– Mais votre Figaro est un soleil tournant[1], qui brûle, en jaillissant, les manchettes[2] de tout le monde. – Tout le monde est exagéré. Qu'on me sache gré du moins s'il ne brûle pas aussi les doigts de ceux qui croient s'y reconnaître : au temps qui court on a beau jeu sur cette matière au théâtre. M'est-il permis de composer en auteur qui sort du collège, de toujours faire rire des enfants, sans jamais rien dire à des hommes ? Et ne devez-vous pas me passer un peu de morale, en faveur de ma gaieté, comme on passe aux Français un peu de folie, en faveur de leur raison ? »

Si je n'ai versé sur nos sottises qu'un peu de critique badine, ce n'est pas que je ne sache en former de plus sévères : quiconque a dit tout ce qu'il sait dans son ouvrage y a mis plus que moi dans le mien. Mais je garde une foule d'idées qui me pressent pour un des sujets les plus moraux du théâtre, aujourd'hui sur mon chantier : *La Mère coupable* ; et si le dégoût dont on m'abreuve me permet jamais de l'achever, mon projet étant d'y faire verser des larmes à toutes les femmes sensibles, j'élèverai mon langage à la hauteur de mes situations, j'y prodiguerai les traits de la plus austère morale, et je tonnerai fortement sur les vices que j'ai trop ménagés. Apprêtez-vous donc bien, messieurs, à me tourmenter de nouveau : ma poi-

---

1. *Soleil tournant* : « pièce d'artifice qui jette des feux en forme de rayons ». *(L.)*
2. *Manchette* : « ornement fait de mousseline, de batiste, de dentelle qui s'attache au poignet de la chemise des hommes ». *(L.)*

trine a déjà grondé ; j'ai noirci beaucoup de papier au service de votre colère.

Et vous, honnêtes indifférents, qui jouissez de tout sans prendre parti sur rien, jeunes personnes modestes et timides, qui vous plaisez à ma *Folle Journée* (et je n'entreprends sa défense que pour justifier votre goût), lorsque vous verrez dans le monde un de ces hommes tranchants critiquer vaguement la pièce, tout blâmer sans rien désigner, surtout la trouver indécente, examinez bien cet homme-là ; sachez son rang, son état, son caractère, et vous connaîtrez sur-le-champ le mot qui l'a blessé dans l'ouvrage.

On sent bien que je ne parle pas de ces écumeurs littéraires [1] qui vendent leurs bulletins ou leurs affiches à tant de liards le paragraphe. Ceux-là, comme l'abbé Bazile, peuvent calomnier : *ils médiraient qu'on ne les croirait pas* [2].

Je parle moins encore de ces libellistes honteux qui n'ont trouvé d'autre moyen de satisfaire leur rage, l'assassinat étant trop dangereux, que de lancer, du cintre de nos salles, des vers infâmes contre l'auteur, pendant que l'on jouait sa pièce. Ils savent que je les connais ; si j'avais eu dessein de les nommer, ç'aurait été au ministère public ; leur supplice est de l'avoir craint, il suffit à mon ressentiment. Mais on n'imaginera jamais jusqu'où ils ont osé élever les soupçons du public sur une aussi lâche épigramme ! semblables à ces vils charlatans du Pont-Neuf, qui, pour accréditer leurs drogues, farcissent d'ordres, de cordons [3], le tableau qui leur sert d'enseigne.

Non, je cite nos importants, qui, blessés, on ne sait pourquoi, des critiques semées dans l'ouvrage, se chargent d'en dire du mal, sans cesser de venir aux noces.

C'est un plaisir assez piquant de les voir d'en bas au spectacle, dans le très plaisant embarras de n'oser montrer ni satisfaction ni colère ; s'avançant sur le bord des loges, prêts à se moquer de l'auteur, et se retirant aussitôt pour celer un peu de grimace ; emportés par un mot de la scène, et soudainement

---

1. *Écumeurs littéraires* : plagiaires.
2. Citation légèrement déformée des paroles de Figaro dans *Le Barbier de Séville*, acte II, scène 9.
3. *Ordre* : « se prend aussi pour le collier, le ruban, ou autre marque d'un ordre de chevalerie » *(Acad.)* ; *cordon* : « cordon d'un ordre de chevalerie, ruban auquel on porte attachées des marques de cet ordre, passé ordinairement en écharpe, de droite à gauche, ou de gauche à droite ». *(L.)*

rembrunis par le pinceau du moraliste ; au plus léger trait de gaieté, jouer tristement les étonnés, prendre un air gauche en faisant les pudiques, et regardant les femmes dans les yeux, comme pour leur reprocher de soutenir un tel scandale ; puis, aux grands applaudissements, lancer sur le public un regard méprisant, dont il est écrasé ; toujours prêts à lui dire, comme ce courtisan dont parle Molière, lequel outré du succès de *L'École des femmes* criait des balcons au public : « Ris donc, public, ris donc [1] ! » En vérité c'est un plaisir, et j'en ai joui bien des fois.

Celui-là m'en rappelle un autre. Le premier jour de *La Folle Journée*, on s'échauffait dans le foyer (même d'honnêtes plébéiens) sur ce qu'ils nommaient spirituellement « mon audace ». Un petit vieillard sec et brusque, impatienté de tous ces cris, frappe le plancher de sa canne, et dit en s'en allant : « Nos Français sont comme les enfants qui braillent quand on les éberne [2]. » Il avait du sens, ce vieillard. Peut-être on pouvait mieux parler, mais pour mieux penser, j'en défie.

Avec cette intention de tout blâmer, on conçoit que les traits les plus sensés ont été pris en mauvaise part. N'ai-je pas entendu vingt fois un murmure descendre des loges à cette réponse de Figaro :

> LE COMTE : Une réputation détestable !
>
> FIGARO : Et si je vaux mieux qu'elle, y a-t-il beaucoup de seigneurs qui puissent en dire autant [3] ?

Je dis, moi, qu'il n'y en a point ; qu'il ne saurait y en avoir, à moins d'une exception bien rare. Un homme obscur ou peu connu peut valoir mieux que sa réputation, qui n'est que l'opinion d'autrui. Mais de même qu'un sot en place en paraît une fois plus sot, parce qu'il ne peut plus rien cacher, de même un grand seigneur, l'homme élevé en dignités, que la fortune et sa naissance ont placé sur le grand théâtre, et qui, en entrant dans le monde, eut toutes les préventions pour lui, vaut presque toujours moins que sa réputation s'il parvient à la rendre mauvaise. Une assertion si simple et si loin du sarcasme devait-elle exciter le murmure ? si son application paraît fâcheuse aux grands peu soigneux de leur gloire, en quel sens fait-elle épigramme sur ceux qui méritent nos respects ? et quelle maxime plus juste au

---

1. *La Critique de L'École des femmes*, scène 5.
2. *Éberner* : « essuyer les excréments d'un enfant ». *(L.)*
3. Acte III, scène 5.

théâtre peut servir de frein aux puissants, et tenir lieu de leçon à ceux qui n'en reçoivent point d'autres ?

Non qu'il faille oublier (a dit un écrivain sévère, et je me plais à le citer, parce que je suis de son avis), « non qu'il faille oublier, dit-il, ce qu'on doit aux rangs élevés ; il est juste au contraire que l'avantage de la naissance soit le moins contesté de tous, parce que ce bienfait gratuit de l'hérédité, relatif aux exploits, vertus, ou qualités des aïeux de qui le reçut, ne peut aucunement blesser l'amour-propre de ceux auxquels il fut refusé ; parce que dans une monarchie, si l'on ôtait les rangs intermédiaires, il y aurait trop loin du monarque aux sujets ; bientôt on n'y verrait qu'un despote et des esclaves ; le maintien d'une échelle graduée du laboureur au potentat intéresse également les hommes de tous les rangs, et peut-être est le plus ferme appui de la constitution monarchique ».

Mais quel auteur parlait ainsi ? qui faisait cette profession de foi sur la noblesse, dont on me suppose si loin ? C'était PIERRE-AUGUSTIN CARON DE BEAUMARCHAIS plaidant par écrit au parlement d'Aix, en 1778, une grande et sévère question, qui décida bientôt de l'honneur d'un noble et du sien [1]. Dans l'ouvrage que je défends on n'attaque point les états, mais les abus de chaque état ; les gens seuls qui s'en rendent coupables ont intérêt à le trouver mauvais ; voilà les rumeurs expliquées ; mais quoi donc, les abus sont-ils devenus si sacrés qu'on n'en puisse attaquer aucun sans lui trouver vingt défenseurs ?

Un avocat célèbre, un magistrat respectable iront-ils donc s'approprier le plaidoyer d'un Bartholo, le jugement d'un Brid'oison ? Ce mot de Figaro sur l'indigne abus des plaidoiries de nos jours (« c'est dégrader le plus noble institut [2] ») a bien montré le cas que je fais du noble métier d'avocat, et mon respect pour la magistrature ne sera pas plus suspecté, quand on saura dans quelle école j'en ai recherché la leçon, quand on lira le morceau suivant, aussi tiré d'un moraliste, lequel, parlant des magistrats, s'exprime en ces termes formels :

« Quel homme aisé voudrait, pour le plus modique honoraire, faire le métier cruel de se lever à quatre heures pour aller au Palais tous les jours s'occuper, sous des formes prescrites,

---

1. Référence au procès La Blache (1771-1778). Le comte de La Blache, héritier du financier Pâris-Duverney, attaqua Beaumarchais que, depuis 1760, le défunt avait associé à ses affaires. Dans sa défense, Beaumarchais accusa de vénalité l'un des juges, le conseiller Goëzman.
2. Acte III, scène 15.

d'intérêts qui ne sont jamais les siens ; d'éprouver sans cesse l'ennui de l'importunité, le dégoût des sollicitations, le bavardage des plaideurs, la monotonie des audiences, la fatigue des délibérations, et la contention d'esprit nécessaire aux prononcés des arrêts, s'il ne se croyait pas payé de cette vie laborieuse et pénible par l'estime et la considération publique ? et cette estime est-elle autre chose qu'un jugement, qui n'est même aussi flatteur pour les bons magistrats, qu'en raison de sa rigueur excessive contre les mauvais ? »

Mais quel écrivain m'instruisait ainsi par ses leçons ? Vous allez croire encore que c'est PIERRE-AUGUSTIN ; vous l'avez dit, c'est lui, en 1773, dans son quatrième Mémoire [1], en défendant jusqu'à la mort sa triste existence attaquée par un soi-disant magistrat. Je respecte donc hautement ce que chacun doit honorer ; et je blâme ce qui peut nuire.

« Mais dans cette *Folle Journée*, au lieu de saper les abus, vous vous donnez des libertés très répréhensibles au théâtre ; votre monologue, surtout, contient, sur les gens disgraciés, des traits qui passent la licence ! – Eh ! croyez-vous, messieurs, que j'eusse un talisman pour tromper, séduire, enchaîner la censure et l'autorité, quand je leur soumis mon ouvrage ? que je n'aie pas dû justifier ce que j'avais osé écrire ? » Que fais-je dire à Figaro, parlant à l'homme déplacé ? « Que les sottises imprimées n'ont d'importance qu'aux lieux où l'on en gêne le cours [2]. » Est-ce donc là une vérité d'une conséquence dangereuse ? Au lieu de ces inquisitions puériles et fatigantes et qui seules donnent de l'importance à ce qui n'en aurait jamais, si, comme en Angleterre, on était assez sage ici pour traiter les sottises avec ce mépris qui les tue, loin de sortir du vil fumier qui les enfante, elles y pourriraient en germant, et ne se propageraient point. Ce qui multiplie les libelles est la faiblesse de les craindre ; ce qui fait vendre les sottises est la sottise de les défendre.

Et comment conclut Figaro ? « Que sans la liberté de blâmer, il n'est point d'éloge flatteur ; et qu'il n'y a que les petits hommes qui redoutent les petits écrits [3]. » Sont-ce là des hardiesses coupables, ou bien des aiguillons de gloire ? des moralités insidieuses, ou des maximes réfléchies, aussi justes qu'encourageantes ?

---

1. Contre Goëzman.
2. Acte V, scène 3.
3. Acte V, scène 3.

Supposez-les le fruit des souvenirs. Lorsque, satisfait du présent, l'auteur veille pour l'avenir, dans la critique du passé, qui peut avoir droit de s'en plaindre ? et si, ne désignant ni temps, ni lieu, ni personnes, il ouvre la voie, au théâtre, à des réformes désirables, n'est-ce pas aller à son but ?

La Folle Journée explique donc comment, dans un temps prospère, sous un roi juste et des ministres modérés, l'écrivain peut tonner sur les oppresseurs sans craindre de blesser personne. C'est pendant le règne d'un bon prince qu'on écrit sans danger l'histoire des méchants rois ; et, plus le gouvernement est sage, est éclairé, moins la liberté de dire est en presse [1] ; chacun y faisant son devoir, on n'y craint pas les allusions ; nul homme en place ne redoutant ce qu'il est forcé d'estimer, on n'affecte point alors d'opprimer chez nous cette même littérature, qui fait notre gloire au-dehors et nous y donne une sorte de primauté que nous ne pouvons tirer d'ailleurs.

En effet, à quel titre y prétendrions-nous ? Chaque peuple tient à son culte et chérit son gouvernement. Nous ne sommes pas restés plus braves que ceux qui nous ont battus à leur tour. Nos mœurs plus douces, mais non meilleures, n'ont rien qui nous élève au-dessus d'eux. Notre littérature seule, estimée de toutes les nations, étend l'empire de la langue française et nous obtient de l'Europe entière une prédilection avouée qui justifie, en l'honorant, la protection que le gouvernement lui accorde.

Et comme chacun cherche toujours le seul avantage qui lui manque, c'est alors qu'on peut voir dans nos académies l'homme de la cour siéger avec les gens de lettres, les talents personnels et la considération héritée se disputer ce noble objet, et les archives académiques se remplir presque également de papiers et de parchemins.

Revenons à *La Folle Journée*.

Un monsieur de beaucoup d'esprit, mais qui l'économise un peu trop, me disait un soir au spectacle : « Expliquez-moi donc, je vous prie, pourquoi, dans votre pièce, on trouve autant de phrases négligées qui ne sont pas de votre style ? – De mon style, monsieur ? Si par malheur j'en avais un, je m'efforcerais de l'oublier quand je fais une comédie, ne connaissant rien

---

1. *Être en presse* : « On dit figurément qu'un homme est en presse, pour dire, qu'il est dans un état fâcheux, et dont il ne sait comment se retirer. On dit figurément et populairement, qu'un bijou, un effet est en presse, pour dire qu'il est en gage ». *(Acad.)*

d'insipide au théâtre comme ces fades camaïeux où tout est bleu, où tout est rose, où tout est l'auteur, quel qu'il soit. »

Lorsque mon sujet me saisit, j'évoque tous mes personnages et les mets en situation : « Songe à toi, Figaro, ton maître va te deviner. Sauvez-vous vite, Chérubin, c'est le Comte que vous touchez[1]. Ah ! Comtesse, quelle imprudence, avec un époux si violent ! » Ce qu'ils diront, je n'en sais rien ; c'est ce qu'ils feront qui m'occupe. Puis, quand ils sont bien animés, j'écris sous leur dictée rapide, sûr qu'ils ne me tromperont pas, que je reconnaîtrai Bazile, lequel n'a pas l'esprit de Figaro, qui n'a pas le ton noble du Comte, qui n'a pas la sensibilité de la Comtesse, qui n'a pas la gaieté de Suzanne, qui n'a pas l'espièglerie du page, et surtout aucun d'eux la sublimité de Brid'oison. Chacun y parle son langage : eh ! que le dieu du naturel les préserve d'en parler d'autre ! Ne nous attachons donc qu'à l'examen de leurs idées, et non à rechercher si j'ai dû leur prêter mon style.

Quelques malveillants ont voulu jeter de la défaveur sur cette phrase de Figaro : « Sommes-nous des soldats qui tuent et se font tuer pour des intérêts qu'ils ignorent ? Je veux savoir, moi, pourquoi je me fâche[2]. » À travers le nuage d'une conception indigeste ils ont feint d'apercevoir *que je répands une lumière décourageante sur l'état pénible du soldat, et il y a des choses qu'il ne faut jamais dire.* Voilà dans toute sa force l'argument de la méchanceté ; reste à en prouver la bêtise.

Si, comparant la dureté du service à la modicité de la paye, ou discutant tel autre inconvénient de la guerre et comptant la gloire pour rien, je versais de la défaveur[3] sur ce plus noble des affreux métiers, on me demanderait justement compte d'un mot indiscrètement échappé. Mais, du soldat au colonel, au général exclusivement, quel imbécile homme de guerre a jamais eu la prétention qu'il dût pénétrer les secrets du cabinet pour lesquels il fait la campagne ? C'est de cela seul qu'il s'agit dans la phrase de Figaro. Que ce fou-là se montre, s'il existe ; nous l'enverrons étudier sous le philosophe Babouc, lequel éclaircit disertement ce point de discipline militaire[4].

---

1. *Toucher* : « s'attaquer à ». *(L.)*
2. Acte V, scène 12.
3. *Verser de la défaveur* : « verser le mépris, le ridicule sur quelqu'un, en parler de manière à le rendre méprisable, ridicule ». *(L.)*
4. Babouc est un personnage du conte de Voltaire, *Le Monde comme il va. Vision de Babouc écrite par lui-même* (1748).

En raisonnant sur l'usage que l'homme fait de sa liberté dans les occasions difficiles, Figaro pouvait également opposer à sa situation tout état qui exige une obéissance implicite ; et le cénobite [1] zélé, dont le devoir est de tout croire sans jamais rien examiner, comme le guerrier valeureux, dont la gloire est de tout affronter sur des ordres non motivés, de *tuer et se faire tuer pour des intérêts qu'il ignore*. Le mot de Figaro ne dit donc rien, sinon qu'un homme libre de ses actions doit agir sur d'autres principes que ceux dont le devoir est d'obéir aveuglément.

Qu'aurait-ce été, bon Dieu ! si j'avais fait usage d'un mot qu'on attribue au Grand Condé [2], et que j'entends louer à outrance par ces mêmes logiciens qui déraisonnent sur ma phrase ? À les croire, le Grand Condé montra la plus noble présence d'esprit, lorsque, arrêtant Louis XIV prêt à pousser son cheval dans le Rhin, il dit à ce monarque : « Sire, avez-vous besoin du bâton de maréchal ? »

Heureusement on ne prouve nulle part que ce grand homme ait dit cette grande sottise. C'eût été dire au roi, devant toute son armée : « Vous moquez-vous donc, Sire, de vous exposer dans un fleuve ? Pour courir de pareils dangers, il faut avoir besoin d'avancement ou de fortune ! »

Ainsi l'homme le plus vaillant, le plus grand général du siècle, aurait compté pour rien l'honneur, le patriotisme et la gloire ! un misérable calcul d'intérêt eût été, selon lui, le seul principe de la bravoure ! il eût dit là un affreux mot ! et si j'en avais pris le sens pour l'enfermer dans quelque trait, je mériterais le reproche qu'on fait gratuitement au mien.

Laissons donc les cerveaux fumeux louer ou blâmer, au hasard, sans se rendre compte de rien, s'extasier sur une sottise qui n'a pu jamais être dite, et proscrire un mot juste et simple qui ne montre que du bon sens.

Un autre reproche assez fort, mais dont je n'ai pu me laver, est d'avoir assigné pour retraite à la Comtesse [3] un certain couvent d'Ursulines [4]. « Ursulines ! » a dit un seigneur, joignant

---

1. *Cénobite* : dans les premiers temps de l'Église, moine qui vivait en communauté, par opposition à l'anachorète, qui vivait isolé.
2. Louis II de Condé (1621-1686), dit le Grand Condé.
3. Acte II, scène 19.
4. *Ursulines* : ordre fondé en 1537 qui se consacre aux soins des malades et à l'éducation des jeunes filles. Leur couvent à Paris était réputé pour la liberté de ses mœurs.

les mains avec éclat ; « Ursulines ! » a dit une dame en se renversant de surprise sur un jeune Anglais de sa loge ; « "Ursulines !" ah Milord ! si vous entendiez le français !... – Je sens, je sens beaucoup, madame, dit le jeune homme en rougissant. – C'est qu'on n'a jamais mis au théâtre aucune femme aux "Ursulines" ! Abbé, parlez-nous donc ! L'abbé (toujours appuyée sur l'Anglais), comment trouvez-vous "Ursulines" ? – Fort indécent », répond l'abbé sans cesser de lorgner Suzanne. Et tout le beau monde a répété : « "Ursulines" est fort indécent. » Pauvre auteur ! on te croit jugé, quand chacun songe à son affaire. En vain j'essayais d'établir que, dans l'événement de la scène, moins la Comtesse a dessein de se cloîtrer, plus elle doit le feindre et faire croire à son époux que sa retraite est bien choisie ; ils ont proscrit mes « Ursulines » !

Dans le plus fort de la rumeur, moi, bon homme, j'avais été jusqu'à prier une des actrices qui font le charme de ma pièce de demander aux mécontents à quel autre couvent de filles ils estimaient qu'il fût *décent* que l'on fît entrer la Comtesse ? À moi, cela m'était égal, je l'aurais mise où l'on aurait voulu : aux Augustines, aux Célestines, aux Clairettes, aux Visitandines, même aux Petites Cordelières [1], tant je tiens peu aux Ursulines ! Mais on agit si durement !

Enfin, le bruit croissant toujours, pour arranger l'affaire avec douceur, j'ai laissé le mot « Ursulines » à la place où je l'avais mis : chacun alors, content de soi, de tout l'esprit qu'il avait montré, s'est apaisé sur « Ursulines », et l'on a parlé d'autre chose.

Je ne suis point, comme l'on voit, l'ennemi de mes ennemis. En disant bien du mal de moi ils n'en ont point fait à ma pièce, et s'ils sentaient seulement autant de joie à la déchirer que j'eus de plaisir à la faire, il n'y aurait personne d'affligé. Le malheur est qu'ils ne rient point ; et ils ne rient point à ma pièce parce qu'on ne rit point à la leur. Je connais plusieurs amateurs qui

---

1. *Augustines* : religieuses instituées par saint Augustin ; elles servirent à l'Hôtel-Dieu de Paris, puis à l'hôpital Saint-Louis. *Célestines* : elles suivent la règle de saint Bernard. *Clairettes* ou Bernardines : ordre fondé au XIIe siècle, qui s'occupait de l'éducation des jeunes filles. *Visitandines* ou religieuses de la Visitation : ordre fondé en 1610 par saint François de Sales en mémoire de la Visitation de la Vierge. *Petites Cordelières* : elles suivaient la règle de saint François d'Assise et portaient une ceinture de corde.

sont même beaucoup maigris depuis le succès du *Mariage* : excusons donc l'effet de leur colère.

À des moralités d'ensemble et de détail, répandues dans les flots d'une inaltérable gaieté, à un dialogue assez vif dont la facilité nous cache le travail, si l'auteur a joint une intrigue aisément filée, où l'art se dérobe sous l'art, qui se noue et se dénoue sans cesse à travers une foule de situations comiques, de tableaux piquants et variés qui soutiennent, sans la fatiguer, l'attention du public pendant les trois heures et demie que dure le même spectacle (essai que nul homme de lettres n'avait encore osé tenter !), que restait-il à faire à de pauvres méchants que tout cela irrite ? attaquer, poursuivre l'auteur par des injures verbales, manuscrites, imprimées : c'est ce qu'on a fait sans relâche. Ils ont même épuisé jusqu'à la calomnie pour tâcher de me perdre dans l'esprit de tout ce qui influe en France sur le repos d'un citoyen. Heureusement que mon ouvrage est sous les yeux de la nation, qui depuis dix grands mois le voit, le juge et l'apprécie. Le laisser jouer tant qu'il fera plaisir est la seule vengeance que je me sois permise. Je n'écris point ceci pour les lecteurs actuels ; le récit d'un mal trop connu touche peu ; mais dans quatre-vingts ans il portera son fruit. Les auteurs de ce temps-là compareront leur sort au nôtre, et nos enfants sauront à quel prix on pouvait amuser leurs pères.

Allons au fait ; ce n'est pas tout cela qui blesse. Le vrai motif qui se cache et qui dans les replis du cœur produit tous les autres reproches est renfermé dans ce quatrain :

> Pourquoi ce Figaro qu'on va tant écouter
> Est-il avec fureur déchiré par les sots ?
> Recevoir, prendre et demander :
> Voilà le secret en trois mots.

En effet, Figaro, parlant du métier de courtisan, le définit dans ces termes sévères[1]. Je ne puis le nier, je l'ai dit. Mais reviendrai-je sur ce point ? Si c'est un mal, le remède serait pire : il faudrait poser méthodiquement ce que je n'ai fait qu'indiquer, revenir à montrer qu'il n'y a point de synonyme en français entre *l'homme de la cour l'homme de cour* et *le courtisan par métier*.

Il faudrait répéter qu'*homme de la cour* peint seulement un noble état ; qu'il s'entend de l'homme de qualité vivant avec la noblesse et l'éclat que son rang lui impose ; que, si cet *homme de la cour* aime le bien par goût, sans intérêt, si, loin de jamais

---

1. Acte II, scène 2.

nuire à personne, il se fait estimer de ses maîtres, aimer de ses
égaux et respecter des autres, alors cette acception reçoit un
nouveau lustre, et j'en connais plus d'un que je nommerais avec
plaisir s'il en était question.

Il faudrait montrer qu'*homme de cour*, en bon français, est
moins l'énoncé d'un état que le résumé d'un caractère adroit,
liant, mais réservé, pressant la main de tout le monde en glissant chemin à travers, menant finement son intrigue avec l'air
de toujours servir, ne se faisant point d'ennemis, mais donnant,
près d'un fossé, dans l'occasion, de l'épaule au meilleur ami
pour assurer sa chute et le remplacer sur la crête, laissant à part
tout préjugé qui pourrait ralentir sa marche, souriant à ce qui
lui déplaît et critiquant ce qu'il approuve, selon les hommes qui
l'écoutent ; dans les liaisons utiles de sa femme ou de sa maîtresse, ne voyant que ce qu'il doit voir, enfin...

> *Prenant tout, pour le faire court,*
> *En véritable homme de cour* [1].

> LA FONTAINE.

Cette acception n'est pas aussi défavorable que celle du *courtisan par métier*, et c'est l'homme dont parle Figaro.

Mais, quand j'étendrais la définition de ce dernier, quand,
parcourant tous les possibles, je le montrerais avec son maintien
équivoque, haut et bas à la fois, rampant avec orgueil, ayant
toutes les prétentions sans en justifier une, se donnant l'air du
protègement [2] pour se faire chef de parti, dénigrant tous les
concurrents qui balanceraient son crédit, faisant un métier
lucratif de ce qui ne devrait qu'honorer, vendant ses maîtresses
à son maître, lui faisant payer ses plaisirs, etc., etc., et quatre
pages d'etc., il faudrait toujours revenir au distique de Figaro :
« Recevoir, prendre et demander : voilà le secret en trois mots. »

Pour ceux-ci, je n'en connais point ; il y en eut, dit-on, sous
Henri III, sous d'autres rois encore, mais c'est l'affaire de l'his-
torien ; et, quant à moi, je suis d'avis que les vicieux du siècle
en sont comme les saints : qu'il faut cent ans pour les canoniser.
Mais, puisque j'ai promis la critique de ma pièce, il faut enfin
que je la donne.

---

1. Vers empruntés au conte de la Fontaine *Joconde, nouvelle tirée de
L'Arioste*, (in *Contes et nouvelles* en vers, 1665) d'abord paru en 1664
sous le titre *Joconde ou l'infidélité des femmes*.
2. *Protègement* : mot inventé par Beaumarchais, pour « protection ».

En général son grand défaut est *que je ne l'ai point faite en observant le monde ; qu'elle ne peint rien de ce qui existe et ne rappelle jamais l'image de la société où l'on vit ; que ses mœurs basses et corrompues n'ont pas même le mérite d'être vraies.* Et c'est ce qu'on lisait dernièrement dans un beau discours imprimé, composé par un homme de bien, auquel il n'a manqué qu'un peu d'esprit pour être un écrivain médiocre [1]. Mais, médiocre ou non, moi qui ne fis jamais usage de cette allure oblique et torse avec laquelle un sbire [2] qui n'a pas l'air de vous regarder vous donne du stylet [3] au flanc, je suis de l'avis de celui-ci. Je conviens qu'à la vérité, la génération passée ressemblait beaucoup à ma pièce, que la génération future lui ressemblera beaucoup aussi ; mais que, pour la génération présente, elle ne lui ressemble aucunement ; que je n'ai jamais rencontré ni mari suborneur, ni seigneur libertin, ni courtisan avide, ni juge ignorant ou passionné, ni avocat injuriant, ni gens médiocres avancés, ni traducteur bassement jaloux ; et que, si des âmes pures, qui ne s'y reconnaissent point du tout, s'irritent contre ma pièce et la déchirent sans relâche, c'est uniquement par respect pour leurs grands-pères et sensibilité pour leurs petits-enfants. J'espère, après cette déclaration, qu'on me laissera bien tranquille ; ET J'AI FINI.

---

1. Allusion à l'un des censeurs de la pièce, Jean-Baptiste Suard.
2. *Sbire* : « homme chargé de l'exécution des sentences judiciaires et des mesures de police ». *(L.)*
3. *Stylet* : poignard à lame mince et pointue.

CARACTÈRES ET HABILLEMENTS
DE LA PIÈCE

LE COMTE ALMAVIVA doit être joué très noblement, mais avec grâce et liberté. La corruption du cœur ne doit rien ôter au *bon ton* de ses manières. Dans les mœurs *de ce temps-là*, les grands traitaient en badinant toute entreprise sur les femmes. Ce rôle est d'autant plus pénible à bien rendre que le personnage est toujours sacrifié. Mais, joué par un comédien excellent (M. Molé), il a fait ressortir tous les rôles et assuré le succès de la pièce.

Son vêtement du premier et second acte est un habit de chasse, avec des bottines à mi-jambe de l'ancien costume espagnol. Du troisième acte jusqu'à la fin, un habit superbe de ce costume.

LA COMTESSE, agitée de deux sentiments contraires, ne doit montrer qu'une sensibilité réprimée, ou une colère très modérée ; rien surtout qui dégrade aux yeux du spectateur son caractère aimable et vertueux. Ce rôle, un des plus difficiles de la pièce, a fait infiniment d'honneur au grand talent de Mlle Saint-Val cadette.

Son vêtement du premier, second et quatrième acte est une lévite [1] commode, et nul ornement sur la tête : elle est chez elle et censée incommodée. Au cinquième acte, elle a l'habillement et la haute coiffure de Suzanne.

FIGARO. L'on ne peut trop recommander à l'acteur qui jouera ce rôle de bien se pénétrer de son esprit, comme l'a fait M. Dazincourt. S'il y voyait autre chose que de la raison assaisonnée de gaieté et de saillies, surtout s'il y mettait la moindre

---

1. *Lévite* : « sorte de redingote ou de robe de femme, ainsi dite parce qu'elle a quelque ressemblance avec l'habillement des prêtres ou lévites ». *(L.)*

charge, il avilirait un rôle que le premier comique du théâtre, M. Préville, a jugé devoir honorer le talent de tout comédien qui saurait en saisir les nuances multipliées et pourrait s'élever à son entière conception.

Son vêtement comme dans *Le Barbier de Séville*.

SUZANNE. Jeune personne adroite, spirituelle et rieuse, mais non de cette gaieté presque effrontée de nos soubrettes corruptrices ; son joli caractère est dessiné dans la préface, et c'est là que l'actrice qui n'a point vu Mlle Contat doit l'étudier pour le bien rendre.

Son vêtement des quatre premiers actes est un juste blanc à basquines [1], très élégant, la jupe de même, avec une toque appelée depuis par nos marchandes : « à la Suzanne ». Dans la fête du quatrième acte, le Comte lui pose sur la tête une toque à long voile, à hautes plumes et à rubans blancs. Elle porte au cinquième acte la lévite de sa maîtresse, et nul ornement sur la tête.

MARCELINE est une femme d'esprit, née un peu vive, mais dont les fautes et l'expérience ont réformé le caractère. Si l'actrice qui le joue s'élève avec une fierté bien placée à la hauteur très morale qui suit la reconnaissance du troisième acte [2], elle ajoutera beaucoup à l'intérêt de l'ouvrage.

Son vêtement est celui des duègnes [3] espagnoles, d'une couleur modeste, un bonnet noir sur la tête.

ANTONIO ne doit montrer qu'une demi-ivresse qui se dissipe par degrés, de sorte qu'au cinquième acte on n'en aperçoive presque plus.

Son vêtement est celui d'un paysan espagnol, où les manches pendent par-derrière ; un chapeau et des souliers blancs.

FANCHETTE est une enfant de douze ans, très naïve. Son petit habit est un juste brun avec des ganses et des boutons d'argent, la jupe de couleur tranchante, et une toque noire à plumes sur la tête. Il sera celui des autres paysannes de la noce.

CHÉRUBIN. Ce rôle ne peut être joué, comme il l'a été, que par une jeune et très jolie femme ; nous n'avons point à nos

---

1. Suzanne porte un corsage ajusté (*juste*) qui se termine en petites basques (*basquines*), pièces de vêtement qui sont rapportées à la taille et qui pendent ou s'évasent. Le mot *basquine* désigne également une jupe riche et élégante que portaient les femmes basques et espagnoles.
2. Acte III, scène 16.
3. *Duègne* : vieille femme chargée de la conduite et de la surveillance d'une jeune fille.

théâtres de très jeune homme assez formé pour en bien sentir les finesses. Timide à l'excès devant la Comtesse, ailleurs un charmant polisson, un désir inquiet et vague est le fond de son caractère. Il s'élance à la puberté, mais sans projet, sans connaissances, et tout entier à chaque événement ; enfin il est ce que toute mère, au fond du cœur, voudrait peut-être que fût son fils, quoiqu'elle dût beaucoup en souffrir.

Son riche vêtement, aux premier et second actes, est celui d'un page de cour espagnol, blanc et brodé d'argent ; le léger manteau bleu sur l'épaule, et un chapeau chargé de plumes. Au quatrième acte, il a le corset, la jupe et la toque des jeunes paysannes qui l'amènent. Au cinquième acte, un habit uniforme d'officier, une cocarde et une épée.

BARTHOLO. Le caractère et l'habit comme dans *Le Barbier de Séville* ; il n'est ici qu'un rôle secondaire.

BAZILE. Caractère et vêtement comme dans *Le Barbier de Séville* ; il n'est aussi qu'un rôle secondaire.

BRID'OISON doit avoir cette bonne et franche assurance des bêtes qui n'ont plus leur timidité. Son bégaiement n'est qu'une grâce de plus qui doit être à peine sentie, et l'acteur se tromperait lourdement et jouerait à contresens s'il y cherchait le plaisant de son rôle. Il est tout entier dans l'opposition de la gravité de son état au ridicule du caractère ; et moins l'acteur le chargera, plus il montrera de vrai talent.

Son habit est une robe de juge espagnol, moins ample que celle de nos procureurs, presque une soutane ; une grosse perruque, une gonille ou rabat espagnol au col, et une longue baguette blanche à la main [1].

DOUBLE-MAIN. Vêtu comme le juge, mais la baguette blanche plus courte.

L'HUISSIER OU ALGUAZIL [2]. Habit, manteau, épée de Crispin [3], mais portée à son côté sans ceinture de cuir. Point de bottines, une chaussure noire, une perruque blanche naissante [4] et longue à mille boucles, une courte baguette blanche.

----

1. La baguette était l'attribut des gens de justice.

2. *Alguazil* : « officier de police en Espagne. Par extension, tout agent de la justice ou de la police ». (*L.*)

3. Crispin est un valet de la *commedia dell'arte*, qui porte une grande épée.

4. Cheveux naissants : « cheveux qui flottent en liberté comme ceux des enfants, ou qui sont frisés en long, comme l'étaient autrefois ceux des magistrats. *Perruque naissante*, perruque qui imite les cheveux naissants ». (*L.*)

GRIPPE-SOLEIL. Habit de paysan, les manches pendantes ; veste de couleur tranchée, chapeau blanc.

UNE JEUNE BERGÈRE. Son vêtement comme celui de Fanchette.

PÉDRILLE. En veste, gilet, ceinture, fouet et bottes de poste, une résille sur la tête, chapeau de courrier.

PERSONNAGES MUETS, les uns en habits de juges, d'autres en habits de paysans, les autres en habits de livrée.

PLACEMENT DES ACTEURS

Pour faciliter les jeux du théâtre, on a eu l'attention d'écrire au commencement de chaque scène le nom des personnages dans l'ordre où le spectateur les voit. S'ils font quelque mouvement grave dans la scène, il est désigné par un nouvel ordre de noms, écrit en marge [1] à l'instant qu'il arrive. Il est important de conserver les bonnes positions théâtrales ; le relâchement dans la tradition donnée par les premiers acteurs en produit bientôt un total dans le jeu des pièces, qui finit par assimiler les troupes négligentes aux plus faibles comédiens de société.

---

1. Dans notre édition, en notes de bas de page, appelées par des *.

PERSONNAGES

LE COMTE ALMAVIVA, grand corrégidor [2] d'Andalousie	M. Molé [1]
LA COMTESSE, sa femme	Mlle Saint-Val
FIGARO, valet de chambre du Comte, et concierge [3] du château	M. Dazincourt
SUZANNE, première camariste de la Comtesse, et fiancée de Figaro	Mlle Contat
MARCELINE, femme de charge [4]	Mme Bellecourt et ensuite Mlle La Chassaigne
ANTONIO, jardinier du château, oncle de Suzanne et père de Fanchette	M. Belmont
FANCHETTE, fille d'Antonio	Mlle Laurent
CHÉRUBIN, premier page [5] du Comte	Mlle Olivier
BARTHOLO, médecin de Séville	M. Desessarts

---

1. On trouvera, à la fin du dossier, un répertoire des Comédiens-Français ayant créé les rôles du *Mariage de Figaro*.
2. *Corrégidor* (le comte remplit cette fonction à l'acte III) : « en Espagne, le premier officier de justice d'une ville, d'une province ». *(L.)*
3. *Concierge* : « celui qui a la garde d'un château, d'un hôtel, d'une prison ». *(L.)*
4. *Femme de charge* : « femme chargée de la garde, du soin de la vaisselle, du linge, etc. ». *(L.)*
5. *Page* : « jeune garçon attaché au service d'un roi, d'un prince, d'un seigneur ». *(L.)*

BAZILE, maître de clavecin de la Comtesse	*M. Vanhove*
DON GUSMAN BRID'OISON [1], lieutenant du Siège [2]	*M. Préville et ensuite M. Dugazon*
DOUBLE-MAIN, greffier, secrétaire de don Gusman	*M. Marsy*
UN HUISSIER-AUDIENCIER	*M. La Rochelle*
GRIPPE-SOLEIL, jeune pastoureau [3]	*M. Champville*
UNE JEUNE BERGÈRE	*Mlle Dantier*
PÉDRILLE, piqueur [4] du Comte	*M. Florence*

Personnages muets

TROUPE DE VALETS
TROUPE DE PAYSANNES
TROUPE DE PAYSANS

*La scène est au château d'Aguas-Frescas,
à trois lieues de Séville.*

---

1. *Brid'oison* : « Oison bridé, oison à qui on a insinué une plume dans les ouvertures des narines pour l'empêcher de passer à travers les haies ; et figurément, personne sans intelligence. » *(L.)*
2. *Lieutenant* : celui qui possède une charge dans la justice. *Siège* : « lieu où l'on rendait la justice dans les juridictions subalternes [...]. Par extension, le corps et la juridiction de ces juges. » *(L.)*
3. *Pastoureau* : petit berger.
4. *Piqueur* : en vénerie, valet chargé de régler la course des chiens, qui poursuivait la bête à cheval.

ACTE PREMIER

Le théâtre représente une chambre à demi démeublée, un grand fauteuil de malade est au milieu. Figaro, avec une toise [1], mesure le plancher. Suzanne attache à sa tête, devant une glace, le petit bouquet de fleurs d'orange, appelé chapeau de la mariée [2].

Scène première
FIGARO, SUZANNE

FIGARO : Dix-neuf pieds sur vingt-six.

SUZANNE : Tiens, Figaro, voilà mon petit chapeau ; le trouves-tu mieux ainsi ?

FIGARO *lui prend les mains* : Sans comparaison, ma charmante. Oh ! que ce joli bouquet virginal, élevé sur la tête d'une belle fille, est doux, le matin des noces, à l'œil amoureux d'un époux !...

SUZANNE *se retire* : Que mesures-tu donc là, mon fils [3] ?

FIGARO : Je regarde, ma petite Suzanne, si ce beau lit que Monseigneur nous donne aura bonne grâce ici.

SUZANNE : Dans cette chambre ?

FIGARO : Il nous la cède.

---

1. *Toise* : règle longue de six pieds (soit près de deux mètres).
2. *Chapeau de la mariée* : « bouquet qu'on met sur la tête d'une fille le jour de ses noces ». *(L.)*
3. *Mon fils* : « n'est quelquefois qu'un terme d'amitié ou de prière ». *(L.)*

SUZANNE : Et moi je n'en veux point.

FIGARO : Pourquoi ?

SUZANNE : Je n'en veux point.

FIGARO : Mais encore ?

SUZANNE : Elle me déplaît.

FIGARO : On dit une raison.

SUZANNE : Si je n'en veux pas dire ?

FIGARO : Oh ! quand elles sont sûres de nous !

SUZANNE : Prouver que j'ai raison serait accorder que je puis avoir tort. Es-tu mon serviteur [1], ou non ?

FIGARO : Tu prends de l'humeur contre la chambre du château la plus commode, et qui tient le milieu des deux appartements. La nuit, si Madame est incommodée, elle sonnera de son côté ; zeste [2] ! en deux pas, tu es chez elle. Monseigneur veut-il quelque chose ? il n'a qu'à tinter du sien ; crac ! en trois sauts me voilà rendu.

SUZANNE : Fort bien ! mais, quand il aura « tinté » le matin pour te donner quelque bonne et longue commission, zeste ! en deux pas il est à ma porte, et crac ! en trois sauts...

FIGARO : Qu'entendez-vous par ces paroles ?

SUZANNE : Il faudrait m'écouter tranquillement.

FIGARO : Eh qu'est-ce qu'il y a ? Bon Dieu !

SUZANNE : Il y a, mon ami, que las de courtiser les beautés des environs, Monsieur le Comte Almaviva veut rentrer au château, mais non pas chez sa femme ; c'est sur la tienne, entends-tu, qu'il a jeté ses vues, auxquelles il espère que ce logement ne nuira pas. Et c'est ce que le loyal Bazile, honnête agent de ses plaisirs, et mon noble

---

1. *Serviteur* : « ironiquement et familièrement : je suis votre serviteur, je suis votre servante, ou, elliptiquement, serviteur, se dit à quelqu'un ou de quelqu'un quand on n'est pas de son avis, quand on refuse ce qu'il propose, ce qu'il demande ». *(L.)*
2. *Zeste*, ou *zest* : interjection familière, marquant le plus souvent la promptitude d'une action.

maître à chanter, me répète chaque jour, en me donnant leçon.

FIGARO : Bazile ! ô mon mignon ! si jamais volée de bois vert appliquée sur une échine a dûment redressé la moelle épinière à quelqu'un...

SUZANNE : Tu croyais, bon garçon ! que cette dot qu'on me donne était pour les beaux yeux de ton mérite ?

FIGARO : J'avais assez fait pour l'espérer [1].

SUZANNE : Que les gens d'esprit sont bêtes [2] !

FIGARO : On le dit.

SUZANNE : Mais c'est qu'on ne veut pas le croire.

FIGARO : On a tort.

SUZANNE : Apprends qu'il la destine à obtenir de moi, secrètement, certain quart d'heure, seul à seule, qu'un ancien droit du seigneur [3]... Tu sais s'il était triste !

FIGARO : Je le sais tellement que, si Monsieur le Comte, en se mariant, n'eût pas aboli ce droit honteux, jamais je ne t'eusse épousée dans ses domaines.

SUZANNE : Eh bien ! s'il l'a détruit, il s'en repent ; et c'est de ta fiancée qu'il veut le racheter en secret aujourd'hui.

FIGARO, *se frottant la tête* : Ma tête s'amollit de surprise ; et mon front fertilisé...

SUZANNE : Ne le frotte donc pas !

FIGARO : Quel danger ?

SUZANNE, *riant* : S'il y venait un petit bouton ; des gens superstitieux...

---

1. Les répliques qui précèdent renvoient au *Barbier de Séville* et à l'évolution de la situation et des personnages, depuis le mariage du comte et de la comtesse.
2. La phrase est empruntée à la lettre XXXVIII des *Liaisons dangereuses* (1782) de Choderlos de Laclos. La marquise de Merteuil y fait cette réflexion à propos de Danceny, qui sait écrire des vers mais ignore comment obtenir un baiser.
3. *Un ancien droit du seigneur* : le droit de cuissage.

FIGARO : Tu ris, friponne ! Ah ! s'il y avait moyen d'attraper ce grand trompeur, de le faire donner dans un bon piège, et d'empocher son or !

SUZANNE : De l'intrigue, et de l'argent ; te voilà dans ta sphère.

FIGARO : Ce n'est pas la honte qui me retient.

SUZANNE : La crainte ?

FIGARO : Ce n'est rien d'entreprendre une chose dangereuse, mais d'échapper au péril en la menant à bien : car, d'entrer chez quelqu'un la nuit, de lui souffler sa femme, et d'y recevoir cent coups de fouet pour la peine, il n'est rien plus aisé ; mille sots coquins l'on fait. Mais...

On sonne de l'intérieur.

SUZANNE : Voilà Madame éveillée ; elle m'a bien recommandé d'être la première à lui parler le matin de mes noces.

FIGARO : Y a-t-il encore quelque chose là-dessous ?

SUZANNE : Le berger dit que cela porte bonheur aux épouses délaissées. Adieu, mon petit Fi, Fi, Figaro, rêve à notre affaire.

FIGARO : Pour m'ouvrir l'esprit, donne un petit baiser.

SUZANNE : À mon amant [1] aujourd'hui ? Je t'en souhaite ! Et qu'en dirait demain mon mari ?

Figaro l'embrasse.

SUZANNE : Hé bien ! hé bien !

FIGARO : C'est que tu n'as pas d'idée de mon amour.

SUZANNE, *se défripant* : Quand cesserez-vous, importun, de m'en parler du matin au soir ?

FIGARO, *mystérieusement* : Quand je pourrai te le prouver, du soir jusqu'au matin.

On sonne une seconde fois.

---

1. *Amant* : l'emploi classique du terme implique que le mariage n'est pas consommé.

SUZANNE, *de loin, les doigts unis sur sa bouche* : Voilà votre baiser, Monsieur ; je n'ai plus rien à vous.

FIGARO *court après elle* : Oh ! mais ce n'est pas ainsi que vous l'avez reçu.

Scène 2

FIGARO, *seul* : La charmante fille ! toujours riante, verdissante, pleine de gaieté, d'esprit, d'amour et de délices ! mais sage !... *(Il marche vivement en se frottant les mains.)* Ah, Monseigneur ! mon cher Monseigneur ! vous voulez m'en donner... à garder [1] ? Je cherchais aussi pourquoi, m'ayant nommé concierge, il m'emmène à son ambassade, et m'établit courrier de dépêches [2]. J'entends, Monsieur le Comte : trois promotions à la fois ; vous, compagnon ministre [3] ; moi, casse-cou [4] politique, et Suzon, dame du lieu, l'ambassadrice de poche [5] ; et puis fouette courrier ! pendant que je galoperais d'un côté, vous feriez faire de l'autre à ma belle un joli chemin ! Me crottant, m'échinant pour la gloire de votre famille ; vous, daignant concourir à l'accroissement de la mienne ! quelle douce réciprocité ! Mais, Monseigneur, il y a de l'abus. Faire à Londres, en même temps, les affaires de votre maître et celles de votre valet ! représenter, à la fois, le roi et moi, dans une cour étrangère, c'est trop de moitié [6], c'est trop. Pour toi, Bazile ! fripon mon cadet [7] ! je

---

1. *En donner à garder (à quelqu'un)* : « lui en faire accroire, le tromper, le duper ». *(L.)*
2. *Courrier de dépêches* : « porteur de dépêches ». *(L.)*
3. *Compagnon ministre* : ambassadeur débutant (*compagnon* par opposition à *maître*).
4. *Casse-cou* : « fig. et familièrement, personnage peu important, qui est chargé de quelque négociation hasardeuse ». *(L.)*
5. *De poche* : portatif et d'un usage commode.
6. *Trop de moitié* : à moitié trop.
7. *Mon cadet* : « familièrement et avec une expression soit de supériorité soit d'ironie ». *(L.)*

plan de Figaro

veux t'apprendre à clocher devant les boiteux [1] ; je veux...
non, dissimulons avec eux pour les enferrer [2] l'un par
l'autre. Attention sur la journée, Monsieur Figaro !
D'abord avancer l'heure de votre petite fête, pour épouser plus sûrement ; écarter une Marceline, qui de vous est
friande en diable ; empocher l'or et les présents ; donner
le change aux petites passions de Monsieur le Comte ;
étriller rondement Monsieur du Bazile et...

Scène 3

MARCELINE, BARTHOLO, FIGARO

FIGARO *s'interrompt* : ... Héééé, voilà le gros docteur, la
fête sera complète. Hé, bonjour, cher docteur de mon
cœur. Est-ce ma noce avec Suzon qui vous attire au château ?

BARTHOLO, *avec dédain* : Ah ! mon cher Monsieur, point
du tout.

FIGARO : Cela serait bien généreux !

BARTHOLO : Certainement, et par trop sot.

FIGARO : Moi qui eus le malheur de troubler la vôtre !

BARTHOLO : Avez-vous autre chose à nous dire ?

FIGARO : On n'aura pas pris soin de votre mule [3] !

BARTHOLO, *en colère* : Bavard enragé ! laissez-nous.

FIGARO : Vous vous fâchez, docteur ? les gens de votre
état sont bien durs ! pas plus de pitié des pauvres animaux... en vérité... que si c'était des hommes ! Adieu,

---

1. *Clocher devant les boiteux* : du proverbe « Il ne faut pas clocher
devant les boiteux », signifie qu'« il ne faut pas s'essayer à une activité
devant celui qui est expert ». (*Dictionnaire* de Furetière, 1690.)
2. *S'enferrer* : « « s'embrouiller, se prendre à ses propres paroles, à ses
propres pièges ». *(L.)*
3. Les deux dernières répliques de Figaro se réfèrent au *Barbier de
Séville*, et notamment à l'acte II scène 4.

Marceline : avez-vous toujours envie de plaider contre moi ?

> *Pour n'aimer pas, faut-il qu'on se haïsse* [1] *?*

Je m'en rapporte au docteur.

BARTHOLO : Qu'est-ce que c'est ?

FIGARO : Elle vous le contera de reste [2].

Il sort.

Scène 4

MARCELINE, BARTHOLO

BARTHOLO *le regarde aller* : Ce drôle est toujours le même ! et à moins qu'on ne l'écorche vif, je prédis qu'il mourra dans la peau du plus fier insolent...

MARCELINE *le retourne* : Enfin vous voilà donc, éternel docteur ? toujours si grave et compassé qu'on pourrait mourir en attendant vos secours, comme on s'est marié, jadis, malgré vos précautions [3].

BARTHOLO : Toujours amère et provocante ! Eh bien, qui rend donc ma présence au château si nécessaire ? Monsieur le Comte a-t-il eu quelque accident ?

MARCELINE : Non, docteur.

BARTHOLO : La Rosine, sa trompeuse comtesse, est-elle incommodée, Dieu merci ?

MARCELINE : Elle languit.

BARTHOLO : Et de quoi ?

MARCELINE : Son mari la néglige.

BARTHOLO, *avec joie* : Ah, le digne époux qui me venge !

---

1. Vers emprunté à la comédie *Nanine* de Voltaire (acte III, scène 6) publiée en 1749.
2. *De reste* : « plus qu'il n'est nécessaire pour ce dont il s'agit ». *(L.)*
3. Référence au sous-titre du *Barbier de Séville*, *La Précaution inutile*.

MARCELINE : On ne sait comment définir le Comte ; il est jaloux, et libertin.

BARTHOLO : Libertin par ennui, jaloux par vanité ; cela va sans dire.

MARCELINE : Aujourd'hui, par exemple, il marie notre Suzanne à son Figaro qu'il comble en faveur de cette union...

BARTHOLO : Que Son Excellence a rendue nécessaire !

MARCELINE : Pas tout à fait ; mais dont Son Excellence voudrait égayer en secret l'événement avec l'épousée...

BARTHOLO : De Monsieur Figaro ? C'est un marché qu'on peut conclure avec lui.

MARCELINE : Bazile assure que non.

BARTHOLO : Cet autre maraud loge ici ? C'est une caverne [1] ! Eh, qu'y fait-il ?

MARCELINE : Tout le mal dont il est capable. Mais le pis que j'y trouve est cette ennuyeuse passion qu'il a pour moi, depuis si longtemps.

BARTHOLO : Je me serais débarrassé vingt fois de sa poursuite.

MARCELINE : De quelle manière ?

BARTHOLO : En l'épousant.

MARCELINE : Railleur fade et cruel, que ne vous débarrassez-vous de la mienne à ce prix ? ne le devez-vous pas ? où est le souvenir de vos engagements ? qu'est devenu celui de notre petit Emmanuel, ce fruit d'un amour oublié, qui devait nous conduire à des noces ?

BARTHOLO, *ôtant son chapeau* : Est-ce pour écouter ces sornettes que vous m'avez fait venir de Séville ? Et cet accès d'hymen qui vous reprend si vif...

MARCELINE : Eh bien ! n'en parlons plus. Mais si rien n'a pu vous porter à la justice de m'épouser, aidez-moi donc du moins à en épouser un autre.

---

1. *Caverne* : « rendez-vous de malfaiteurs ». *(L.)*

BARTHOLO : Ah ! volontiers : parlons. Mais quel mortel abandonné du Ciel et des femmes ?...

MARCELINE : Eh ! qui pourrait-ce être, docteur, sinon le beau, le gai, l'aimable Figaro ?

BARTHOLO : Ce fripon-là ?

MARCELINE : Jamais fâché ; toujours en belle humeur ; donnant le présent à la joie, et s'inquiétant de l'avenir tout aussi peu que du passé ; sémillant, généreux ! généreux...

BARTHOLO : Comme un voleur.

MARCELINE : Comme un seigneur. Charmant enfin ; mais c'est le plus grand monstre !

BARTHOLO : Et sa Suzanne ?

MARCELINE : Elle ne l'aurait pas, la rusée, si vous vouliez m'aider, mon petit docteur, à faire valoir un engagement que j'ai de lui.

BARTHOLO : Le jour de son mariage ?

MARCELINE : On en rompt de plus avancés : et si je ne craignais d'éventer un petit secret des femmes !...

BARTHOLO : En ont-elles pour le médecin du corps ?

MARCELINE : Ah, vous savez que je n'en ai pas pour vous ! Mon sexe est ardent, mais timide : un certain charme a beau nous attirer vers le plaisir, la femme la plus aventurée [1] sent en elle une voix qui lui dit : sois belle si tu peux, sage si tu veux ; mais sois considérée, il le faut. Or, puisqu'il faut être au moins considérée, que toute femme en sent l'importance, effrayons d'abord la Suzanne sur la divulgation des offres qu'on lui fait.

BARTHOLO : Où cela mènera-t-il ?

MARCELINE : Que la honte la prenant au collet, elle continuera de refuser le Comte, lequel, pour se venger, appuiera l'opposition que j'ai faite à son mariage ; alors le mien devient certain.

---

1. *Aventurée* : qui a des aventures.

BARTHOLO : Elle a raison. Parbleu, c'est un bon tour que de faire épouser ma vieille gouvernante au coquin qui fit enlever ma jeune maîtresse[1].

MARCELINE, *vite* : Et qui croit ajouter à ses plaisirs en trompant mes espérances.

BARTHOLO, *vite* : Et qui m'a volé, dans le temps, cent écus que j'ai sur le cœur[2].

MARCELINE : Ah ! quelle volupté !...

BARTHOLO : De punir un scélérat...

MARCELINE : De l'épouser, docteur, de l'épouser !

Scène 5

MARCELINE, BARTHOLO, SUZANNE

SUZANNE, *un bonnet de femme avec un large ruban dans la main, une robe de femme sur le bras* : L'épouser ! l'épouser ! qui donc ? Mon Figaro ?

MARCELINE, *aigrement* : Pourquoi non ? Vous l'épousez bien !

BARTHOLO, *riant* : Le bon argument de femme en colère ! Nous parlions, belle Suzon, du bonheur qu'il aura de vous posséder.

MARCELINE : Sans compter Monseigneur dont on ne parle pas.

SUZANNE, *une révérence* : Votre servante[3], Madame ; il y a toujours quelque chose d'amer dans vos propos.

---

1. *Maîtresse* : « fille ou femme recherchée en mariage ou, simplement, aimée de quelqu'un ». *(L.)*
2. Référence au *Barbier de Séville* ; ces cent écus réapparaissent, notamment acte III, scènes 16 et 19.
3. *Votre servante* : formule de politesse, employée ici ironiquement (Figaro, dans la scène 1, utilise de même « serviteur »).

MARCELINE, *une révérence* : Bien la vôtre, Madame ; où donc est l'amertume ? N'est-il pas juste qu'un libéral[1] seigneur partage un peu la joie qu'il procure à ses gens ?

SUZANNE : Qu'il procure ?

MARCELINE : Oui, Madame.

SUZANNE : Heureusement la jalousie de Madame est aussi connue que ses droits sur Figaro sont légers.

MARCELINE : On eût pu les rendre plus forts en les cimentant à la façon de Madame.

SUZANNE : Oh ! cette façon, Madame, est celle des dames savantes[2].

MARCELINE : Et l'enfant ne l'est pas du tout ! Innocente comme un vieux juge !

BARTHOLO, *attirant Marceline* : Adieu, jolie fiancée de notre Figaro.

MARCELINE, *une révérence* : L'accordée[3] secrète de Monseigneur.

SUZANNE, *une révérence* : Qui vous estime beaucoup, Madame.

MARCELINE, *une révérence* : Me fera-t-elle aussi l'honneur de me chérir un peu, Madame ?

SUZANNE, *une révérence* : À cet égard, Madame n'a rien à désirer.

MARCELINE, *une révérence* : C'est une si jolie personne que Madame !

SUZANNE, *une révérence* : Eh ! mais assez pour désoler Madame.

MARCELINE, *une révérence* : Surtout bien respectable !

---

1. *Libéral* : « qui aime à donner ». *(Furetière)*
2. *Dame savante* : « on dit qu'une personne est trop savante, bien savante, pour dire, qu'elle sait des choses qu'elle devrait ignorer. » *(Acad.)*
3. *Accordée* : fiancée.

SUZANNE, *une révérence* : C'est aux duègnes [1] à l'être.

MARCELINE, *outrée* : Aux duègnes ! aux duègnes !

BARTHOLO, *l'arrêtant* : Marceline !

MARCELINE : Allons, docteur ; car je n'y tiendrais pas.
Bonjour, Madame. (*Une révérence.*)

Scène 6

SUZANNE, *seule* : Allez, Madame ! allez, pédante ! je
crains aussi peu vos efforts que je méprise vos outrages.
Voyez cette vieille sibylle [2] ! parce qu'elle a fait quelques
études et tourmenté la jeunesse de Madame, elle veut
tout dominer au château ! (*Elle jette la robe qu'elle tient sur
une chaise.*) Je ne sais plus ce que je venais prendre.

Scène 7

SUZANNE, CHÉRUBIN

CHÉRUBIN, *accourant* : Ah, Suzon ! depuis deux heures
j'épie le moment de te trouver seule. Hélas ! tu te maries,
et moi je vais partir.

SUZANNE : Comment mon mariage éloigne-t-il du château le premier page de Monseigneur ?

CHÉRUBIN, *piteusement* : Suzanne, il me renvoie.

SUZANNE *le contrefait* : Chérubin, quelque sottise !

CHÉRUBIN : Il m'a trouvé hier au soir chez ta cousine
Fanchette, à qui je faisais répéter son petit rôle d'innocente, pour la fête de ce soir : il s'est mis dans une fureur
en me voyant ! « Sortez, m'a-t-il dit, petit... » Je n'ose pas
prononcer devant une femme le gros mot qu'il a dit...

---

1. *Duègne* : cf. note 3, p. 74.
2. *Vieille sibylle* : « femme âgée qui a quelque prétention à l'esprit, ou
qui est méchante ». (*L.*)

« Sortez ; et demain vous ne coucherez pas au château. »
Si Madame, si ma belle marraine ne parvient pas à l'apaiser, c'est fait, Suzon, je suis à jamais privé du bonheur
de te voir.

SUZANNE : De me voir ! moi ? c'est mon tour ! Ce n'est
donc plus pour ma maîtresse que vous soupirez en
secret ?

CHÉRUBIN : Ah ! Suzon, qu'elle est noble et belle ! mais
qu'elle est imposante [1] !

SUZANNE : C'est-à-dire que je ne le suis pas, et qu'on
peut oser avec moi...

CHÉRUBIN : Tu sais trop bien, méchante, que je n'ose
pas oser. Mais que tu es heureuse ! à tous moments la
voir, lui parler, l'habiller le matin et la déshabiller le soir,
épingle à épingle... ah ! Suzon ! je donnerais... Qu'est-ce
que tu tiens donc là ?

SUZANNE, *raillant* : Hélas ! l'heureux bonnet et le fortuné ruban qui renferment la nuit les cheveux de cette
belle marraine...

CHÉRUBIN, *vivement* : Son ruban de nuit ! donne-le-moi,
mon cœur.

SUZANNE, *le retirant* : Eh ! que non pas ; « son cœur ! »
Comme il est familier donc ! si ce n'était pas un morveux
sans conséquence [2]... *(Chérubin arrache le ruban.)* Ah ! le
ruban !

CHÉRUBIN *tourne autour du grand fauteuil* : Tu diras qu'il
est égaré, gâté [3] ; qu'il est perdu. Tu diras tout ce que tu
voudras.

SUZANNE *tourne après lui* : Oh ! dans trois ou quatre ans,
je prédis que vous serez le plus grand petit vaurien !...
Rendez-vous le ruban ?

Elle veut le reprendre.

---

1. *Imposante* : qui impose le respect.
2. *Sans conséquence* : « auquel on ne doit pas faire attention [...] parce
que son âge ou son caractère écartent tout soupçon ». *(L.)*
3. *Gâté* : abîmé.

CHÉRUBIN *tire une romance de sa poche* : Laisse, ah, laisse-le-moi, Suzon ; je te donnerai ma romance, et pendant que le souvenir de ta belle maîtresse attristera tous mes moments, le tien y versera le seul rayon de joie qui puisse encore amuser mon cœur.

SUZANNE *arrache la romance* : Amuser votre cœur, petit scélérat ! vous croyez parler à votre Fanchette ; on vous surprend chez elle ; et vous soupirez pour Madame ; et vous m'en contez à moi [1], par-dessus le marché !

CHÉRUBIN, *exalté* : Cela est vrai, d'honneur ! je ne sais plus ce que je suis ; mais depuis quelque temps je sens ma poitrine agitée ; mon cœur palpite au seul aspect d'une femme ; les mots *amour* et *volupté* le font tressaillir et le troublent. Enfin le besoin de dire à quelqu'un *je vous aime* est devenu pour moi si pressant que je le dis tout seul, en courant dans le parc, à ta maîtresse, à toi, aux arbres, aux nuages, au vent qui les emporte avec mes paroles perdues. Hier je rencontrai Marceline...

SUZANNE, *riant* : Ah, ah, ah, ah !

CHÉRUBIN : Pourquoi non ? elle est femme ! elle est fille [2] ! une fille ! une femme ! ah que ces noms sont doux ! qu'ils sont intéressants !

SUZANNE : Il devient fou !

CHÉRUBIN : Fanchette est douce ; elle m'écoute au moins ; tu ne l'es pas, toi !

SUZANNE : C'est bien dommage ; écoutez donc Monsieur !

Elle veut arracher le ruban.

CHÉRUBIN *tourne en fuyant* : Ah ! ouiche ! on ne l'aura, vois-tu, qu'avec ma vie. Mais, si tu n'es pas contente du prix, j'y joindrai mille baisers.

Il lui donne chasse à son tour.

---

1. *En conter à* : « en conter à une femme, la courtiser ». *(L.)*
2. *Fille* : « par opposition à femme mariée ». *(L.)*

SUZANNE *tourne en fuyant* : Mille soufflets, si vous approchez. Je vais m'en plaindre à ma maîtresse ; et, loin de supplier pour vous, je dirai moi-même à Monseigneur : C'est bien fait, Monseigneur ; chassez-nous ce petit voleur ; renvoyez à ses parents un petit mauvais sujet qui se donne les airs d'aimer Madame, et qui veut toujours m'embrasser par contrecoup.

CHÉRUBIN *voit le Comte entrer ; il se jette derrière le fauteuil avec effroi* : Je suis perdu.

SUZANNE : Quelle frayeur ?

Scène 8
SUZANNE, LE COMTE, CHÉRUBIN *caché.*

SUZANNE *aperçoit le Comte* : Ah !... (*Elle s'approche du fauteuil pour masquer Chérubin.*)

LE COMTE *s'avance* : Tu es émue, Suzon ! tu parlais seule, et ton petit cœur paraît dans une agitation... bien pardonnable, au reste, un jour comme celui-ci.

SUZANNE, *troublée* : Monseigneur, que me voulez-vous ? Si l'on vous trouvait avec moi...

LE COMTE : Je serais désolé qu'on m'y surprît ; mais tu sais tout l'intérêt que je prends à toi. Bazile ne t'a pas laissé ignorer mon amour. Je n'ai rien qu'un instant pour t'expliquer mes vues ; écoute.

Il s'assied dans le fauteuil.

SUZANNE, *vivement* : Je n'écoute rien.

LE COMTE *lui prend la main* : Un seul mot. Tu sais que le roi m'a nommé son ambassadeur à Londres. J'emmène avec moi Figaro : je lui donne un excellent poste ; et comme le devoir d'une femme est de suivre son mari...

SUZANNE : Ah ! si j'osais parler !

LE COMTE *la rapproche de lui* : Parle, parle, ma chère ; use aujourd'hui d'un droit que tu prends sur moi pour la vie.

SUZANNE, *effrayée* : Je n'en veux point, Monseigneur, je n'en veux point. Quittez-moi, je vous prie.

LE COMTE : Mais dis auparavant.

SUZANNE, *en colère* : Je ne sais plus ce que je disais.

LE COMTE : Sur le devoir des femmes.

SUZANNE : Eh bien ! lorsque Monseigneur enleva la sienne de chez le docteur, et qu'il l'épousa par amour, lorsqu'il abolit pour elle un certain affreux droit du seigneur...

LE COMTE, *gaiement* : Qui faisait bien de la peine aux filles ! Ah Suzette ! ce droit charmant ! si tu venais en jaser sur la brune [1] au jardin, je mettrais un tel prix à cette légère faveur...

BAZILE *parle en dehors* : Il n'est pas chez lui, Monseigneur [2].

LE COMTE *se lève* : Quelle est cette voix ?

SUZANNE : Que je suis malheureuse !

LE COMTE : Sors, pour qu'on n'entre pas.

SUZANNE, *troublée* : Que je vous laisse ici ?

BAZILE *crie en dehors* : Monseigneur était chez Madame, il en est sorti : je vais voir.

LE COMTE : Et pas un lieu pour se cacher ! ah ! derrière ce fauteuil... assez mal ; mais renvoie-le bien vite.

> *Suzanne lui barre le chemin, il la pousse doucement, elle recule, et se met ainsi entre lui et le petit page ; mais pendant que le Comte s'abaisse et prend sa place, Chérubin tourne et se jette effrayé sur le fauteuil à genoux, et s'y blottit. Suzanne prend la robe qu'elle apportait, en couvre le page, et se met devant le fauteuil.*

---

1. *Brune* : « le moment du jour où il commence à faire brun [...] à la brune, sur la brune, loc. adv. Au déclin du jour ». *(L.)*
2. P. Larthomas précise qu'il faut comprendre « Monseigneur n'est pas chez lui », comme le confirme la réplique suivante de Bazile (Beaumarchais, *Œuvres*, Gallimard, « Bibliothèque de la Pléiade », 1988, p. 1388).

Scène 9

LE COMTE *et* CHÉRUBIN *cachés,* SUZANNE, BAZILE

BAZILE : N'auriez-vous pas vu Monseigneur, Mademoiselle ?

SUZANNE, *brusquement* : Hé ! pourquoi l'aurais-je vu ? Laissez-moi.

BAZILE *s'approche* : Si vous étiez plus raisonnable, il n'y aurait rien d'étonnant à ma question. C'est Figaro qui le cherche.

SUZANNE : Il cherche donc l'homme qui lui veut le plus de mal après vous ?

LE COMTE, *à part* : Voyons un peu comme il me sert.

BAZILE : Désirer du bien à une femme, est-ce vouloir du mal à son mari ?

SUZANNE : Non, dans vos affreux principes, agent de corruption.

BAZILE : Que vous demande-t-on ici que vous n'alliez prodiguer à un autre ? Grâce à la douce cérémonie, ce qu'on vous défendait hier, on vous le prescrira demain.

SUZANNE : Indigne !

BAZILE : De toutes les choses sérieuses, le mariage étant la plus bouffonne, j'avais pensé...

SUZANNE, *outrée* : Des horreurs. Qui vous permet d'entrer ici ?

BAZILE : Là, là, mauvaise ! Dieu vous apaise ! il n'en sera que ce que vous voulez ; mais ne croyez pas non plus que je regarde Monsieur Figaro comme l'obstacle qui nuit à Monseigneur ; et sans le petit page...

SUZANNE, *timidement* : Don Chérubin ?

BAZILE *la contrefait* : *Cherubino di amore* [1], qui tourne autour de vous sans cesse, et qui, ce matin encore, rôdait

---

1. L'italien est connu à l'époque par ceux dont la musique est le métier.

ici pour y entrer, quand je vous ai quittée ; dites que cela n'est pas vrai ?

SUZANNE : Quelle imposture ! Allez-vous-en, méchant homme !

BAZILE : On est un méchant homme parce qu'on y voit clair. N'est-ce pas pour vous aussi cette romance dont il fait mystère ?

SUZANNE, *en colère* : Ah ! oui, pour moi !...

BAZILE : À moins qu'il ne l'ait composée pour Madame ! en effet, quand il sert à table on dit qu'il la regarde avec des yeux !... mais, peste, qu'il ne s'y joue pas ; Monseigneur est *brutal* sur l'article.

SUZANNE, *outrée* : Et vous bien scélérat, d'aller semant de pareils bruits pour perdre un malheureux enfant tombé dans la disgrâce de son maître.

BAZILE : L'ai-je inventé ? Je le dis parce que tout le monde en parle.

LE COMTE *se lève* : Comment, tout le monde en parle !

SUZANNE * : Ah Ciel !

BAZILE : Ah ! ah !

LE COMTE : Courez, Bazile, et qu'on le chasse.

BAZILE : Ah ! que je suis fâché d'être entré !

SUZANNE, *troublée* : Mon Dieu ! Mon Dieu !

LE COMTE, *à Bazile* : Elle est saisie. Asseyons-la dans ce fauteuil.

SUZANNE *le repousse vivement* : Je ne veux pas m'asseoir. Entrer ainsi librement, c'est indigne !

LE COMTE : Nous sommes deux avec toi, ma chère. Il n'y a plus le moindre danger !

BAZILE : Moi je suis désolé de m'être égayé sur le page puisque vous l'entendiez ; je n'en usais ainsi que pour pénétrer ses sentiments ; car au fond...

---

* Chérubin dans le fauteuil. Le Comte. Suzanne. Bazile.

LE COMTE : Cinquante pistoles, un cheval, et qu'on le renvoie à ses parents.

BAZILE : Monseigneur, pour un badinage ?

LE COMTE : Un petit libertin que j'ai surpris encore hier avec la fille du jardinier.

BAZILE : Avec Fanchette ?

LE COMTE : Et dans sa chambre.

SUZANNE, *outrée* : Où Monseigneur avait sans doute affaire aussi !

LE COMTE, *gaiement* : J'en aime assez la remarque.

BAZILE : Elle est d'un bon augure.

LE COMTE, *gaiement* : Mais non ; j'allais chercher ton oncle Antonio, mon ivrogne de jardinier, pour lui donner des ordres. Je frappe, on est longtemps à m'ouvrir ; ta cousine a l'air empêtré, je prends un soupçon, je lui parle, et, tout en causant, j'examine. Il y avait derrière la porte une espèce de rideau, de portemanteau, de je ne sais pas quoi, qui couvrait des hardes [1] ; sans faire semblant de rien, je vais doucement, doucement lever ce rideau *, *(pour imiter le geste il lève la robe du fauteuil)* et je vois... *(Il aperçoit le page.)* Ah...

BAZILE : Ha ! ha !

LE COMTE : Ce tour-ci vaut l'autre.

BAZILE : Encore mieux.

LE COMTE, *à Suzanne* : À merveille, Mademoiselle : à peine fiancée vous faites de ces apprêts ? C'était pour recevoir mon page que vous désiriez d'être seule ? Et vous, Monsieur, qui ne changez point de conduite, il vous manquait de vous adresser, sans respect pour votre marraine, à sa première camariste, à la femme de votre ami ! mais je ne souffrirai pas que Figaro, qu'un homme que

---

1. *Hardes* : « tout ce qui est d'un usage ordinaire pour l'habillement ». *(L.)*

* Suzanne. Chérubin dans le fauteuil. Le Comte. Bazile.

j'estime, et que j'aime, soit victime d'une pareille tromperie : était-il avec vous, Bazile ?

SUZANNE, *outrée* : Il n'y a tromperie, ni victime ; il était là lorsque vous me parliez.

LE COMTE, *emporté* : Puisses-tu mentir en le disant ! son plus cruel ennemi n'oserait lui souhaiter ce malheur.

SUZANNE : Il me priait d'engager Madame à vous demander sa grâce. Votre arrivée l'a si fort troublé qu'il s'est masqué de ce fauteuil.

LE COMTE, *en colère* : Ruse d'enfer ! je m'y suis assis en entrant.

CHÉRUBIN : Hélas, Monseigneur, j'étais tremblant derrière.

LE COMTE : Autre fourberie ! je viens de m'y placer moi-même.

CHÉRUBIN : Pardon, mais c'est alors que je me suis blotti dedans.

LE COMTE, *plus outré* : C'est donc une couleuvre, que ce petit... serpent-là ! il nous écoutait !

CHÉRUBIN : Au contraire, Monseigneur, j'ai fait ce que j'ai pu pour ne rien entendre.

LE COMTE : Ô perfidie ! *(À Suzanne :)* Tu n'épouseras pas Figaro.

BAZILE : Contenez-vous, on vient.

LE COMTE, *tirant Chérubin du fauteuil et le mettant sur ses pieds* : Il resterait là devant toute la terre !

Scène 10

CHÉRUBIN, SUZANNE, FIGARO, LA COMTESSE, LE COMTE, FANCHETTE, BAZILE ; *beaucoup de valets, paysannes, paysans vêtus de blanc.*

FIGARO, *tenant une toque de femme, garnie de plumes blanches et de rubans blancs, parle à la Comtesse* : Il n'y a que vous, Madame, qui puissiez nous obtenir cette faveur.

LA COMTESSE : Vous les voyez, Monsieur le Comte, ils me supposent un crédit que je n'ai point : mais comme leur demande n'est pas déraisonnable...

LE COMTE, *embarrassé* : Il faudrait qu'elle le fût beaucoup...

FIGARO, *bas à Suzanne* : Soutiens bien mes efforts.

SUZANNE, *bas à Figaro* : Qui ne mèneront à rien.

FIGARO, *bas* : Va toujours.

LE COMTE, *à Figaro* : Que voulez-vous ?

FIGARO : Monseigneur, vos vassaux, touchés de l'abolition d'un certain droit fâcheux, que votre amour pour Madame...

LE COMTE : Eh bien, ce droit n'existe plus, que veux-tu dire ?

FIGARO, *malignement* : Qu'il est bien temps que la vertu d'un si bon maître éclate ; elle m'est d'un tel avantage, aujourd'hui, que je désire être le premier à la célébrer à mes noces.

LE COMTE, *plus embarrassé* : Tu te moques, ami ! l'abolition d'un droit honteux n'est que l'acquit d'une dette envers l'honnêteté. Un Espagnol peut vouloir conquérir la beauté par des soins [1] ; mais en exiger le premier, le plus doux emploi, comme une servile redevance, ah ! c'est la tyrannie d'un Vandale, et non le droit avoué d'un noble Castillan.

FIGARO, *tenant Suzanne par la main* : Permettez donc que cette jeune créature, de qui votre sagesse a préservé l'honneur, reçoive de votre main publiquement la toque virginale, ornée de plumes et de rubans blancs, symbole de la pureté de vos intentions ; adoptez-en la cérémonie pour tous les mariages, et qu'un quatrain chanté en chœur rappelle à jamais le souvenir...

---

1. *Soins* : galanterie.

LE COMTE, *embarrassé* : Si je ne savais pas qu'amoureux, poète et musicien sont trois titres d'indulgence pour toutes les folies...

FIGARO : Joignez-vous à moi, mes amis.

TOUS ENSEMBLE : Monseigneur ! Monseigneur !

SUZANNE, *au Comte* : Pourquoi fuir un éloge que vous méritez si bien ?

LE COMTE, *à part* : La perfide !

FIGARO : Regardez-la donc, Monseigneur ; jamais plus jolie fiancée ne montrera mieux la grandeur de votre sacrifice.

SUZANNE : Laissez là ma figure, et ne vantons que sa vertu.

LE COMTE, *à part* : C'est un jeu que tout ceci.

LA COMTESSE : Je me joins à eux, Monsieur le Comte ; et cette cérémonie me sera toujours chère, puisqu'elle doit son motif à l'amour charmant que vous aviez pour moi.

LE COMTE : Que j'ai toujours, Madame ; et c'est à ce titre que je me rends.

TOUS ENSEMBLE : Vivat !

LE COMTE, *à part* : Je suis pris. *(Haut.)* Pour que la cérémonie eût un peu plus d'éclat, je voudrais seulement qu'on la remît à tantôt. *(À part.)* Faisons vite chercher Marceline.

FIGARO, à Chérubin : Eh bien, espiègle ! vous n'applaudissez pas ?

SUZANNE : Il est au désespoir ; Monseigneur le renvoie.

LA COMTESSE : Ah ! Monsieur, je demande sa grâce.

LE COMTE : Il ne la mérite point.

LA COMTESSE : Hélas ! il est si jeune !

LE COMTE : Pas tant que vous le croyez.

CHÉRUBIN, *tremblant* : Pardonner généreusement n'est pas le droit du seigneur auquel vous avez renoncé en épousant Madame.

LA COMTESSE : Il n'a renoncé qu'à celui qui vous affligeait tous.

SUZANNE : Si Monseigneur avait cédé le droit de pardonner, ce serait sûrement le premier qu'il voudrait racheter en secret.

LE COMTE, *embarrassé* : Sans doute.

LA COMTESSE : Eh ! pourquoi le racheter ?

CHÉRUBIN, *au Comte* : Je fus léger dans ma conduite, il est vrai, Monseigneur ; mais jamais la moindre indiscrétion dans mes paroles...

LE COMTE, *embarrassé* : Eh bien, c'est assez...

FIGARO : Qu'entend-il ?

LE COMTE, *vivement* : C'est assez, c'est assez, tout le monde exige son pardon, je l'accorde, et j'irai plus loin : je lui donne une compagnie dans ma légion.

TOUS ENSEMBLE : Vivat !

LE COMTE : Mais c'est à condition qu'il partira sur-le-champ pour joindre en Catalogne.

FIGARO : Ah ! Monseigneur, demain.

LE COMTE *insiste* : Je le veux.

CHÉRUBIN : J'obéis.

LE COMTE : Saluez votre marraine, et demandez sa protection.

> *Chérubin met un genou en terre devant*
> *la Comtesse, et ne peut parler.*

LA COMTESSE, *émue* : Puisqu'on ne peut vous garder seulement aujourd'hui, partez, jeune homme. Un nouvel état vous appelle ; allez le remplir dignement. Honorez votre bienfaiteur. Souvenez-vous de cette maison, où votre jeunesse a trouvé tant d'indulgence. Soyez soumis, honnête et brave ; nous prendrons part à vos succès.

Chérubin se relève, et retourne à sa place.

LE COMTE : Vous êtes bien émue, Madame !

LA COMTESSE : Je ne m'en défends pas. Qui sait le sort d'un enfant jeté dans une carrière aussi dangereuse ? Il est allié de mes parents ; et de plus, il est mon filleul.

LE COMTE, *à part* : Je vois que Bazile avait raison. *(Haut.)* Jeune homme, embrassez Suzanne... pour la dernière fois.

FIGARO : Pourquoi cela, Monseigneur ? Il viendra passer ses hivers. Baise-moi donc aussi, capitaine ! *(Il l'embrasse.)* Adieu, mon petit Chérubin. Tu vas mener un train de vie bien différent, mon enfant : dame ! tu ne rôderas plus tout le jour au quartier des femmes : plus d'échaudés, de goûters à la crème ; plus de main chaude, ou de colin-maillard. De bons soldats, morbleu ! basanés, mal vêtus ; un grand fusil bien lourd ; tourne à droite, tourne à gauche, en avant, marche à la gloire ; et ne va pas broncher en chemin ; à moins qu'un bon coup de feu...

SUZANNE : Fi donc, l'horreur !

LA COMTESSE : Quel pronostic !

LE COMTE : Où donc est Marceline ? Il est bien singulier qu'elle ne soit pas des vôtres.

FANCHETTE : Monseigneur, elle a pris le chemin du bourg, par le petit sentier de la ferme.

LE COMTE : Et elle en reviendra ?

BAZILE : Quand il plaira à Dieu.

FIGARO : S'il lui plaisait qu'il ne lui plût jamais...

FANCHETTE : Monsieur le docteur lui donnait le bras.

LE COMTE, *vivement* : Le docteur est ici ?

BAZILE : Elle s'en est d'abord emparée...

LE COMTE, *à part* : Il ne pouvait venir plus à propos.

FANCHETTE : Elle avait l'air bien échauffé, elle parlait tout haut en marchant, puis elle s'arrêtait, et faisait comme ça, de grands bras... et Monsieur le docteur lui faisait comme ça de la main, en l'apaisant : elle paraissait si courroucée ! elle nommait mon cousin Figaro.

LE COMTE *lui prend le menton* : Cousin... futur.

FANCHETTE, *montrant Chérubin* : Monseigneur, nous avez-vous pardonné d'hier ?...

LE COMTE *interrompt* : Bonjour, bonjour, petite.

FIGARO : C'est son chien d'amour qui la berce ; elle aurait troublé notre fête.

LE COMTE, *à part* : Elle la troublera, je t'en réponds. *(Haut.)* Allons, Madame, entrons. Bazile, vous passerez chez moi.

SUZANNE, *à Figaro* : Tu me rejoindras, mon fils ?

FIGARO, *bas à Suzanne* : Est-il bien enfilé ?

SUZANNE, *bas* : Charmant garçon !

Ils sortent tous.

Scène 11

CHÉRUBIN, FIGARO, BAZILE.
*Pendant qu'on sort, Figaro les arrête tous deux
et les ramène.*

FIGARO : Ah ça, vous autres ! la cérémonie adoptée, ma fête de ce soir en est la suite ; il faut bravement nous recorder : ne faisons point comme ces acteurs qui ne jouent jamais si mal que le jour où la critique est le plus éveillée. Nous n'avons point de lendemain qui nous excuse, nous. Sachons bien nos rôles aujourd'hui.

BAZILE, *malignement* : Le mien est plus difficile que tu ne crois.

FIGARO, *faisant, sans qu'il le voie, le geste de le rosser* : Tu es loin aussi de savoir tout le succès qu'il te vaudra.

CHÉRUBIN : Mon ami, tu oublies que je pars.

FIGARO : Et toi, tu voudrais bien rester !

CHÉRUBIN : Ah ! si je le voudrais !

FIGARO : Il faut ruser. Point de murmure à ton départ. Le manteau de voyage à l'épaule ; arrange ouvertement ta trousse, et qu'on voie ton cheval à la grille ; un temps de galop jusqu'à la ferme ; reviens à pied par les derrières ; Monseigneur te croira parti ; tiens-toi seulement hors de sa vue ; je me charge de l'apaiser après la fête.

CHÉRUBIN : Mais Fanchette qui ne sait pas son rôle !

BAZILE : Que diable lui apprenez-vous donc, depuis huit jours que vous ne la quittez pas ?

FIGARO : Tu n'a rien à faire aujourd'hui, donne-lui par grâce une leçon.

BAZILE : Prenez garde, jeune homme, prenez garde ! le père n'est pas satisfait ; la fille a été souffletée ; elle n'étudie pas avec vous : Chérubin ! Chérubin ! vous lui causerez des chagrins ! « Tant va la cruche à l'eau » !...

FIGARO : Ah ! voilà notre imbécile, avec ses vieux proverbes ! Eh bien ! pédant ! que dit la sagesse des nations ? « Tant va la cruche à l'eau qu'à la fin... »

BAZILE : Elle s'emplit.

FIGARO, *en s'en allant* : Pas si bête, pourtant, pas si bête !

FIN DU PREMIER ACTE

ACTE II

Le théâtre représente une chambre à coucher superbe, un grand lit en alcôve[1], une estrade au-devant. La porte pour entrer s'ouvre et se ferme à la troisième coulisse[2] à droite, celle d'un cabinet[3], à la première coulisse à gauche. Une porte, dans le fond, va chez les femmes[4]. Une fenêtre s'ouvre de l'autre côté.

Scène première

SUZANNE, LA COMTESSE
entrent par la porte à droite.

LA COMTESSE *se jette dans une bergère*[5] : Ferme la porte, Suzanne, et conte-moi tout, dans le plus grand détail.

SUZANNE : Je n'ai rien caché à Madame.

LA COMTESSE : Quoi, Suzon, il voulait te séduire ?

SUZANNE : Oh ! que non ! Monseigneur n'y met pas tant de façons avec sa servante : il voulait m'acheter.

LA COMTESSE : Et le petit page était présent ?

---

1. *Alcôve* : « enfoncement pratiqué dans une chambre pour y placer un lit ». *(L.)*
2. *Coulisse* : « terme de théâtre ; châssis mobile garni de toile peinte qui sert à la décoration latérale ». *(L.)*
3. *Cabinet* : « petite pièce qui, dans un appartement, est à l'écart et sert à divers usages ». *(L.)*
4. *Femmes* : pour « femmes de chambre ».
5. *Bergère* : « fauteuil large et profond, et dont le siège est garni d'un cousin ». *(L.)*

SUZANNE : C'est-à-dire, caché derrière le grand fauteuil. Il venait me prier de vous demander sa grâce.

LA COMTESSE : Eh ! pourquoi ne pas s'adresser à moi-même ? est-ce que je l'aurais refusé [1], Suzon ?

SUZANNE : C'est ce que j'ai dit : mais ses regrets de partir, et surtout de quitter Madame ! « Ah ! Suzon, qu'elle est noble et belle ! mais qu'elle est imposante [2] ! »

LA COMTESSE : Est-ce que j'ai cet air-là, Suzon ? moi qui l'ai toujours protégé.

SUZANNE : Puis il a vu votre ruban de nuit que je tenais, il s'est jeté dessus...

LA COMTESSE, *souriant* : Mon ruban ?... quelle enfance [3] !

SUZANNE : J'ai voulu le lui ôter ; Madame, c'était un lion ; ses yeux brillaient... « Tu ne l'auras qu'avec ma vie », disait-il, en forçant sa petite voix douce et grêle.

LA COMTESSE, *rêvant* : Eh bien, Suzon ?

SUZANNE : Eh bien, Madame, est-ce qu'on peut faire finir ce petit démon-là ? Ma marraine par-ci ; je voudrais bien par l'autre ; et parce qu'il n'oserait seulement baiser la robe de Madame, il voudrait toujours m'embrasser, moi.

LA COMTESSE, *rêvant* : Laissons... laissons ces folies... Enfin, ma pauvre Suzanne, mon époux a fini par te dire... ?

SUZANNE : Que si je ne voulais pas l'entendre, il allait protéger Marceline.

LA COMTESSE *se lève et se promène, en se servant fortement de l'éventail* : Il ne m'aime plus du tout.

SUZANNE : Pourquoi tant de jalousie ?

---

1. *Refuser* : « en parlant de personnes, ne pas leur accorder ce qu'elles demandent ». *(L.)*
2. Cf. acte I, scène 7.
3. *Enfance* : enfantillage.

LA COMTESSE : Comme tous les maris, ma chère ! uniquement par orgueil. Ah ! je l'ai trop aimé ! je l'ai lassé de mes tendresses, et fatigué de mon amour ; voilà mon seul tort avec lui. Mais je n'entends pas que cet honnête aveu te nuise, et tu épouseras Figaro. Lui seul peut nous y aider : viendra-t-il ?

SUZANNE : Dès qu'il verra partir la chasse.

LA COMTESSE, *se servant de l'éventail* : Ouvre un peu la croisée sur le jardin. Il fait une chaleur ici !...

SUZANNE : C'est que Madame parle et marche avec action [1].

> *Elle va ouvrir la croisée du fond.*

LA COMTESSE *rêvant longtemps* : Sans cette constance à me fuir... Les hommes sont bien coupables !

SUZANNE *crie de la fenêtre* : Ah ! voilà Monseigneur qui traverse à cheval le grand potager, suivi de Pédrille, avec deux, trois, quatre lévriers.

LA COMTESSE : Nous avons du temps devant nous. *(Elle s'assied.)* On frappe, Suzon ?

SUZANNE *court ouvrir en chantant* : Ah ! c'est mon Figaro ! ah ! c'est mon Figaro !

Scène 2

FIGARO, SUZANNE, LA COMTESSE, *assise.*

SUZANNE : Mon cher ami ! viens donc. Madame est dans une impatience !...

FIGARO : Et toi, ma petite Suzanne ? Madame n'en doit prendre aucune. Au fait, de quoi s'agit-il ? d'une misère. Monsieur le Comte trouve notre jeune femme aimable, il voudrait en faire sa maîtresse ; et c'est bien naturel.

SUZANNE : Naturel ?

---

1. *Action* : « véhémence ». *(L.)*

FIGARO : Puis il m'a nommé courrier de dépêches, et Suzon conseiller d'ambassade. Il n'y a pas là d'étourderie.

SUZANNE : Tu finiras ?

FIGARO : Et parce que Suzanne, ma fiancée, n'accepte pas le diplôme, il va favoriser les vues de Marceline ; quoi de plus simple encore ? Se venger de ceux qui nuisent à nos projets en renversant les leurs ; c'est ce que chacun fait ; ce que nous allons faire nous-mêmes. Eh bien ! voilà tout pourtant.

LA COMTESSE : Pouvez-vous, Figaro, traiter si légèrement un dessein qui nous coûte à tous le bonheur ?

FIGARO : Qui dit cela, Madame ?

SUZANNE : Au lieu de t'affliger de nos chagrins...

FIGARO : N'est-ce pas assez que je m'en occupe ? Or, pour agir aussi méthodiquement que lui, tempérons, d'abord, son ardeur de nos possessions, en l'inquiétant sur les siennes.

LA COMTESSE : C'est bien dit ; mais comment ?

FIGARO : C'est déjà fait, Madame ; un faux avis donné sur vous...

LA COMTESSE : Sur moi ? la tête vous tourne !

FIGARO : Oh ! c'est à lui qu'elle doit tourner.

LA COMTESSE : Un homme aussi jaloux !...

FIGARO : Tant mieux : pour tirer parti des gens de ce caractère, il ne faut qu'un peu leur fouetter le sang ; c'est ce que les femmes entendent si bien ! Puis, les tient-on fâchés tout rouge, avec un brin d'intrigue on les mène où l'on veut, par le nez, dans le Guadalquivir[1]. Je vous ai fait rendre à Bazile un billet inconnu[2], lequel avertit Monseigneur qu'un galant doit chercher à vous voir aujourd'hui pendant le bal.

---

1. *Guadalquivir* : fleuve qui passe par Séville.
2. *Inconnu* : « qui ne veut point se faire connaître » *(Furetière)*.

LA COMTESSE : Et vous vous jouez ainsi de la vérité sur le compte d'une femme d'honneur...

FIGARO : Il y en a peu, Madame, avec qui je l'eusse osé, crainte de rencontrer [1] juste.

LA COMTESSE : Il faudra que je l'en remercie !

FIGARO : Mais dites-moi s'il n'est pas charmant de lui avoir taillé ses morceaux de la journée [2], de façon qu'il passe à rôder, à jurer après sa dame, le temps qu'il destinait à se complaire avec la nôtre ? Il est déjà tout dérouté : galopera-t-il celle-ci [3] ? surveillera-t-il celle-là ? dans son trouble d'esprit, tenez, tenez, le voilà qui court la plaine, et force un lièvre [4] qui n'en peut mais [5]. L'heure du mariage arrive en poste [6] ; il n'aura pas pris de parti contre ; et jamais il n'osera s'y opposer devant Madame.

SUZANNE : Non ; mais Marceline, le bel esprit [7], osera le faire, elle.

FIGARO : Brrr. Cela m'inquiète bien, ma foi ! Tu feras dire à Monseigneur que tu te rendras sur la brune [8] au jardin.

SUZANNE : Tu comptes sur celui-là [9] ?

FIGARO : Oh ! dame ! écoutez donc ; les gens qui ne veulent rien faire de rien, n'avancent rien, et ne sont bons à rien. Voilà mon mot [10].

SUZANNE : Il est joli !

LA COMTESSE : Comme son idée : vous consentiriez qu'elle s'y rendît ?

---

1. *Crainte de rencontrer juste* : par crainte de tomber juste.
2. *Tailler les morceaux à quelqu'un* : « lui prescrire ce qu'il doit faire ». (*L.*)
3. *Galoper quelqu'un* : le poursuivre au galop.
4. *Forcer un lièvre* : en vénerie, poursuivre une bête jusqu'aux abois.
5. *Qui n'en peut mais* : qui n'y peut rien.
6. *En poste* : « avec une extrême rapidité ». (*L.*)
7. *Bel esprit* : cf. note 4, p. 44.
8. Cf. note 1, p. 94.
9. *Celui-là* : renvoie à l'ensemble de la phrase qui précède.
10. *Mot* : pensée exprimée de façon concise.

FIGARO : Point du tout. Je fais endosser un habit de Suzanne à quelqu'un : surpris par nous au rendez-vous, le Comte pourra-t-il s'en dédire [1] ?

SUZANNE : À qui mes habits ?

FIGARO : Chérubin.

LA COMTESSE : Il est parti.

FIGARO : Non pas pour moi : veut-on me laisser faire ?

SUZANNE : On peut s'en fier à lui [2] pour mener une intrigue.

FIGARO : Deux, trois, quatre à la fois ; bien embrouillées, qui se croisent. J'étais né pour être courtisan.

SUZANNE : On dit que c'est un métier si difficile !

FIGARO : Recevoir, prendre et demander ; voilà le secret en trois mots.

LA COMTESSE : Il a tant d'assurance qu'il finit par m'en inspirer.

FIGARO : C'est mon dessein.

SUZANNE : Tu disais donc ?

FIGARO : Que pendant l'absence de Monseigneur je vais vous envoyer le Chérubin : coiffez-le, habillez-le ; je le renferme et l'endoctrine [3] ; et puis dansez, Monseigneur.

Il sort.

---

1. *Se dédire* : « protester qu'on n'a pas fait une chose qui est imputée ». *(L.)*
2. *On peut s'en fier à lui* : « se fier à quelqu'un de quelque chose : avoir confiance en quelqu'un pour cette chose ». *(L.)*
3. *Endoctriner* : « donner à quelqu'un certaines instructions pour qu'il fasse ou dise une chose comme on le désire ». *(L.)*

Scène 3

SUZANNE, LA COMTESSE, *assise*.

LA COMTESSE, *tenant sa boîte à mouches*[1] : Mon Dieu, Suzon, comme je suis faite[2] !... ce jeune homme qui va venir !...

SUZANNE : Madame ne veut donc pas qu'il en réchappe ?

LA COMTESSE *rêve devant sa petite glace* : Moi ?... tu verras comme je vais le gronder.

SUZANNE : Faisons-lui chanter sa romance.

Elle la met sur la Comtesse.

LA COMTESSE : Mais, c'est qu'en vérité, mes cheveux sont dans un désordre...

SUZANNE, *riant* : Je n'ai qu'à reprendre ces deux boucles, Madame le grondera bien mieux.

LA COMTESSE, *revenant à elle* : Qu'est-ce que vous dites donc, Mademoiselle ?

Scène 4

CHÉRUBIN, *l'air honteux*,
SUZANNE, LA COMTESSE, *assise*.

SUZANNE : Entrez, Monsieur l'officier ; on est visible.

CHÉRUBIN *avance en tremblant* : Ah, que ce nom m'afflige, Madame ! il m'apprend qu'il faut quitter des lieux... une marraine si... bonne !...

---

1. *Mouche* : « petit morceau de taffetas noir, de la grandeur d'environ l'aile d'une mouche, que les dames se mettent sur le visage ». *(L.)* Les boîtes à mouches étaient munies d'un miroir.
2. *Faite* : habillée, arrangée. « "Comme le voilà fait !" se dit de quelqu'un plus mal vêtu, plus mal arrangé que d'ordinaire, et aussi de quelqu'un qui n'a pas aussi bon visage que d'habitude. » *(L.)*

SUZANNE : Et si belle !

CHÉRUBIN, *avec un soupir* : Ah ! oui.

SUZANNE *le contrefait* : « Ah ! oui. » Le bon jeune homme ! avec ses longues paupières hypocrites. Allons, bel oiseau bleu [1], chantez la romance à Madame.

LA COMTESSE *la déplie* : De qui... dit-on qu'elle est ?

SUZANNE : Voyez la rougeur du coupable : en a-t-il un pied [2] sur les joues ?

CHÉRUBIN : Est-ce qu'il est défendu... de chérir...

SUZANNE *lui met le poing sous le nez* : Je dirai tout, vaurien !

LA COMTESSE : Là... chante-t-il ?

CHÉRUBIN : Oh ! Madame, je suis si tremblant !...

SUZANNE, *en riant* : Et gnian, gnian, gnian, gnian, gnian, gnian, gnian ; dès que [3] Madame le veut, modeste auteur ! Je vais l'accompagner.

LA COMTESSE : Prends ma guitare.

> *La Comtesse, assise, tient le papier pour suivre. Suzanne est derrière son fauteuil, et prélude [4] en regardant la musique pardessus sa maîtresse. Le petit page est devant elle, les yeux baissés. Ce tableau est juste la belle estampe d'après Van Loo, appelée* La Conversation espagnole * [5].

---

1. Chérubin porte un manteau bleu (cf. « Caractères et habillements de la pièce », p. 84-85).
2. *Un pied* : une couche épaisse (sous-entendu : de fard).
3. *Dès que* : puisque.
4. *Préluder* : « jouer d'un instrument pour se mettre dans le ton ». *(L.)*
* Chérubin. La Comtesse. Suzanne.
5. Cette estampe reproduit un tableau que Carle Van Loo (Charles-André dit, 1705-1765) a peint en 1754 et exposé au Salon de 1755. Son pendant est *La Lecture espagnole* (présenté au Salon de 1761) ; *La Conversation espagnole* est une scène de genre qui explore le costume national, en réaction contre l'inspiration antique et selon la commande de Mme Geoffrin (1699-1777) dont le célèbre salon accueille philosophes et artistes. Fréron, dans un compte-rendu d'un écrit anonyme « Lettre sur le Salon de 1755 adressée à ceux qui la liront » (in *Lettres*

ROMANCE
Air : Marlbroug s'en va-t-en guerre.

Premier couplet
Mon coursier hors d'haleine,
(Que mon cœur, mon cœur a de peine !)
J'errais de plaine en plaine,
Au gré du destrier.

Deuxième couplet
Au gré du destrier,
Sans varlet, n'écuyer [1] *;*
Là près d'une fontaine *,
(Que mon cœur, mon cœur a de peine !)
Songeant à ma marraine,
Sentais mes pleurs couler.

Troisième couplet
Sentais mes pleurs couler,
Prêt à me désoler [2] *;*
Je gravais sur un frêne,

---

sur quelques écrits de ce temps, lettre III datée du 19 septembre 1755, tome 6) évoque les termes de la commande : « L'auteur nous apprend l'origine du tableau de M. Van Loo qui représente une conversation. Une dame ennuyée de ne voir que des Alexandre, des Césars, des Scipion, des héros grecs et romains, a proposé aux artistes qu'elle accueille en amis et non en protégés, de chercher dans les habillements européens quelque sujet qui pût faire effet. Elle a engagé M. Van Loo à traiter pour elle le sujet espagnol qu'on voit si agréablement rendu, et dont les ajustements ne paraissent pas désavantageux » (Genève et Paris, Duchesne, p. 71-72).
Fréron évoque le tableau de façon élogieuse : « Le tableau de la conversation est d'un fini dont rien n'approche ; les têtes, les étoffes, les détails, y sont rendus avec une heureuse facilité, et un pinceau très aimable. » (p. 50)
La gravure a été exécutée par J.-F. Beauvarlet (1731-1797) et exposée au Salon de 1769. Le choix de Beaumarchais s'est donc porté, d'une part, sur une scène de genre, qui, dans la hiérarchie des genres en peinture, équivaut approximativement au drame et à la comédie sérieuse ; d'autre part, sur un tableau au costume espagnol, ce qui montre son aspiration à reproduire sur scène la réalité (voir Dossier, p. 239-241).
1. *Sans varlet, n'écuyer* : sans valet ni écuyer.
2. *Se désoler* : « s'abandonner à de grandes afflictions ». *(L.)*

* Au spectacle, on a commencé la romance à ce vers en disant : *Auprès d'une fontaine... (Note de l'auteur.)*

(Que mon cœur, mon cœur a de peine !)
Sa lettre [1] *sans la mienne ;*
Le Roi vint à passer.

Quatrième couplet

Le Roi vint à passer,
Ses barons, son clergier [2],
— Beau page, dit la reine,
(Que mon cœur, mon cœur a de peine !)
Qui vous met à la gêne [3] *?*
Qui vous fait tant plorer [4] *?*

Cinquième couplet

Qui vous fait tant plorer ?
Nous faut le déclarer.
— Madame et Souveraine,
(Que mon cœur, mon cœur a de peine !)
J'avais une marraine,
Que toujours adorai *.

Sixième couplet

Que toujours adorai ;
Je sens que j'en mourrai.
— Beau page, dit la reine,
(Que mon cœur, mon cœur a de peine !)
N'est-il qu'une marraine ?
Je vous en servirai.

Septième couplet

Je vous en servirai ;
Mon page vous ferai ;
Puis à ma jeune Hélène,
(Que mon cœur, mon cœur a de peine !)
Fille d'un capitaine,
Un jour vous marirai.

---

1. *Lettre* : « lettre initiale, ou, substantivement, l'initiale ». *(L.)*
2. *Clergier* : clergé.
3. *Mettre à la gêne* : « soumettre à une vive peine ». *(L.)*
4. *Plorer* : pleurer.
* Ici la comtesse arrête le page en fermant le papier. Le reste ne se chante pas au théâtre. *(Note de l'auteur.)*

Huitième couplet
Un jour vous marirai.
– Nenni n'en faut parler ;
Je veux, traînant ma chaîne,
(Que mon cœur, mon cœur a de peine !)
Mourir de cette peine ;
Mais non m'en consoler.

LA COMTESSE : Il y a de la naïveté... du sentiment même.

SUZANNE *va poser la guitare sur un fauteuil* * : Oh ! pour du sentiment, c'est un jeune homme qui... Ah ça ! Monsieur l'officier, vous a-t-on dit que pour égayer la soirée [1], nous voulons savoir d'avance si un de mes habits vous ira passablement ?

LA COMTESSE : J'ai peur que non.

SUZANNE *se mesure avec lui* : Il est de ma grandeur. Ôtons d'abord le manteau. *(Elle le détache.)*

LA COMTESSE : Et si quelqu'un entrait ?

SUZANNE : Est-ce que nous faisons du mal donc ? Je vais fermer la porte ; *(elle court)* mais c'est la coiffure que je veux voir.

LA COMTESSE : Sur ma toilette [2], une baigneuse [3] à moi.

Suzanne entre dans le cabinet dont la porte est au bord du théâtre.

Scène 5

CHÉRUBIN, LA COMTESSE, *assise.*

LA COMTESSE : Jusqu'à l'instant du bal, le Comte ignorera que vous soyez au château. Nous lui dirons,

---

1. Suzanne ment à Chérubin sur le rôle qu'il devra tenir.
2. *Toilette* : meuble sur lequel est placé ce qui est nécessaire à la toilette d'une femme.
3. *Baigneuse* : « ancienne coiffure de femmes ». *(L.)*
* Chérubin. Suzanne. La Comtesse.

après, que le temps d'expédier [1] votre brevet nous a fait naître l'idée...

CHÉRUBIN *le lui montre* : Hélas ! Madame, le voici ; Bazile me l'a remis de sa part.

LA COMTESSE : Déjà ? l'on a craint d'y perdre une minute. *(Elle lit.)* Ils se sont tant pressés qu'ils ont oublié d'y mettre son cachet.

Elle le lui rend.

Scène 6

CHÉRUBIN, LA COMTESSE, SUZANNE

SUZANNE *entre avec un grand bonnet* [2] : Le cachet, à quoi ?

LA COMTESSE : À son brevet.

SUZANNE : Déjà ?

LA COMTESSE : C'est ce que je disais. Est-ce là ma baigneuse ?

SUZANNE *s'assied près de la Comtesse* * : Et la plus belle de toutes. *(Elle chante avec des épingles dans sa bouche :)*

> Tournez-vous donc envers ici,
> Jean de Lyra, mon bel ami.

(Chérubin se met à genoux. Elle le coiffe [3].*)* Madame, il est charmant !

LA COMTESSE : Arrange son collet [4], d'un air un peu plus féminin.

---

1. *Expédier* : « se dit aussi des lettres, [...] des brevets, etc., pour dire les revêtir de toutes les formes nécessaires pour les rendre valables ». *(Acad.)*
2. *Bonnet* : « coiffure de gaze, de mousseline, de tulle, de dentelle, etc., à l'usage des femmes ». *(L.)*
3. *Elle le coiffe* : elle lui met le bonnet.
4. *Collet* : « partie du vêtement qui entoure le cou ». *(L.)*

* Chérubin. Suzanne. La Comtesse.

SUZANNE *l'arrange* : Là... mais voyez donc ce morveux, comme il est joli en fille ! j'en suis jalouse, moi ! *(Elle lui prend le menton.)* Voulez-vous bien n'être pas joli comme ça ?

LA COMTESSE : Qu'elle est folle ! Il faut relever la manche, afin que l'amadis[1] prenne[2] mieux... *(Elle la retrousse.)* Qu'est-ce qu'il a donc au bras ? un ruban !

SUZANNE : Et un ruban à vous. Je suis bien aise que Madame l'ait vu. Je lui avais dit que je le dirais, déjà ! Oh ! si Monseigneur n'était pas venu, j'aurais bien repris le ruban ; car je suis presque aussi forte que lui.

LA COMTESSE : Il y a du sang ! *(Elle détache le ruban.)*

CHÉRUBIN, *honteux* : Ce matin, comptant partir, j'arrangeais la gourmette[3] de mon cheval ; il a donné de la tête[4], et la bossette[5] m'a effleuré le bras.

LA COMTESSE : On n'a jamais mis un ruban...

SUZANNE : Et surtout un ruban volé. Voyons donc... ce que la bossette,... la courbette[6] !... la cornette[7] du cheval !... Je n'entends rien à tous ces noms-là. Ah ! qu'il a le bras blanc ! c'est comme une femme ! plus blanc que le mien ! regardez donc, Madame ! *(Elle les compare.)*

LA COMTESSE *d'un ton glacé* : Occupez-vous plutôt de m'avoir du taffetas gommé[8], dans ma toilette.

> *Suzanne lui pousse la tête, en riant ; il tombe sur les deux mains. Elle entre dans le cabinet au bord du théâtre.*

---

1. *Amadis* : « manche de robe qui s'applique exactement sur le bras et se boutonne au poignet ». (L.)
2. *Prendre* : « se dit en parlant des étoffes et des habits, pour marquer la façon dont on les coud, dont on les emploie ». (Acad.)
3. *Gourmette* : « petite chaîne réunissant les deux branches du mors de la bride, à leur origine, en passant sur la région de la barbe du cheval ». (L.)
4. *Il a donné de la tête* : il a donné un coup de tête.
5. *Bossette* : « ornement en bosse aux deux côtés du mors d'un cheval ». (L.)
6. *Courbette* : terme de manège ; figure d'équitation.
7. *Cornette* : coiffe de femme.
8. *Taffetas gommé*, ou taffetas d'Angleterre : « sparadrap préparé en appliquant, au moyen d'un pinceau, sur du taffetas, une couche de colle

Scène 7

CHÉRUBIN *à genoux*, LA COMTESSE *assise*.

LA COMTESSE, *reste un moment sans parler, les yeux sur son ruban. Chérubin la dévore de ses regards* : Pour mon ruban, Monsieur... comme c'est celui dont la couleur m'agrée le plus... j'étais fort en colère de l'avoir perdu.

Scène 8

CHÉRUBIN *à genoux*, LA COMTESSE, *assise*, SUZANNE

SUZANNE, *revenant* : Et la ligature à son bras ?

> *Elle remet à la Comtesse du taffetas gommé et des ciseaux.*

LA COMTESSE : En allant lui chercher tes hardes[1], prends le ruban d'un autre bonnet.

> *Suzanne sort par la porte du fond, en emportant le manteau du page.*

Scène 9

CHÉRUBIN *à genoux*, LA COMTESSE, *assise*.

CHÉRUBIN, *les yeux baissés* : Celui qui m'est ôté m'aurait guéri en moins de rien.

LA COMTESSE : Par quelle vertu ? *(Lui montrant le taffetas.)* Ceci vaut mieux.

CHÉRUBIN, *hésitant* : Quand un ruban... a serré la tête... ou touché la peau d'une personne...

---

de poisson dissoute dans de la teinture de benjoin à chaud. Il sert à rapprocher les bords des petites plaies. » *(L.)*
1. *Hardes* : « tout ce qui est d'un usage ordinaire pour l'habillement ». *(L.)*

LA COMTESSE, *coupant la phrase* : ... étrangère, il devient bon pour les blessures ? J'ignorais cette propriété. Pour l'éprouver, je garde celui-ci qui vous a serré le bras. À la première égratignure... de mes femmes, j'en ferai l'essai.

CHÉRUBIN, *pénétré* [1] : Vous le gardez, et moi, je pars.

LA COMTESSE : Non pour toujours.

CHÉRUBIN : Je suis si malheureux !

LA COMTESSE, *émue* : Il pleure à présent ! c'est ce vilain Figaro avec son pronostic !

CHÉRUBIN, *exalté* : Ah ! je voudrais toucher au terme qu'il m'a prédit ! sûr de mourir à l'instant, peut-être ma bouche oserait...

LA COMTESSE *l'interrompt, et lui essuie les yeux avec son mouchoir* : Taisez-vous, taisez-vous, enfant. Il n'y a pas un brin de raison dans tout ce que vous dites. *(On frappe à la porte, elle élève la voix.)* Qui frappe ainsi chez moi ?

Scène 10

CHÉRUBIN, LA COMTESSE, LE COMTE, *en dehors*.

LE COMTE, *en dehors* : Pourquoi donc enfermée ?

LA COMTESSE, *troublée, se lève* : C'est mon époux ! grands dieux !... *(À Chérubin qui s'est levé aussi :)* Vous sans manteau, le col [2] et les bras nus ! seul avec moi ! cet air de désordre, un billet reçu, sa jalousie !...

LE COMTE, *en dehors* : Vous n'ouvrez pas ?

LA COMTESSE : C'est que... je suis seule.

LE COMTE, *en dehors* : Seule ! Avec qui parlez-vous donc ?

LA COMTESSE, *cherchant* : ... Avec vous sans doute.

---

1. *Pénétré* : très affecté.
2. *Col* : « cou ». *(L.)*

CHÉRUBIN, *à part* : Après les scènes d'hier, et de ce matin, il me tuerait sur la place [1] !

> *Il court au cabinet de toilette, y entre, et tire la porte sur lui.*

Scène 11

LA COMTESSE, *seule, en ôte la clef et court ouvrir au Comte.* : Ah ! quelle faute ! quelle faute !

Scène 12

LE COMTE, LA COMTESSE

LE COMTE *un peu sévère* : Vous n'êtes pas dans l'usage de vous enfermer !

LA COMTESSE, *troublée* : Je... je chiffonnais [2]... oui je chiffonnais, avec Suzanne ; elle est passée un moment chez elle.

LE COMTE *l'examine* : Vous avez l'air et le ton bien altérés [3] !

LA COMTESSE : Cela n'est pas étonnant... pas étonnant du tout... je vous assure... nous parlions de vous... elle est passée, comme je vous dis.

LE COMTE : Vous parliez de moi !... Je suis ramené par l'inquiétude ; en montant à cheval, un billet qu'on m'a remis, mais auquel je n'ajoute aucune foi, m'a... pourtant agité.

LA COMTESSE : Comment, Monsieur ?... quel billet ?

---

1. *Sur la place* : sur place.
2. *Chiffonner* : « travailler sur des chiffons ou sur des petits morceaux de linge que les femmes du monde nomment collectivement chiffons ». (*L.*)
3. *Altérés* : agités, émus.

LE COMTE : Il faut avouer, Madame, que vous ou moi sommes entourés d'êtres... bien méchants ! On me donne avis que, dans la journée, quelqu'un, que je crois absent, doit chercher à vous entretenir.

LA COMTESSE : Quel que soit cet audacieux, il faudra qu'il pénètre ici ; car mon projet est de ne pas quitter ma chambre de tout le jour.

LE COMTE : Ce soir, pour la noce de Suzanne ?

LA COMTESSE : Pour rien au monde ; je suis très incommodée.

LE COMTE : Heureusement le docteur est ici. *(Le page fait tomber une chaise dans le cabinet.)* Quel bruit entends-je ?

LA COMTESSE, *plus troublée* : Du bruit ?

LE COMTE : On a fait tomber un meuble.

LA COMTESSE : Je... je n'ai rien entendu, pour moi.

LE COMTE : Il faut que vous soyez furieusement préoccupée !

LA COMTESSE : Préoccupée ! de quoi ?

LE COMTE : Il y a quelqu'un dans ce cabinet, Madame.

LA COMTESSE : Hé... qui voulez-vous qu'il y ait, Monsieur ?

LE COMTE : C'est moi qui vous le demande ; j'arrive.

LA COMTESSE : Hé mais... Suzanne apparemment qui range.

LE COMTE : Vous avez dit qu'elle était passée chez elle !

LA COMTESSE : Passée... ou entrée là ; je ne sais lequel.

LE COMTE : Si c'est Suzanne, d'où vient le trouble où je vous vois ?

LA COMTESSE : Du trouble pour ma camariste ?

LE COMTE : Pour votre camariste, je ne sais ; mais pour du trouble, assurément.

LA COMTESSE : Assurément, Monsieur, cette fille vous trouble, et vous occupe beaucoup plus que moi.

LE COMTE, *en colère* : Elle m'occupe à tel point, Madame, que je veux la voir à l'instant.

LA COMTESSE : Je crois, en effet, que vous le voulez souvent ; mais voilà bien les soupçons les moins fondés...

Scène 13

LE COMTE, LA COMTESSE, SUZANNE *entre avec des hardes* [1]
et pousse la porte du fond.

LE COMTE : Ils en seront plus aisés à détruire. *(Il parle au cabinet.)* Sortez, Suzon ; je vous l'ordonne.

> *Suzanne s'arrête auprès de l'alcôve dans le fond.*

LA COMTESSE : Elle est presque nue, Monsieur ; vient-on troubler ainsi des femmes dans leur retraite ? Elle essayait des hardes que je lui donne en la mariant ; elle s'est enfuie quand elle vous a entendu.

LE COMTE : Si elle craint tant de se montrer, au moins elle peut parler. *(Il se tourne vers la porte du cabinet.)* Répondez-moi, Suzanne ; êtes-vous dans ce cabinet ?

> *Suzanne, restée au fond, se jette dans l'alcôve et s'y cache.*

LA COMTESSE, *vivement, parlant au cabinet* : Suzon, je vous défends de répondre. *(Au Comte :)* On n'a jamais poussé si loin la tyrannie !

LE COMTE *s'avance au cabinet* : Oh ! bien, puisqu'elle ne parle pas, vêtue ou non, je la verrai.

LA COMTESSE *se met au-devant* : Partout ailleurs je ne puis l'empêcher ; mais j'espère aussi que chez moi...

---

1. *Hardes* : cf. note 1, p. 118.

LE COMTE : Et moi j'espère savoir dans un moment [1] quelle est cette Suzanne mystérieuse. Vous demander la clef serait, je le vois, inutile ! mais il est un moyen sûr de jeter en dedans cette légère porte. Holà ! quelqu'un !

LA COMTESSE : Attirer vos gens, et faire un scandale public d'un soupçon qui nous rendrait la fable du château ?

LE COMTE : Fort bien, Madame ; en effet, j'y suffirai ; je vais à l'instant prendre chez moi ce qu'il faut... *(Il marche pour sortir et revient.)* Mais pour que tout reste au même état, voudrez-vous bien m'accompagner sans scandale et sans bruit, puisqu'il vous déplaît tant ?... une chose aussi simple, apparemment, ne me sera pas refusée !

LA COMTESSE, *troublée* : Eh ! Monsieur, qui songe à vous contrarier ?

LE COMTE : Ah ! j'oubliais la porte qui va chez vos femmes ; il faut que je la ferme aussi, pour que vous soyez pleinement justifiée.

> *Il va fermer la porte du fond, et en ôte la clef.*

LA COMTESSE, *à part* : Ô Ciel ! étourderie funeste !

LE COMTE, *revenant à elle* : Maintenant que cette chambre est close, acceptez mon bras, je vous prie ; *(Il élève la voix :)* et quant à la Suzanne du cabinet, il faudra qu'elle ait la bonté de m'attendre, et le moindre mal qui puisse lui arriver à mon retour...

LA COMTESSE : En vérité, Monsieur, voilà bien la plus odieuse aventure...

> *Le Comte l'emmène et ferme la porte à la clef.*

---

1. *Dans un moment* : dans un instant.

Scène 14

SUZANNE, CHÉRUBIN

SUZANNE *sort de l'alcôve, accourt au cabinet et parle à la serrure* : Ouvrez, Chérubin, ouvrez vite, c'est Suzanne ; ouvrez et sortez.

CHÉRUBIN *sort** : Ah ! Suzon, quelle horrible scène !

SUZANNE : Sortez, vous n'avez pas une minute.

CHÉRUBIN, *effrayé* : Eh ! par où sortir ?

SUZANNE : Je n'en sais rien, mais sortez.

CHÉRUBIN : S'il n'y a pas d'issue ?

SUZANNE : Après la rencontre de tantôt, il vous écraserait, et nous serions perdues. Courez conter à Figaro...

CHÉRUBIN : La fenêtre du jardin n'est peut-être pas bien haute. *(Il court y regarder.)*

SUZANNE, *avec effroi* : Un grand étage ! impossible ! Ah ! ma pauvre maîtresse ! Et mon mariage, ô Ciel !

CHÉRUBIN *revient* : Elle donne sur la melonnière[1] ; quitte à gâter une couche[2] ou deux.

SUZANNE *le retient et s'écrie* : Il va se tuer !

CHÉRUBIN, *exalté* : Dans un gouffre allumé, Suzon ! oui, je m'y jetterais, plutôt que de lui nuire... Et ce baiser va me porter bonheur.

Il l'embrasse et court sauter par la fenêtre.

Scène 15

SUZANNE, *seule, un cri de frayeur.* : Ah !... *(Elle tombe assise un moment. Elle va péniblement regarder à la fenêtre et revient.)*

---

1. *Melonnière* : « endroit où l'on cultive des melons ». *(L.)*
2. *Couche* : « préparation de parallélogrammes larges et épais de plusieurs décimètres, formés de fumier, de feuilles, de mousse, etc. ». *(L.)*
* Chérubin, Suzanne.

Il est déjà bien loin. Oh ! le petit garnement ! aussi leste que joli ! si celui-là manque de femmes... Prenons sa place au plus tôt. *(En entrant dans le cabinet.)* Vous pouvez à présent, Monsieur le Comte, rompre la cloison, si cela vous amuse ; au diantre [1] qui répond un mot.

Elle s'y enferme.

Scène 16

LE COMTE, LA COMTESSE *rentrent dans la chambre.*

LE COMTE, *une pince à la main, qu'il jette sur le fauteuil* : Tout est bien comme je l'ai laissé. Madame, en m'exposant à briser cette porte, réfléchissez aux suites : encore une fois, voulez-vous l'ouvrir ?

LA COMTESSE : Eh, Monsieur, quelle horrible humeur peut altérer ainsi les égards entre deux époux ? Si l'amour vous dominait au point de vous inspirer ces fureurs, malgré leur déraison je les excuserais ; j'oublierais, peut-être, en faveur du motif, ce qu'elles ont d'offensant pour moi. Mais la seule vanité peut-elle jeter dans cet excès un galant homme ?

LE COMTE : Amour ou vanité, vous ouvrirez la porte ; ou je vais à l'instant...

LA COMTESSE, *au-devant* : Arrêtez, Monsieur, je vous prie. Me croyez-vous capable de manquer à ce que je me dois ?

LE COMTE : Tout ce qu'il vous plaira, Madame ; mais je verrai qui est dans ce cabinet.

LA COMTESSE, *effrayée* : Eh bien, Monsieur, vous le verrez. Écoutez-moi... tranquillement.

LE COMTE : Ce n'est donc pas Suzanne ?

LA COMTESSE, *timidement* : Au moins n'est-ce pas non plus une personne... dont vous deviez rien redouter...

---

1. *Diantre* : euphémisme pour « diable ».

Nous disposions une plaisanterie... bien innocent en vérité, pour ce soir... et je vous jure...

LE COMTE : Et vous me jurez ?

LA COMTESSE : Que nous n'avions pas plus de dessein de vous offenser l'un que l'autre.

LE COMTE, *vite* : L'un que l'autre ? c'est un homme ?

LA COMTESSE : Un enfant, Monsieur.

LE COMTE : Hé qui donc ?

LA COMTESSE : À peine osé-je le nommer !

LE COMTE, *furieux* : Je le tuerai.

LA COMTESSE : Grands dieux !

LE COMTE : Parlez donc.

LA COMTESSE : Ce jeune... Chérubin...

LE COMTE : Chérubin ! l'insolent ! voilà mes soupçons, et le billet [1] expliqués.

LA COMTESSE, *joignant les mains* : Ah ! Monsieur, gardez de penser...

LE COMTE, *frappant du pied* : *(À part.)* Je trouverai partout ce maudit page ! *(Haut.)* Allons, Madame, ouvrez ; je sais tout maintenant. Vous n'auriez pas été si émue, en le congédiant ce matin, il serait parti quand je l'ai ordonné, vous n'auriez pas mis tant de fausseté dans votre conte de Suzanne, il ne se serait pas si soigneusement caché, s'il n'y avait rien de criminel.

LA COMTESSE : Il a craint de vous irriter en se montrant.

LE COMTE, *hors de lui, crie au cabinet* : Sors donc, petit malheureux !

LA COMTESSE *le prend à bras-le-corps, en l'éloignant* : Ah ! Monsieur, Monsieur, votre colère me fait trembler pour lui. N'en croyez pas un injuste soupçon, de grâce ; et que le désordre où vous l'allez trouver...

LE COMTE : Du désordre !

---

1. Cf. acte II, scène 2.

LA COMTESSE : Hélas oui ; prêt à s'habiller en femme, une coiffure à moi sur la tête, en veste et sans manteau, le col ouvert, les bras nus ; il allait essayer...

LE COMTE : Et vous vouliez garder votre chambre ! Indigne épouse ! ah ! vous la garderez... longtemps ; mais il faut, avant, que j'en chasse un insolent, de manière à ne plus le rencontrer nulle part.

LA COMTESSE *se jette à genoux, les bras élevés* : Monsieur le Comte, épargnez un enfant ; je ne me consolerais pas d'avoir causé...

LE COMTE : Vos frayeurs aggravent son crime.

LA COMTESSE : Il n'est pas coupable, il partait : c'est moi qui l'ai fait appeler.

LE COMTE, *furieux* : Levez-vous. Ôtez-vous... Tu es bien audacieuse d'oser me parler pour un autre !

LA COMTESSE : Eh bien ! je m'ôterai, Monsieur, je me lèverai ; je vous remettrai même la clef du cabinet : mais, au nom de votre amour...

LE COMTE : De mon amour ! Perfide !

LA COMTESSE *se lève et lui présente la clef* : Promettez-moi que vous laisserez aller cet enfant, sans lui faire aucun mal ; et puisse après tout votre courroux tomber sur moi, si je ne vous convaincs pas...

LE COMTE, *prenant la clef* : Je n'écoute plus rien.

LA COMTESSE *se jette sur une bergère, un mouchoir sur les yeux* : Oh ! Ciel ! il va périr.

LE COMTE *ouvre la porte, et recule* : C'est Suzanne !

Scène 17

LA COMTESSE, LE COMTE, SUZANNE

SUZANNE *sort en riant* : « Je le tuerai, je le tuerai. » Tuez-le donc, ce méchant page !

LE COMTE, *à part* : Ah ! quelle école [1] ! *(Regardant la Comtesse qui est restée stupéfaite.)* Et vous aussi, vous jouez l'étonnement ?... Mais peut-être elle n'y est pas seule.

Il entre.

Scène 18

LA COMTESSE *assise*, SUZANNE

SUZANNE *accourt à sa maîtresse* : Remettez-vous, Madame, il est bien loin, il a fait un saut...

LA COMTESSE : Ah, Suzon, je suis morte.

Scène 19

LA COMTESSE *assise*, SUZANNE, LE COMTE

LE COMTE *sort du cabinet d'un air confus. Après un court silence* : Il n'y a personne, et pour le coup j'ai tort. Madame ?... vous jouez fort bien la comédie.

SUZANNE, *gaiement* : Et moi, Monseigneur ?

*La Comtesse, son mouchoir sur sa bouche
pour se remettre, ne parle pas* *.

LE COMTE *s'approche* : Quoi, Madame, vous plaisantiez ?

LA COMTESSE, *se remettant un peu* : Eh ! pourquoi non, Monsieur ?

LE COMTE : Quel affreux badinage ! et par quel motif, je vous prie ?...

LA COMTESSE : Vos folies méritent-elles de la pitié ?

LE COMTE : Nommer folies ce qui touche à l'honneur !

---

1. *Quelle école* : quelle sottise (du jeu de trictrac : « faire une école, oublier de marquer les points que l'on gagne, ou en marquer mal à propos »). *(L.)*

* Suzanne. La Comtesse, *assise*. Le Comte.

LA COMTESSE, *assurant son ton par degrés* : Me suis-je unie à vous pour être éternellement dévouée [1] à l'abandon et à la jalousie, que vous seul osez concilier ?

LE COMTE : Ah ! Madame, c'est sans ménagement.

SUZANNE : Madame n'avait qu'à vous laisser appeler les gens.

LE COMTE : Tu as raison, c'est à moi de m'humilier... Pardon, je suis d'une confusion !...

SUZANNE : Avouez, Monseigneur, que vous la méritez un peu !

LE COMTE : Pourquoi donc ne sortais-tu pas lorsque je t'appelais ? Mauvaise !

SUZANNE : Je me rhabillais de mon mieux, à grand renfort d'épingles, et Madame, qui me le défendait, avait bien ses raisons pour le faire.

LE COMTE : Au lieu de rappeler mes torts, aide-moi plutôt à l'apaiser.

LA COMTESSE : Non, Monsieur ; un pareil outrage ne se couvre [2] point. Je vais me retirer aux Ursulines [3], et je vois trop qu'il en est temps.

LE COMTE : Le pourriez-vous sans quelques regrets ?

SUZANNE : Je suis sûre, moi, que le jour du départ serait la veille des larmes.

LA COMTESSE : Eh ! quand cela serait, Suzon ; j'aime mieux le regretter que d'avoir la bassesse de lui pardonner ; il m'a trop offensée.

LE COMTE : Rosine !...

LA COMTESSE : Je ne la suis plus, cette Rosine que vous avez tant poursuivie ! Je suis la pauvre Comtesse Almaviva, la triste femme délaissée, que vous n'aimez plus.

---

1. *Dévouée* : vouée.
2. *Couvrir (un outrage)* : « effacer, réparer, en parlant de fautes, des manquements ». *(L.)*
3. *Ursulines* : cf. préface, note 4, p. 68.

SUZANNE : Madame.

LE COMTE, *suppliant* : Par pitié.

LA COMTESSE : Vous n'en aviez aucune pour moi.

LE COMTE : Mais aussi ce billet... Il m'a tourné le sang !

LA COMTESSE : Je n'avais pas consenti qu'on l'écrivît.

LE COMTE : Vous le saviez ?

LA COMTESSE : C'est cet étourdi de Figaro...

LE COMTE : Il en était ?

LA COMTESSE : ... qui l'a remis à Bazile.

LE COMTE : Qui m'a dit le tenir d'un paysan. Ô perfide chanteur ! lame à deux tranchants ! c'est toi qui payeras pour tout le monde.

LA COMTESSE : Vous demandez pour vous un pardon que vous refusez aux autres : voilà bien les hommes ! Ah ! si jamais je consentais à pardonner en faveur de [1] l'erreur où vous a jeté ce billet, j'exigerais que l'amnistie fût générale.

LE COMTE : Eh bien ! de tout mon cœur, Comtesse. Mais comment réparer une faute aussi humiliante ?

LA COMTESSE *se lève* : Elle l'était pour tous deux.

LE COMTE : Ah ! dites pour moi seul. Mais je suis encore à concevoir comment les femmes prennent si vite et si juste l'air et le ton des circonstances. Vous rougissiez, vous pleuriez, votre visage était défait... D'honneur il l'est encore.

LA COMTESSE, *s'efforçant de sourire* : Je rougissais... du ressentiment de vos soupçons. Mais les hommes sont-ils assez délicats pour distinguer l'indignation d'une âme honnête outragée, d'avec la confusion qui naît d'une accusation méritée ?

LE COMTE, *souriant* : Et ce page en désordre, en veste et presque nu...

---

1. *En faveur de* : cf. note 1, p. 41.

LA COMTESSE, *montrant Suzanne* : Vous le voyez devant vous. N'aimez-vous pas mieux l'avoir trouvé que l'autre ? en général, vous ne haïssez pas de rencontrer celui-ci.

LE COMTE, *riant plus fort* : Et ces prières, ces larmes feintes...

LA COMTESSE : Vous me faites rire, et j'en ai peu d'envie.

LE COMTE : Nous croyons valoir quelque chose en politique, et nous ne sommes que des enfants. C'est vous, c'est vous, Madame, que le roi devrait envoyer en ambassade à Londres ! Il faut que votre sexe ait fait une étude bien réfléchie de l'art de se composer [1] pour réussir à ce point !

LA COMTESSE : C'est toujours vous qui nous y forcez.

SUZANNE : Laissez-nous prisonniers sur parole, et vous verrez si nous sommes gens d'honneur.

LA COMTESSE : Brisons là, Monsieur le Comte. J'ai peut-être été trop loin ; mais mon indulgence, en un cas aussi grave, doit au moins m'obtenir la vôtre.

LE COMTE : Mais vous répéterez que vous me pardonnez.

LA COMTESSE : Est-ce que je l'ai dit, Suzon ?

SUZANNE : Je ne l'ai pas entendu, Madame.

LE COMTE : Eh bien ! que ce mot vous échappe.

LA COMTESSE : Le méritez-vous, ingrat ?

LE COMTE : Oui, par mon repentir.

SUZANNE : Soupçonner un homme dans le cabinet de Madame !

LE COMTE : Elle m'en a si sévèrement puni !

SUZANNE : Ne pas s'en fier à elle, quand elle dit que c'est sa camariste !

LE COMTE : Rosine, êtes-vous donc implacable ?

---

1. *Se composer* : « prendre une apparence mesurée, qui ne laisse voir aucun désordre dans l'esprit ni dans la contenance extérieure ». *(L.)*

LA COMTESSE : Ah ! Suzon ! que je suis faible ! quel exemple je te donne ! *(Tendant la main au Comte.)* On ne croira plus à la colère des femmes.

SUZANNE : Bon ! Madame, avec eux, ne faut-il pas toujours en venir là ?

> *Le Comte baise ardemment la main de sa femme.*

Scène 20

SUZANNE, FIGARO, LA COMTESSE, LE COMTE

FIGARO *arrivant tout essoufflé* : On disait Madame incommodée. Je suis vite accouru... je vois avec joie qu'il n'en est rien.

LE COMTE, *sèchement* : Vous êtes fort attentif[1] !

FIGARO : Et c'est mon devoir. Mais puisqu'il n'en est rien, Monseigneur, tous vos jeunes vassaux des deux sexes sont en bas avec les violons et les cornemuses, attendant, pour m'accompagner, l'instant où vous permettrez que je mène ma fiancée...

LE COMTE : Et qui surveillera la Comtesse au château ?

FIGARO : La veiller ! elle n'est pas malade.

LE COMTE : Non ; mais cet homme absent qui doit l'entretenir ?

FIGARO : Quel homme absent ?

LE COMTE : L'homme du billet que vous avez remis à Bazile.

FIGARO : Qui dit cela ?

LE COMTE : Quand je ne le saurais pas d'ailleurs, fripon ! ta physionomie, qui t'accuse, me prouverait déjà que tu mens.

---

1. *Attentif* : attentionné.

FIGARO : S'il en est ainsi, ce n'est pas moi qui mens, c'est ma physionomie.

SUZANNE : Va, mon pauvre Figaro ! n'use pas ton éloquence en défaites [1] ; nous avons tout dit.

FIGARO : Et quoi dit ? vous me traitez comme un Bazile !

SUZANNE : Que tu avais écrit le billet de tantôt pour faire accroire à Monseigneur, quand il entrerait, que le petit page était dans ce cabinet, où je me suis enfermée.

LE COMTE : Qu'as-tu à répondre ?

LA COMTESSE : Il n'y a plus rien à cacher, Figaro ; le badinage est consommé [2].

FIGARO *cherchant à deviner* : Le badinage... est consommé ?

LE COMTE : Oui, consommé. Que dis-tu là-dessus ?

FIGARO : Moi ! je dis... que je voudrais bien qu'on en pût dire autant de mon mariage ; et si vous l'ordonnez...

LE COMTE : Tu conviens donc enfin du billet ?

FIGARO : Puisque Madame le veut, que Suzanne le veut, que vous le voulez vous-même, il faut bien que je le veuille aussi : mais à votre place, en vérité, Monseigneur, je ne croirais pas un mot de tout ce que nous vous disons.

LE COMTE : Toujours mentir contre l'évidence ! à la fin, cela m'irrite.

LA COMTESSE *en riant* : Eh, ce pauvre garçon ! pourquoi voulez-vous, Monsieur, qu'il dise une fois la vérité ?

FIGARO, *bas à Suzanne* : Je l'avertis de son danger ; c'est tout ce qu'un honnête homme peut faire.

SUZANNE, *bas* : As-tu vu le petit page ?

FIGARO, *bas* : Encore tout froissé [3].

---

1. *Défaite* : « excuse, échappatoire, prétexte ». *(L.)*
2. *Le badinage est consommé* : la plaisanterie est terminée.
3. *Froissé* : meurtri par un choc violent.

SUZANNE, *bas* : Ah, pécaïre [1] !

LA COMTESSE : Allons, Monsieur le Comte, ils brûlent de s'unir : leur impatience est naturelle ! entrons pour la cérémonie.

LE COMTE, *à part* : Et Marceline, Marceline... *(Haut.)* Je voudrais être... au moins vêtu.

LA COMTESSE : Pour nos gens ! Est-ce que je le suis ?

Scène 21

FIGARO, SUZANNE, LA COMTESSE, LE COMTE, ANTONIO

ANTONIO, *demi-gris, tenant un pot de giroflées écrasées* : Monseigneur ! Monseigneur !

LE COMTE : Que me veux-tu, Antonio ?

ANTONIO : Faites donc une fois griller [2] les croisées qui donnent sur mes couches. On jette toutes sortes de choses par ces fenêtres ; et tout à l'heure encore on vient d'en jeter un homme.

LE COMTE : Par ces fenêtres ?

ANTONIO : Regardez comme on arrange mes giroflées !

SUZANNE, *bas à Figaro* : Alerte, Figaro ! alerte.

FIGARO : Monseigneur, il est gris dès le matin.

ANTONIO : Vous n'y êtes pas. C'est un petit reste d'hier. Voilà comme on fait des jugements... ténébreux [3].

LE COMTE, *avec feu* : Cet homme ! cet homme ! où est-il ?

ANTONIO : Où il est ?

LE COMTE : Oui.

---

1. *Pécaïre* : peuchère (exclamation provençale exprimant la commisération).
2. *Faites donc une fois griller* : faites mettre des grilles une fois pour toutes.
3. *Ténébreux* : à la place de *téméraires*, selon P. Larthomas (éd. cit., p. 1396).

ANTONIO : C'est ce que je dis. Il faut me le trouver déjà [1]. Je suis votre domestique ; il n'y a que moi qui prends soin de votre jardin ; il y tombe un homme, et vous sentez... que ma réputation en est effleurée [2].

SUZANNE, *bas à Figaro* : Détourne, détourne.

FIGARO : Tu boiras donc toujours ?

ANTONIO : Et si je ne buvais pas, je deviendrais enragé.

LA COMTESSE : Mais en prendre ainsi sans besoin...

ANTONIO : Boire sans soif et faire l'amour en tout temps, Madame, il n'y a que ça qui nous distingue des autres bêtes.

LE COMTE, *vivement* : Réponds-moi donc, ou je vais te chasser.

ANTONIO : Est-ce que je m'en irais ?

LE COMTE : Comment donc ?

ANTONIO, *se touchant le front* : Si vous n'avez pas assez de ça pour garder un bon domestique, je ne suis pas assez bête, moi, pour renvoyer un si bon maître.

LE COMTE *le secoue avec colère* : On a, dis-tu, jeté un homme par cette fenêtre ?

ANTONIO : Oui, Mon Excellence ; tout à l'heure, en veste blanche, et qui s'est enfui, jarni [3], courant...

LE COMTE, *impatienté* : Après ?

ANTONIO : J'ai bien voulu courir après ; mais je me suis donné contre la grille une si fière gourde [4] à la main que je ne peux plus remuer ni pied ni patte de ce doigt-là.

Levant le doigt.

LE COMTE : Au moins tu reconnaîtrais l'homme ?

ANTONIO : Oh ! que oui-da !... si je l'avais vu pourtant !

---

1. *Déjà* : « dès l'heure présente, dès ce moment ». *(L.)*
2. *Effleurée* : Beaumarchais joue sur les deux sens du verbe : ne toucher qu'en surface et, en horticulture, ôter les fleurs.
3. *Jarni* (jarnidieu, jarnibleu) : juron (corruption de « je renie Dieu »).
4. *Gourde* : « bosse résultant d'un coup ». *(L.)*

SUZANNE, *bas à Figaro* : Il ne l'a pas vu.

FIGARO : Voilà bien du train [1] pour un pot de fleurs ! combien te faut-il, pleurard ! avec ta giroflée ? Il est inutile de chercher, Monseigneur, c'est moi qui ai sauté.

LE COMTE : Comment, c'est vous !

ANTONIO : « Combien te faut-il, pleurard ? » Votre corps a donc bien grandi depuis ce temps-là ? car je vous ai trouvé beaucoup plus moindre, et plus fluet !

FIGARO : Certainement ; quand on saute, on se pelotonne...

ANTONIO : M'est avis que c'était plutôt... qui dirait, le gringalet de page.

LE COMTE : Chérubin, tu veux dire ?

FIGARO : Oui, revenu tout exprès avec son cheval, de la porte de Séville, où peut-être il est déjà.

ANTONIO : Oh ! non, je ne dis pas ça, je ne dis pas ça ; je n'ai pas vu sauter de cheval, car je le dirais de même.

LE COMTE : Quelle patience !

FIGARO : J'étais dans la chambre des femmes en veste blanche : il fait un chaud !... J'attendais là ma Suzannette, quand j'ai ouï tout à coup la voix de Monseigneur et le grand bruit qui se faisait : je ne sais quelle crainte m'a saisi à l'occasion de ce billet ; et s'il faut avouer ma bêtise, j'ai sauté sans réflexion sur les couches, où je me suis même un peu foulé le pied droit.

Il frotte son pied.

ANTONIO : Puisque c'est vous, il est juste de vous rendre ce brimborion de papier qui a coulé de votre veste en tombant.

LE COMTE *se jette dessus* : Donne-le-moi.

Il ouvre le papier et le referme.

FIGARO *à part* : Je suis pris.

---

1. *Train* : « bruit, tapage ». *(L.)*

LE COMTE, *à Figaro* : La frayeur ne vous aura pas fait oublier ce que contient ce papier, ni comment il se trouvait dans votre poche ?

FIGARO *embarrassé, fouille dans ses poches et en tire des papiers* : Non sûrement... Mais c'est que j'en ai tant. Il faut répondre à tout... *(Il regarde un des papiers.)* Ceci ? ah ! c'est une lettre de Marceline, en quatre pages, elle est belle !... Ne serait-ce pas la requête de ce pauvre braconnier en prison ?... non, la voici... J'avais l'état des meubles du petit château, dans l'autre poche...

> *Le Comte rouvre le papier qu'il tient.*

LA COMTESSE, *bas à Suzanne* : Ah dieux ! Suzon. C'est le brevet d'officier.

SUZANNE, *bas à Figaro* : Tout est perdu, c'est le brevet.

LE COMTE *replie le papier* : Eh bien ! l'homme aux expédients, vous ne devinez pas ?

ANTONIO, *s'approchant de Figaro* * : Monseigneur dit si vous ne devinez pas ?

FIGARO *le repousse* : Fi donc ! vilain qui me parle dans le nez !

LE COMTE : Vous ne vous rappelez pas ce que ce peut être ?

FIGARO : A, a, a, ah ! *Povero* ! ce sera le brevet de ce malheureux enfant, qu'il m'avait remis, et que j'ai oublié de lui rendre. O, o, o, oh ! étourdi que je suis ! que fera-t-il sans son brevet ? Il faut courir...

LE COMTE : Pourquoi vous l'aurait-il remis ?

FIGARO, *embarrassé* : Il... désirait qu'on y fît quelque chose.

LE COMTE *regarde son papier* : Il n'y manque rien.

LA COMTESSE, *bas à Suzanne* : Le cachet.

SUZANNE, *bas à Figaro* : Le cachet manque.

---

* Antonio. Figaro. Suzanne. La Comtesse. Le Comte.

LE COMTE, *à Figaro* : Vous ne répondez pas ?

FIGARO : C'est... qu'en effet, il y manque peu de chose. Il dit que c'est l'usage...

LE COMTE : L'usage ! l'usage ! l'usage de quoi ?

FIGARO : D'y apposer le sceau de vos armes. Peut-être aussi que cela ne valait pas la peine.

LE COMTE *rouvre le papier et le chiffonne de colère* : Allons, il est écrit que je ne saurai rien. *(À part.)* C'est ce Figaro qui les mène, et je ne m'en vengerais pas !

Il veut sortir avec dépit.

FIGARO, *l'arrêtant* : Vous sortez, sans ordonner mon mariage ?

Scène 22

BAZILE, BARTHOLO, MARCELINE, FIGARO, LE COMTE, GRIPPE-SOLEIL, LA COMTESSE, SUZANNE, ANTONIO ; VALETS DU COMTE, SES VASSAUX

MARCELINE, *au Comte* : Ne l'ordonnez pas, Monseigneur ! Avant de lui faire grâce [1], vous nous devez justice. Il a des engagements avec moi.

LE COMTE, *à part* : Voilà ma vengeance arrivée.

FIGARO : Des engagements ? de quelle nature ? Expliquez-vous.

MARCELINE : Oui, je m'expliquerai, malhonnête !

*La Comtesse s'assied sur une bergère.
Suzanne est derrière elle.*

LE COMTE : De quoi s'agit-il, Marceline ?

MARCELINE : D'une obligation de mariage.

FIGARO : Un billet, voilà tout, pour de l'argent prêté.

---

1. *Faire grâce (à quelqu'un)* : « lui accorder ce qu'il ne pourrait justement exiger [*id est* : de la justice] ». *(L.)*

MARCELINE, *au Comte* : Sous condition de m'épouser. Vous êtes un grand seigneur, le premier juge de la province...

LE COMTE : Présentez-vous au tribunal ; j'y rendrai justice à tout le monde.

BAZILE, *montrant Marceline* : En ce cas, Votre Grandeur permet que je fasse aussi valoir mes droits sur Marceline ?

LE COMTE *à part* : Ah ! voilà mon fripon du billet.

FIGARO : Autre fou de la même espèce !

LE COMTE, *en colère, à Bazile* : Vos droits ! vos droits ! Il vous convient bien de parler devant moi, maître sot !

ANTONIO, *frappant dans sa main* : Il ne l'a, ma foi, pas manqué du premier coup : c'est son nom.

LE COMTE : Marceline, on suspendra tout jusqu'à l'examen de vos titres, qui se fera publiquement dans la grand-salle d'audience. Honnête Bazile ! agent fidèle et sûr ! allez au bourg chercher les gens du Siège [1].

BAZILE : Pour son affaire ?

LE COMTE : Et vous m'amènerez le paysan du billet.

BAZILE : Est-ce que je le connais ?

LE COMTE : Vous résistez !

BAZILE : Je ne suis pas entré au château pour en faire les commissions.

LE COMTE : Quoi donc ?

BAZILE : Homme à talent [2] sur l'orgue du village, je montre le clavecin à Madame, à chanter à ses femmes, la mandoline aux pages ; et mon emploi, surtout, est d'amuser votre compagnie avec ma guitare, quand il vous plaît de l'ordonner.

GRIPPE-SOLEIL *s'avance* : J'irai bien, Monsigneu, si cela vous plaira.

---

1. *Siège* : cf. note 2, p. 78.
2. *Homme à talent* : « celui qui est habile en différents arts ». *(L.)*

LE COMTE : Quel est ton nom, et ton emploi ?

GRIPPE-SOLEIL : Je suis Grippe-Soleil, mon bon Signeu ; le petit patouriau des chèvres, commandé pour le feu d'artifice. C'est fête aujourd'hui dans le troupiau ; et je sais oùs-ce qu'est toute l'enragée boutique à procès du pays.

LE COMTE : Ton zèle me plaît ; vas-y : mais, vous, *(à Bazile)* accompagnez Monsieur en jouant de la guitare, et chantant pour l'amuser en chemin. Il est de ma compagnie.

GRIPPE-SOLEIL, *joyeux* : Oh ! moi, je suis de la... ?

> *Suzanne l'apaise de la main, en lui montrant la Comtesse.*

BAZILE, *surpris* : Que j'accompagne Grippe-Soleil en jouant ?...

LE COMTE : C'est votre emploi : partez, ou je vous chasse.

> *Il sort.*

Scène 23

LES ACTEURS PRÉCÉDENTS, *excepté* LE COMTE

BAZILE, *à lui-même* : Ah ! je n'irai pas lutter contre le pot de fer, moi qui ne suis...

FIGARO : Qu'une cruche.

BAZILE, *à part* : Au lieu d'aider à leur mariage, je m'en vais assurer le mien avec Marceline. *(À Figaro :)* Ne conclus rien, crois-moi, que je ne sois de retour.

> *Il va prendre la guitare sur le fauteuil du fond.*

FIGARO *le suit* : Conclure ! oh ! va, ne crains rien ; quand même tu ne reviendrais jamais... Tu n'as pas l'air en train de [1] chanter ; veux-tu que je commence ?... allons gai ! haut, la-mi-la, pour ma fiancée.

> *Il se met en marche à reculons, danse en chantant la séguedille [2] suivante, Bazile accompagne, et tout le monde le suit.*

> SÉGUEVILLE
> *Air noté.*

Je préfère à richesse,
La sagesse
De ma Suzon ;
Zon, zon, zon,
Zon, zon, zon,
Zon, zon, zon,
Zon, zon, zon.
Aussi sa gentillesse
Est maîtresse
De ma raison ;
Zon, zon, zon,
Zon, zon, zon,
Zon, zon, zon,
Zon, zon, zon.

> *Le bruit s'éloigne, on n'entend pas le reste.*

Scène 24

SUZANNE, LA COMTESSE

LA COMTESSE, *dans sa bergère* : Vous voyez, Suzanne, la jolie scène que votre étourdi m'a value avec son billet.

SUZANNE : Ah ! Madame, quand je suis rentrée du cabinet, si vous aviez vu votre visage ! il s'est terni tout à coup ; mais ce n'a été qu'un nuage ; et par degrés, vous êtes devenue rouge, rouge, rouge !

LA COMTESSE : Il a donc sauté par la fenêtre ?

---

1. *En train de* : « disposé à ». *(L.)*
2. *Séguedille* : « genre de chanson espagnole ; air de chant et de danse, à trois temps et d'un mouvement animé, avec une ritournelle ». *(L.)*

SUZANNE : Sans hésiter, le charmant enfant ! léger... comme une abeille.

LA COMTESSE : Ah ! ce fatal jardinier ! Tout cela m'a remuée au point... que je ne pouvais rassembler deux idées.

SUZANNE : Ah ! Madame, au contraire ; et c'est là que j'ai vu combien l'usage du grand monde donne d'aisance aux dames comme il faut, pour mentir sans qu'il y paraisse.

LA COMTESSE : Crois-tu que le Comte en soit la dupe ? et s'il trouvait cet enfant au château !

SUZANNE : Je vais recommander de le cacher si bien...

LA COMTESSE : Il faut qu'il parte. Après ce qui vient d'arriver, vous croyez bien que je ne suis pas tentée de l'envoyer au jardin à votre place.

SUZANNE : Il est certain que je n'irai pas non plus. Voilà donc mon mariage encore une fois...

LA COMTESSE *se lève* : Attends... Au lieu d'un autre, ou de toi, si j'y allais moi-même ?

SUZANNE : Vous, Madame ?

LA COMTESSE : Il n'y aurait personne d'exposé... Le Comte alors ne pourrait nier... Avoir puni sa jalousie, et lui prouver son infidélité ! cela serait... Allons : le bonheur d'un premier hasard m'enhardit à tenter le second. Fais-lui savoir promptement que tu te rendras au jardin. Mais surtout que personne...

SUZANNE : Ah ! Figaro.

LA COMTESSE : Non, non. Il voudrait mettre ici du sien... Mon masque de velours [1], et ma canne ; que j'aille y rêver sur la terrasse.

> *Suzanne entre dans le cabinet de toilette.*

---

1. *Masque de velours* : les femmes se masquaient le visage pour le protéger du soleil.

Scène 25

LA COMTESSE, *seule.* : Il est assez effronté mon petit projet ! *(Elle se retourne.)* Ah ! le ruban ! mon joli ruban ! je t'oubliais ! *(Elle le prend sur sa bergère et le roule.)* Tu ne me quitteras plus... tu me rappelleras la scène où ce malheureux enfant... Ah ! Monsieur le Comte, qu'avez-vous fait ?... Et moi ! que fais-je en ce moment ?

Scène 26
LA COMTESSE, SUZANNE

La Comtesse met furtivement le ruban dans son sein.

SUZANNE : Voici la canne et votre loup.

LA COMTESSE : Souviens-toi que je t'ai défendu d'en dire un mot à Figaro.

SUZANNE, *avec joie* : Madame, il est charmant votre projet. Je viens d'y réfléchir. Il rapproche tout, termine tout, embrasse tout ; et quelque chose qui arrive, mon mariage est maintenant certain.

Elle baise la main de sa maîtresse. Elles sortent.

FIN DU SECOND ACTE

Pendant l'entracte, des valets arrangent la salle d'audience : on apporte les deux banquettes à dossier des avocats, que l'on place aux deux côtés du théâtre, de façon que le passage soit libre par-derrière. On pose une estrade à deux marches dans le milieu du théâtre, vers le fond, sur laquelle on place le fauteuil du Comte. On met la table du greffier et son tabouret de côté sur le devant, et des sièges pour Brid'oison et d'autres juges, des deux côtés de l'estrade du Comte.

ACTE III

Le théâtre représente une salle du château, appelée salle du trône et servant de salle d'audience, ayant sur le côté une impériale en dais [1], et, dessous, le portrait du roi.

Scène première

LE COMTE, PÉDRILLE, *en veste et botté, tenant un paquet cacheté.*

LE COMTE, *vite* : M'as-tu bien entendu ?

PÉDRILLE : Excellence, oui.

Il sort.

Scène 2

LE COMTE *seul, criant.* : Pédrille ?

Scène 3

LE COMTE, PÉDRILLE *revient.*

PÉDRILLE : Excellence ?

---

1. *Impériale* : « le dessus d'un lit, surtout en parlant d'un lit à colonnes » *(L.)* ; *dais* : « ouvrage dans la forme des anciens ciels de lit et qui sert de couronnement à un autel, à un trône, etc. ». *(L.)*

LE COMTE : On ne t'a pas vu ?

PÉDRILLE : Âme qui vive.

LE COMTE : Prenez le cheval barbe[1].

PÉDRILLE : Il est à la grille du potager, tout sellé.

LE COMTE : Ferme, d'un trait, jusqu'à Séville.

PÉDRILLE : Il n'y a que trois lieues, elles sont bonnes.

LE COMTE : En descendant, sachez si le page est arrivé.

PÉDRILLE : Dans l'hôtel[2] ?

LE COMTE : Oui ; surtout depuis quel temps.

PÉDRILLE : J'entends.

LE COMTE : Remets-lui son brevet, et reviens vite.

PÉDRILLE : Et s'il n'y était pas ?

LE COMTE : Revenez plus vite, et m'en rendez compte ; allez.

Scène 4

LE COMTE *seul, marche en rêvant.* : J'ai fait une gaucherie en éloignant Bazile !... la colère n'est bonne à rien. — Ce billet remis par lui, qui m'avertit d'une entreprise sur la Comtesse. La camariste enfermée quand j'arrive. La maîtresse affectée d'une terreur fausse ou vraie. Un homme qui saute par la fenêtre, et l'autre après qui avoue... ou qui prétend que c'est lui... Le fil m'échappe. Il y a là-dedans une obscurité... Des libertés chez mes vassaux, qu'importe à gens de cette étoffe ? mais la Comtesse ! si quelque insolent attentait... où m'égaré-je ? En vérité quand la tête se monte, l'imagination la mieux réglée devient folle comme un rêve ! — Elle s'amusait ; ces ris étouffés, cette joie mal éteinte ! — Elle se respecte ; et mon honneur... où diable on l'a placé ! De l'autre part où suis-

cause et loyer trop de liberté (marginal note, handwritten)

---

1. *Cheval barbe* : cheval de selle d'Afrique du Nord.
2. *Hôtel* : au sens d'« hôtel particulier ».

je ? cette friponne de Suzanne a-t-elle trahi mon secret ?... comme il n'est pas encore le sien... Qui[1] donc m'enchaîne à cette fantaisie ? j'ai voulu vingt fois y renoncer... Étrange effet de l'irrésolution ! si je la voulais sans débat, je la désirerais mille fois moins. – Ce Figaro se fait bien attendre ! il faut le sonder adroitement, *(Figaro paraît dans le fond; il s'arrête)* et tâcher, dans la conversation que je vais avoir avec lui, de démêler, d'une manière détournée, s'il est instruit ou non de mon amour pour Suzanne.

Scène 5

LE COMTE, FIGARO

FIGARO, *à part* : Nous y voilà.

LE COMTE : ... S'il en sait par elle un seul mot...

FIGARO, *à part* : Je m'en suis douté.

LE COMTE : ... je lui fais épouser la vieille.

FIGARO, *à part* : Les amours de Monsieur Bazile ?

LE COMTE : ... Et voyons ce que nous ferons de la jeune.

FIGARO, *à part* : Ah ! ma femme, s'il vous plaît.

LE COMTE *se retourne* : Hein ? quoi ? qu'est-ce que c'est ?

FIGARO *s'avance* : Moi, qui me rends à vos ordres.

LE COMTE : Et pourquoi ces mots ?

FIGARO : Je n'ai rien dit.

LE COMTE *répète* : « Ma femme, s'il vous plaît » ?

FIGARO : C'est... la fin d'une réponse que je faisais : « Allez le dire à ma femme, s'il vous plaît. »

LE COMTE *se promène* : « Sa femme » !... Je voudrais bien savoir quelle affaire peut arrêter Monsieur, quand je le fais appeler ?

---

1. *Qui* : pour « qu'est-ce qui ».

FIGARO, *feignant d'assurer* [1] *son habillement* : Je m'étais sali sur ces couches en tombant [2] ; je me changeais.

LE COMTE : Faut-il une heure ?

FIGARO : Il faut le temps.

LE COMTE : Les domestiques ici... sont plus longs à s'habiller que les maîtres !

FIGARO : C'est qu'ils n'ont point de valets pour les y aider.

LE COMTE : ... Je n'ai pas trop compris ce qui vous avait forcé tantôt de courir un danger inutile, en vous jetant...

FIGARO : Un danger ! on dirait que je me suis engouffré tout vivant...

LE COMTE : Essayez de me donner le change en feignant de le prendre, insidieux valet ! vous entendez fort bien que ce n'est pas le danger qui m'inquiète, mais le motif.

FIGARO : Sur un faux avis, vous arrivez furieux, renversant tout, comme le torrent de la Morena [3] ; vous cherchez un homme, il vous le faut, ou vous allez briser les portes, enfoncer les cloisons ! je me trouve là par hasard, qui sait dans votre emportement si...

LE COMTE, *interrompant* : Vous pouviez fuir par l'escalier.

FIGARO : Et vous, me prendre au corridor.

LE COMTE, *en colère* : Au corridor ! *(À part.)* Je m'emporte, et nuis à ce que je veux savoir.

FIGARO, *à part* : Voyons-le venir, et jouons serré.

LE COMTE, *radouci* : Ce n'est pas ce que je voulais dire, laissons cela. J'avais... oui, j'avais quelque envie de t'emmener à Londres, courrier de dépêches... mais toutes réflexions faites...

---

1. *Assurer* : ajuster.
2. Cf. acte II, scène 21.
3. *La Sierra Morena* : chaîne de montagnes en Espagne qui parcourt l'Andalousie et sépare les vallées du Tage et du Guadalquivir. Son versant sud est escarpé.

FIGARO : Monseigneur a changé d'avis ?

LE COMTE : Premièrement, tu ne sais pas l'anglais.

FIGARO : Je sais *God-dam* [1].

LE COMTE : Je n'entends pas.

FIGARO : Je dis que je sais *God-dam*.

LE COMTE : Eh bien ?

FIGARO : Diable ! c'est une belle langue que l'anglais ; il en faut peu pour aller loin. Avec *God-dam* en Angleterre, on ne manque de rien nulle part. Voulez-vous tâter d'un bon poulet gras ? Entrez dans une taverne, et faites seulement ce geste au garçon. *(Il tourne la broche.) God-dam !* on vous apporte un pied de bœuf salé sans pain. C'est admirable ! Aimez-vous à boire un coup d'excellent bourgogne ou de clairet [2] ? rien que celui-ci. *(Il débouche une bouteille.) God-dam !* on vous sert un pot de bière, en bel étain, la mousse aux bords. Quelle satisfaction ! Rencontrez-vous une de ces jolies personnes, qui vont trottant menu [3], les yeux baissés, coudes en arrière, et tortillant un peu des hanches ? mettez mignardement tous les doigts unis sur la bouche. Ah ! *God-dam !* elle vous sangle [4] un soufflet de crocheteur [5]. Preuve qu'elle entend. Les Anglais, à la vérité, ajoutent par-ci, par-là quelques autres mots en conversant ; mais il est bien aisé de voir que *God-dam* est le fond de la langue ; et si Monseigneur n'a pas d'autre motif de me laisser en Espagne...

LE COMTE, *à part* : Il veut venir à Londres ; elle n'a pas parlé.

FIGARO, *à part* : Il croit que je ne sais rien ; travaillons-le un peu, dans son genre.

---

1. *God-dam* : juron anglais blasphématoire, abbreviation de *God-damnme* (Que Dieu me damne).
2. *Clairet* : vin rouge peu coloré.
3. *Menu* : « à petits pas ». *(L.)*
4. *Sangler* : (familier) « appliquer avec force un coup ». *(L.)*
5. *Crocheteur* : celui qui portait les fardeaux avec des crochets.

LE COMTE : Quel motif avait la Comtesse, pour me jouer un pareil tour ?

FIGARO : Ma foi, Monseigneur, vous le savez mieux que moi.

LE COMTE : Je la préviens [1] sur tout, et la comble de présents.

FIGARO : Vous lui donnez, mais vous êtes infidèle. Sait-on gré du superflu, à qui nous prive du nécessaire ?

LE COMTE : ... Autrefois tu me disais tout.

FIGARO : Et maintenant je ne vous cache rien.

LE COMTE : Combien la Comtesse t'a-t-elle donné pour cette belle association ?

FIGARO : Combien me donnâtes-vous pour la tirer des mains du docteur ? Tenez, Monseigneur, n'humilions pas l'homme qui nous sert bien, crainte d'en faire un mauvais valet.

LE COMTE : Pourquoi faut-il qu'il y ait toujours du louche en ce que tu fais ?

FIGARO : C'est qu'on en voit partout quand on cherche des torts.

LE COMTE : Une réputation détestable !

FIGARO : Et si je vaux mieux qu'elle ? y a-t-il beaucoup de seigneurs qui puissent en dire autant ?

LE COMTE : Cent fois je t'ai vu marcher à la fortune [2], et jamais aller droit.

FIGARO : Comment voulez-vous ? la foule est là : chacun veut courir, on se presse, on pousse, on coudoie, on renverse, arrive qui peut ; le reste est écrasé. Aussi c'est fait ; pour moi j'y renonce.

LE COMTE : À la fortune ? *(À part.)* Voici du neuf.

---

1. *Prévenir quelqu'un* : « aller au-devant de ce que quelqu'un peut désirer, demander ». *(L.)*
2. *À la fortune* : au hasard.

FIGARO, *À part* : À mon tour maintenant. *(Haut.)* Votre Excellence m'a gratifié de la conciergerie du château ; c'est un fort joli sort ; à la vérité je ne serai pas le courrier étrenné [1] des nouvelles intéressantes ; mais en revanche, heureux avec ma femme au fond de l'Andalousie...

LE COMTE : Qui t'empêcherait de l'emmener à Londres ?

FIGARO : Il faudrait la quitter si souvent que j'aurais bientôt du mariage par-dessus la tête.

LE COMTE : Avec du caractère et de l'esprit, tu pourrais un jour t'avancer dans les bureaux.

FIGARO : De l'esprit pour s'avancer ? Monseigneur se rit du mien. Médiocre et rampant ; et l'on arrive à tout.

LE COMTE : ... Il ne faudrait qu'étudier un peu sous moi la politique.

FIGARO : Je la sais.

LE COMTE : Comme l'anglais, le fond de la langue !

FIGARO : Oui, s'il y avait de quoi se vanter. Mais, feindre d'ignorer ce qu'on sait, de savoir tout ce qu'on ignore, d'entendre ce qu'on ne comprend pas, de ne point ouïr ce qu'on entend, surtout de pouvoir au-delà de ses forces ; avoir souvent pour grand secret de cacher qu'il n'y en a point ; s'enfermer pour tailler des plumes, et paraître profond, quand on n'est, comme on dit, que vide et creux ; jouer bien ou mal un personnage ; répandre des espions et pensionner des traîtres ; amollir des cachets ; intercepter des lettres ; et tâcher d'ennoblir la pauvreté des moyens par l'importance des objets. Voilà toute la politique, ou je meure [2] !

LE COMTE : Eh ! c'est l'intrigue que tu définis !

FIGARO : La politique, l'intrigue, volontiers ; mais, comme je les crois un peu germaines, en fasse qui voudra.

---

1. *Le courrier étrenné des nouvelles intéressantes* : le courrier qui a la primeur des nouvelles intéressantes.
2. *Ou je meure* : ou que je meure.

« J'aime mieux ma mie, ô gué [1] ! » comme dit la chanson du bon roi.

LE COMTE, *à part* : Il veut rester. J'entends... Suzanne m'a trahi.

FIGARO, *à part* : Je l'enfile [2] et le paye en sa monnaie.

LE COMTE : Ainsi tu espères gagner ton procès contre Marceline ?

FIGARO : Me feriez-vous un crime de refuser une vieille fille, quand Votre Excellence se permet de nous souffler toutes les jeunes ?

LE COMTE, *raillant* : Au tribunal, le magistrat s'oublie, et ne voit plus que l'ordonnance.

FIGARO : Indulgente aux grands, dure aux petits...

LE COMTE : Crois-tu donc que je plaisante ?

FIGARO : Eh ! qui le sait, Monseigneur ? *Tempo è galant'uomo* [3], dit l'italien ; il dit toujours la vérité ; c'est lui qui m'apprendra qui me veut du mal, ou du bien.

LE COMTE, *à part* : Je vois qu'on lui a tout dit ; il épousera la duègne.

FIGARO, *à part* : Il a joué au fin avec moi ; qu'a-t-il appris ?

Scène 6

LE COMTE, UN LAQUAIS, FIGARO

LE LAQUAIS, *annonçant* : Don Gusman Brid'oison.

LE COMTE : Brid'oison ?

---

1. Cf. *Le Misanthrope*, acte I, scène 2.
2. *Enfiler* : « populairement tromper, enjôler ». *(L.)*
3. *Tempo è galant'uomo* : « Le temps est honnête homme » ; le sens de ce proverbe est ensuite donné par Figaro.

FIGARO : Eh ! sans doute. C'est le juge ordinaire ; le lieutenant du siège ; votre prud'homme [1].

LE COMTE : Qu'il attende.

Le laquais sort.

Scène 7

LE COMTE, FIGARO

FIGARO *reste un moment à regarder le Comte qui rêve* : ... Est-ce là ce que Monseigneur voulait ?

LE COMTE, *revenant à lui* : Moi ?... Je disais d'arranger ce salon pour l'audience publique.

FIGARO : Hé, qu'est-ce qu'il manque ? le grand fauteuil pour vous, de bonnes chaises aux prud'hommes, le tabouret du greffier, deux banquettes aux avocats, le plancher pour le beau monde, et la canaille derrière. Je vais renvoyer les frotteurs [2].

Il sort.

Scène 8

LE COMTE, *seul.* : Le maraud m'embarrassait ! en disputant, il prend son avantage, il vous serre, vous enveloppe... Ah ! friponne et fripon ! vous vous entendez pour me jouer ! Soyez amis, soyez amants, soyez ce qu'il vous plaira, j'y consens ; mais, parbleu, pour époux...

---

1. *Prud'homme* : « homme expert et versé dans la connaissance de certaines choses ». *(Acad.)*
2. *Frotteur* : « celui qui frotte les parquets ». *(L.)*

Scène 9

SUZANNE, LE COMTE

SUZANNE *essoufflée* : Monseigneur... pardon, Monseigneur.

LE COMTE, *avec humeur* : Qu'est-ce qu'il y a, Mademoiselle ?

SUZANNE : Vous êtes en colère !

LE COMTE : Vous voulez quelque chose apparemment ?

SUZANNE, *timidement* : C'est que ma maîtresse a ses vapeurs. J'accourais vous prier de nous prêter votre flacon d'éther. Je l'aurais rapporté dans l'instant.

LE COMTE *le lui donne* : Non, non, gardez-le pour vous-même. Il ne tardera pas à vous être utile.

SUZANNE : Est-ce que les femmes de mon état ont des vapeurs, donc ? c'est un mal de condition, qu'on ne prend que dans les boudoirs.

LE COMTE : Une fiancée bien éprise, et qui perd son futur...

SUZANNE : En payant Marceline, avec la dot que vous m'avez promise...

LE COMTE : Que je vous ai promise, moi ?

SUZANNE, *baissant les yeux* : Monseigneur, j'avais cru l'entendre.

LE COMTE : Oui, si vous consentiez à m'entendre vous-même.

SUZANNE, *les yeux baissés* : Et n'est-ce pas mon devoir d'écouter Son Excellence ?

LE COMTE : Pourquoi donc, cruelle fille ! ne me l'avoir pas dit plus tôt ?

SUZANNE : Est-il jamais trop tard pour dire la vérité ?

LE COMTE : Tu te rendrais sur la brune [1] au jardin ?

---

1. *Sur la brune* : cf. note 1, p. 94.

SUZANNE : Est-ce que je ne m'y promène pas tous les soirs ?

LE COMTE : Tu m'as traité ce matin si durement !

SUZANNE : Ce matin ? et le page derrière le fauteuil ?

LE COMTE : Elle a raison, je l'oubliais. Mais pourquoi ce refus obstiné, quand Bazile, de ma part ?...

SUZANNE : Quelle nécessité qu'un Bazile ?...

LE COMTE : Elle a toujours raison. Cependant il y a un certain Figaro à qui je crains bien que vous n'ayez tout dit !

SUZANNE : Dame ! oui, je lui dis tout – hors ce qu'il faut lui taire.

LE COMTE, *en riant* : Ah ! charmante ! Et, tu me le promets ? Si tu manquais à ta parole ; entendons-nous, mon cœur : point de rendez-vous, point de dot, point de mariage.

SUZANNE, *faisant la révérence* : Mais aussi, point de mariage, point de droit du seigneur, Monseigneur.

LE COMTE : Où prend-elle ce qu'elle dit ? d'honneur j'en raffolerai ! Mais ta maîtresse attend le flacon...

SUZANNE, *riant et rendant le flacon* : Aurais-je pu vous parler sans un prétexte ?

LE COMTE, *veut l'embrasser* : Délicieuse créature !

SUZANNE *s'échappe* : Voilà du monde.

LE COMTE, *à part* : Elle est à moi.

Il s'enfuit.

SUZANNE : Allons vite rendre compte à Madame.

Scène 10

SUZANNE, FIGARO

FIGARO : Suzanne, Suzanne ! où cours-tu donc si vite en quittant Monseigneur ?

SUZANNE : Plaide à présent, si tu le veux ; tu viens de gagner ton procès.

Elle s'enfuit.

FIGARO *la suit* : Ah ! mais, dis donc...

Scène 11

LE COMTE *rentre seul* : « Tu viens de gagner ton procès ! » Je donnais là dans un bon piège ! Ô mes chers insolents ! je vous punirai de façon... Un bon arrêt, bien juste... mais s'il allait payer la duègne... avec quoi ?... s'il payait... Eeeeh ! n'ai-je pas le fier Antonio, dont le noble orgueil dédaigne, en Figaro, un inconnu pour sa nièce ? En caressant cette manie... pourquoi non ? dans le vaste champ de l'intrigue, il faut savoir tout cultiver, jusqu'à la vanité d'un sot. *(Il appelle.)* Anto...

Il voit entrer Marceline, etc. Il sort.

Scène 12

BARTHOLO, MARCELINE, BRID'OISON

MARCELINE, *à Brid'oison* : Monsieur, écoutez mon affaire.

BRID'OISON, *en robe, et bégayant un peu* : Eh bien ! pa-arlons-en verbalement.

BARTHOLO : C'est une promesse de mariage.

MARCELINE : Accompagnée d'un prêt d'argent.

BRID'OISON : J'en-entends, *et caetera*, le reste.

MARCELINE : Non, Monsieur, point d'*et caetera*.

BRID'OISON : J'en-entends : vous avez la somme ?

MARCELINE : Non, Monsieur, c'est moi qui l'ai prêtée.

BRID'OISON : J'en-entends bien, vou-ous redemandez l'argent ?

MARCELINE : Non, Monsieur ; je demande qu'il m'épouse.

BRID'OISON : Eh, mais, j'en-entends fort bien ; et lui, veu-eut-il vous épouser ?

MARCELINE : Non, Monsieur ; voilà tout le procès !

BRID'OISON : Croyez-vous que je ne l'en-entende pas, le procès ?

MARCELINE : Non, Monsieur. *(À Bartholo :)* Où sommes-nous ? *(À Brid'oison :)* Quoi ! c'est vous qui nous jugerez ?

BRID'OISON : Est-ce que j'ai a-acheté ma charge pour autre chose ?

MARCELINE, *en soupirant* : C'est un grand abus que de les vendre !

BRID'OISON : Oui, l'on-on ferait mieux de nous les donner pour rien. Contre qui plai-aidez-vous ?

Scène 13

BARTHOLO, MARCELINE, BRID'OISON ;
FIGARO *rentre en se frottant les mains.*

MARCELINE, *montrant Figaro* : Monsieur, contre ce malhonnête homme.

FIGARO, *très gaiement, à Marceline* : Je vous gêne peut-être. Monseigneur revient dans l'instant, Monsieur le Conseiller.

BRID'OISON : J'ai vu ce ga-arçon-là quelque part ?

FIGARO : Chez Madame votre femme, à Séville, pour la servir, Monsieur le Conseiller.

BRID'OISON : Dan-ans quel temps ?

FIGARO : Un peu moins d'un an avant la naissance de Monsieur votre fils le cadet, qui est un bien joli enfant, je m'en vante.

BRID'OISON : Oui, c'est le plus jo-oli de tous. On dit que tu-u fais ici des tiennes ?

FIGARO : Monsieur est bien bon. Ce n'est là qu'une misère.

BRID'OISON : Une promesse de mariage ! A-ah ! le pauvre benêt !

FIGARO : Monsieur...

BRID'OISON : A-t-il vu mon-on secrétaire, ce bon garçon ?

FIGARO : N'est-ce pas Double-Main, le greffier ?

BRID'OISON : Oui, c'est qu'il mange à deux râteliers.

FIGARO : Manger ! je suis garant qu'il dévore. Oh ! que oui, je l'ai vu, pour l'extrait [1], et pour le supplément d'extrait ; comme cela se pratique, au reste.

BRID'OISON : On-on doit remplir les formes.

FIGARO : Assurément, Monsieur : si le fond des procès appartient aux plaideurs, on sait bien que la forme est le patrimoine des tribunaux.

BRID'OISON : Ce garçon-là n'ès-est pas si niais que je l'avais cru d'abord. Eh bien, l'ami, puisque tu en sais tant, nou-ous aurons soin de ton affaire.

FIGARO : Monsieur, je m'en rapporte à votre équité, quoique vous soyez de notre justice.

BRID'OISON : Hein ?... Oui, je suis de la-a justice. Mais si tu dois, et que tu-u ne payes pas ?...

---

1. *Extrait* : « abrégé, sommaire [...] d'un procès ». *(L.)*

FIGARO : Alors Monsieur voit bien que c'est comme si je ne devais pas.

BRID'OISON : San-ans doute. Hé mais ! qu'est-ce donc qu'il dit ?

Scène 14

BARTHOLO, MARCELINE, LE COMTE, BRID'OISON,
FIGARO, UN HUISSIER

L'HUISSIER, *précédant le Comte, crie* : Monseigneur, Messieurs.

LE COMTE : En robe ici, seigneur Brid'oison ! ce n'est qu'une affaire domestique. L'habit de ville était trop bon.

BRID'OISON : C'ès-est vous qui l'êtes, Monsieur le Comte. Mais je ne vais jamais san-ans elle ; parce que la forme, voyez-vous, la forme ! Tel rit d'un juge en habit court, qui-i tremble au seul aspect d'un procureur en robe. La forme, la-a forme !

LE COMTE, *à l'huissier* : Faites entrer l'audience [1].

L'HUISSIER *va ouvrir en glapissant* : L'audience !

---

1. *Audience* : « ceux à qui on donne audience, qui assistent à l'audience ». *(L.)*

Scène 15

LES ACTEURS PRÉCÉDENTS, ANTONIO, LES VALETS DU
CHÂTEAU, LES PAYSANS ET PAYSANNES *en habits de fête* ;
LE COMTE *s'assied sur le grand fauteuil,* BRID'OISON *sur une
chaise à côté* ; LE GREFFIER *sur le tabouret derrière sa table* ;
LES JUGES, LES AVOCATS *sur les banquettes* ; MARCELINE *à
côté de* BARTHOLO ; FIGARO *sur l'autre banquette* ;
LES PAYSANS ET VALETS *debout derrière.*

BRID'OISON, *à Double-Main* : Double-Main, a-appelez les
causes.

DOUBLE-MAIN *lit un papier* : Noble, très noble, infiniment
noble, *Dom Pedro George, Hidalgo, baron de Los Altos, y
Montes Fieros, y otros Montes* ; contre *Alonzo Calderon,*
jeune auteur dramatique. Il est question d'une comédie
mort-née, que chacun désavoue, et rejette sur l'autre.

LE COMTE : Ils ont raison tous deux. Hors de Cour [1].
S'ils font ensemble un autre ouvrage, pour qu'il marque
un peu dans le grand monde, ordonné que le noble y
mettra son nom, le poète son talent.

DOUBLE-MAIN *lit un autre papier* : *André Petrutchio,*
laboureur ; contre le receveur de la province. Il s'agit d'un
forcement [2] arbitraire.

LE COMTE : L'affaire n'est pas de mon ressort. Je servirai mieux mes vassaux en les protégeant près du Roi.
Passez.

DOUBLE-MAIN *en prend un troisième.* (*Bartholo et Figaro se
lèvent.*) : Barbe, Agar, Raab, Madeleine, Nicole, Marceline de Verte-Allure, fille majeure (*Marceline se lève et
salue*) ; contre Figaro... nom de baptême en blanc ?

FIGARO : Anonyme.

---

1. *Hors de Cour* : non-lieu.
2. *Forcement (de recette)* : « exercice du droit qui appartient à l'administration de faire payer par ses commis les impôts qu'ils ont négligé
de percevoir ». (*L.*)

BRID'OISON : A-anonyme ! Què-el patron est-ce là ?

FIGARO : C'est le mien.

DOUBLE-MAIN *écrit* : Contre Anonyme Figaro. Qualités ?

FIGARO : Gentilhomme.

LE COMTE : Vous êtes gentilhomme ? (*Le greffier écrit.*)

FIGARO : Si le Ciel l'eût voulu, je serais fils d'un prince.

LE COMTE, *au greffier* : Allez.

L'HUISSIER, *glapissant* : Silence, Messieurs.

DOUBLE-MAIN *lit* : ... Pour cause d'opposition faite au mariage dudit Figaro, par ladite de Verte-Allure. Le docteur Bartholo plaidant pour la demanderesse, et ledit Figaro pour lui-même ; si la Cour le permet, contre le vœu de l'usage, et la jurisprudence du siège.

FIGARO : L'usage, maître Double-Main, est souvent un abus ; le client un peu instruit sait toujours mieux sa cause que certains avocats qui, suant à froid, criant à tue-tête, et connaissant tout, hors le fait, s'embarrassent aussi peu de ruiner le plaideur que d'ennuyer l'auditoire, et d'endormir Messieurs ; plus boursouflés, après, que s'ils eussent composé l'*Oratio pro Murena* [1] ; moi je dirai le fait en peu de mots. Messieurs...

DOUBLE-MAIN : En voilà beaucoup d'inutiles, car vous n'êtes pas demandeur, et n'avez que la défense ; avancez, docteur, et lisez la promesse.

FIGARO : Oui, promesse !

BARTHOLO, *mettant ses lunettes* : Elle est précise.

BRID'OISON : I-il faut la voir.

DOUBLE-MAIN : Silence donc, Messieurs.

L'HUISSIER, *glapissant* : Silence.

BARTHOLO *lit* : « Je soussigné reconnais avoir reçu de Damoiselle, etc., Marceline de Verte-Allure, dans le château d'Aguas-Frescas, la somme de deux mille piastres

---

1. *Pro Murena* (63 av. J.-C.) : pladoyer de Cicéron (106-43 av. J. C.).

fortes cordonnées [1] ; laquelle somme je lui rendrai à sa réquisition, dans ce château ; et je l'épouserai, par forme de reconnaissance, etc. » Signé *Figaro*, tout court. Mes conclusions sont au payement du billet, et à l'exécution de la promesse, avec dépens. *(Il plaide.)* Messieurs... jamais cause plus intéressante ne fut soumise au jugement de la Cour ! et depuis Alexandre le Grand, qui promit mariage à la belle Thalestris [2]...

LE COMTE, *interrompant* : Avant d'aller plus loin, avocat, convient-on de la validité du titre ?

BRID'OISON, *à Figaro* : Qu'oppo... qu'oppo-osez-vous à cette lecture ?

FIGARO : Qu'il y a, Messieurs, malice, erreur, ou distraction dans la manière dont on a lu la pièce ; car il n'est pas dit dans l'écrit : « laquelle somme je lui rendrai *et* je l'épouserai » ; mais : « laquelle somme je lui rendrai, *ou* je l'épouserai » ; ce qui est bien différent.

LE COMTE : Y a-t-il *et*, dans l'acte, ou bien *ou* ?

BARTHOLO : Il y a *et*.

FIGARO : Il y a *ou*.

BRID'OISON : Dou-ouble-Main, lisez vous-même.

DOUBLE-MAIN, *prenant le papier* : Et c'est le plus sûr ; car souvent les parties déguisent en lisant. *(Il lit.)* « E. e. e. Damoiselle e. e. e. de Verte-Allure e. e. e. Ah ! laquelle somme je lui rendrai à sa réquisition, dans ce château... et... ou... et... ou... » Le mot est si mal écrit... il y a un pâté.

BRID'OISON : Un pâ-âté ? je sais ce que c'est.

---

1. *Piastres fortes cordonnées* : la piastre espagnole, monnaie d'argent, était parfois appelée *piastre forte* pour la distinguer de sa fraction, la demi-piastre. Une pièce *cordonnée* est une pièce ornée d'un bord façonné.
2. *Thalestris* : reine des Amazones. La légende raconte qu'impressionnée par la renommée d'Alexandre le Grand (356-323), qui avait entrepris la conquête de l'Asie et menaçait son territoire, elle allât le trouver pour lui demander de lui faire un enfant.

BARTHOLO, *plaidant* : Je soutiens, moi, que c'est la conjonction copulative *et* qui lie les membres corrélatifs de la phrase ; je payerai la demoiselle, *et* je l'épouserai.

FIGARO, *plaidant* : Je soutiens, moi, que c'est la conjonction alternative *ou* qui sépare lesdits membres ; je payerai la donzelle, *ou* je l'épouserai : à pédant, pédant et demi ; qu'il s'avise de parler latin, j'y suis grec [1] ; je l'extermine.

LE COMTE : Comment juger pareille question ?

BARTHOLO : Pour la trancher, Messieurs, et ne plus chicaner sur un mot, nous passons qu'il y ait *ou*.

FIGARO : J'en demande acte.

BARTHOLO : Et nous y adhérons. Un si mauvais refuge ne sauvera pas le coupable : examinons le titre en ce sens. *(Il lit.)* « Laquelle somme je lui rendrai dans ce château *où* je l'épouserai. » C'est ainsi qu'on dirait, Messieurs : « vous vous ferez saigner dans ce lit *où* vous resterez chaudement », c'est « dans lequel ». « Il prendra deux gros de rhubarbe *où* vous mêlerez un peu de tamarin », dans lesquels on mêlera. Ainsi « château *où* je l'épouserai », Messieurs, c'est « château dans lequel ».

FIGARO : Point du tout : la phrase est dans le sens de celle-ci : « *ou* la maladie vous tuera, *ou* ce sera le médecin ; *ou bien* le médecin » ; c'est incontestable. Autre exemple : « *ou* vous n'écrirez rien qui plaise, *ou* les sots vous dénigreront ; *ou bien* les sots » ; le sens est clair ; car, audit cas, « *sots* ou *méchants* » sont le substantif qui gouverne. Maître Bartholo croit-il donc que j'aie oublié ma syntaxe ? Ainsi, je la payerai dans ce château, *virgule* ; ou je l'épouserai...

BARTHOLO, *vite* : Sans virgule.

FIGARO, *vite* : Elle y est. C'est *virgule*, Messieurs, ou bien je l'épouserai.

---

1. *J'y suis grec* : « Être grec en quelque chose, y être très habile, trop habile ». *(L.)*

BARTHOLO, *regardant le papier ; vite* : Sans virgule, Messieurs.

FIGARO, *vite* : Elle y était, Messieurs. D'ailleurs, l'homme qui épouse est-il tenu de rembourser ?

BARTHOLO, *vite* : Oui ; nous nous marions séparés de biens.

FIGARO, *vite* : Et nous de corps, dès que mariage n'est pas quittance [1].

> *Les juges se lèvent et opinent tout bas.*

BARTHOLO : Plaisant acquittement !

DOUBLE-MAIN : Silence, Messieurs.

L'HUISSIER, *glapissant* : Silence.

BARTHOLO : Un pareil fripon appelle cela payer ses dettes !

FIGARO : Est-ce votre cause, avocat, que vous plaidez ?

BARTHOLO : Je défends cette demoiselle.

FIGARO : Continuez à déraisonner ; mais cessez d'injurier. Lorsque, craignant l'emportement des plaideurs, les tribunaux ont toléré qu'on appelât des tiers, ils n'ont pas entendu que ces défenseurs modérés deviendraient impunément des insolents privilégiés. C'est dégrader le plus noble institut [2].

> *Les juges continuent d'opiner bas.*

ANTONIO, *à Marceline, montrant les juges* : Qu'ont-ils tant à balbucifier [3] ?

MARCELINE : On a corrompu le grand juge, il corrompt l'autre, et je perds mon procès.

BARTHOLO, *bas, d'un ton sombre* : J'en ai peur.

FIGARO, *gaiement* : Courage, Marceline !

---

1. *Dès que mariage n'est pas quittance* : dès lors que le mariage n'acquitte pas de la dette.
2. *Institut* : institution.
3. *Balbucifier* : combinaison de balbutier et vociférer.

DOUBLE-MAIN *se lève ; à Marceline* : Ah, c'est trop fort ! je vous dénonce, et pour l'honneur du tribunal, je demande qu'avant faire droit sur l'autre affaire, il soit prononcé sur celle-ci.

LE COMTE *s'assied* : Non, greffier, je ne prononcerai point sur mon injure personnelle : un juge espagnol n'aura point à rougir d'un excès digne au plus des tribunaux asiatiques : c'est assez des autres abus ! J'en vais corriger un second en vous motivant mon arrêt : tout juge qui s'y refuse est un grand ennemi des lois ! Que peut requérir la demanderesse ? mariage à défaut de paiement ; les deux ensemble impliqueraient [1].

DOUBLE-MAIN : Silence, Messieurs !

L'HUISSIER, *glapissant* : Silence !

LE COMTE : Que nous répond le défendeur ? qu'il veut garder sa personne ; à lui permis.

FIGARO, *avec joie* : J'ai gagné.

LE COMTE : Mais comme le texte dit : « laquelle somme je payerai à la première réquisition, ou bien j'épouserai, etc. », la Cour condamne le défendeur à payer deux mille piastres fortes à la demanderesse, ou bien à l'épouser dans le jour.

Il se lève.

FIGARO, *stupéfait* : J'ai perdu.

ANTONIO, *avec joie* : Superbe arrêt.

FIGARO : En quoi superbe ?

ANTONIO : En ce que tu n'es plus mon neveu [2]. Grand merci, Monseigneur.

L'HUISSIER, *glapissant* : Passez, Messieurs.

Le peuple sort.

ANTONIO : Je m'en vas tout conter à ma nièce.

Il sort.

---

1. *Impliqueraient* : sous-entendu « contradiction ».
2. *Neveu* : ici le mari de la nièce.

Scène 16

LE COMTE, *allant de côté et d'autre* ; MARCELINE,
BARTHOLO, FIGARO, BRID'OISON.

MARCELINE *s'assied* : Ah ! je respire.

FIGARO : Et moi, j'étouffe.

LE COMTE, *à part* : Au moins je suis vengé, cela soulage.

FIGARO, *à part* : Et ce Bazile qui devait s'opposer au mariage de Marceline ; voyez comme il revient ! (*Au Comte qui sort.*) Monseigneur, vous nous quittez ?

LE COMTE : Tout est jugé.

FIGARO, *à Brid'oison* : C'est ce gros enflé de conseiller...

BRID'OISON : Moi, gro-os enflé !

FIGARO : Sans doute. Et je ne l'épouserai pas : je suis gentilhomme une fois.

Le Comte s'arrête.

BARTHOLO : Vous l'épouserez.

FIGARO : Sans l'aveu [1] de mes nobles parents ?

BARTHOLO : Nommez-les, montrez-les.

FIGARO : Qu'on me donne un peu de temps : je suis bien près de les revoir ; il y a quinze ans que je les cherche.

BARTHOLO : Le fat ! c'est quelque enfant trouvé !

FIGARO : Enfant perdu, docteur ; ou plutôt enfant volé.

LE COMTE *revient* : « Volé, perdu », la preuve ? il crierait qu'on lui fait injure !

FIGARO : Monseigneur, quand les langes à dentelles, tapis brodés et joyaux d'or, trouvés sur moi par les brigands, n'indiqueraient pas ma haute naissance, la précaution qu'on avait prise de me faire des marques

---

1. *Aveu* : « agrément, approbation, consentement ». (*L.*)

distinctives témoignerait assez combien j'étais un fils précieux ; et cet hiéroglyphe à mon bras...

> *Il veut se dépouiller le bras droit.*

MARCELINE, *se levant vivement* : Une spatule [1] à ton bras droit ?

FIGARO : D'où savez-vous que je dois l'avoir ?

MARCELINE : Dieux ! c'est lui !

FIGARO : Oui, c'est moi.

BARTHOLO, *à Marceline* : Et qui ? lui !

MARCELINE, *vivement* : C'est Emmanuel.

BARTHOLO, *à Figaro* : Tu fus enlevé par des Bohémiens ?

FIGARO, *exalté* : Tout près d'un château. Bon docteur, si vous me rendez à ma noble famille, mettez un prix à ce service ; des monceaux d'or n'arrêteront pas mes illustres parents.

BARTHOLO, *montrant Marceline* : Voilà ta mère.

FIGARO : ... Nourrice ?

BARTHOLO : Ta propre mère.

LE COMTE : Sa mère !

FIGARO : Expliquez-vous.

MARCELINE, *montrant Bartholo* : Voilà ton père.

FIGARO, *désolé* : O o oh ! aïe de moi !

MARCELINE : Est-ce que la nature ne te l'a pas dit mille fois ?

FIGARO : Jamais.

LE COMTE, *à part* : Sa mère !

BRID'OISON : C'est clair, i-il ne l'épousera pas.

☞ BARTHOLO * : Ni moi non plus.

MARCELINE : Ni vous ! et votre fils ? vous m'aviez juré...

---

1. Sur cette spatule, voir la Présentation, p. 33 et le Dossier, p. 256-257.
* Ce qui suit, enfermé entre ces deux index, a été retranché par les Comédiens-Français aux représentations de Paris. *(Note de l'auteur.)*

BARTHOLO : J'étais fou. Si pareils souvenirs engageaient, on serait tenu d'épouser tout le monde.

BRID'OISON : E-et si l'on y regardait de si près, per-ersonne n'épouserait personne.

BARTHOLO : Des fautes si connues ! une jeunesse déplorable !

MARCELINE, *s'échauffant par degrés* : Oui, déplorable, et plus qu'on ne croit ! Je n'entends pas nier mes fautes, ce jour les a trop bien prouvées ! mais qu'il est dur de les expier après trente ans d'une vie modeste ! J'étais née, moi, pour être sage, et je la suis devenue sitôt qu'on m'a permis d'user de ma raison. Mais dans l'âge des illusions, de l'inexpérience et des besoins, où les séducteurs nous assiègent, pendant que la misère nous poignarde, que peut opposer une enfant à tant d'ennemis rassemblés ? Tel nous juge ici sévèrement, qui, peut-être, en sa vie a perdu dix infortunées !

FIGARO : Les plus coupables sont les moins généreux ; c'est la règle.

MARCELINE, *vivement* : Hommes plus qu'ingrats, qui flétrissez par le mépris les jouets de vos passions, vos victimes ! c'est vous qu'il faut punir des erreurs de notre jeunesse ; vous et vos magistrats, si vains du droit de nous juger, et qui nous laissent enlever, par leur coupable négligence, tout honnête moyen de subsister. Est-il un seul état pour les malheureuses filles ? Elles avaient un droit naturel à toute la parure des femmes : on y laisse former mille ouvriers de l'autre sexe.

FIGARO, *en colère* : Ils font broder jusqu'aux soldats !

MARCELINE, *exaltée* : Dans les rangs même plus élevés, les femmes n'obtiennent de vous qu'une considération dérisoire ; leurrées de respects apparents, dans une servitude réelle ; traitées en mineures pour nos biens, punies en majeures pour nos fautes ! ah, sous tous les aspects, votre conduite avec nous fait horreur, ou pitié !

FIGARO : Elle a raison !

LE COMTE, *à part* : Que trop raison !

BRID'OISON : Elle a, mon-on Dieu, raison.

MARCELINE : Mais que nous font, mon fils, les refus d'un homme injuste ? ne regarde pas d'où tu viens, vois où tu vas ; cela seul importe à chacun. Dans quelques mois ta fiancée ne dépendra plus que d'elle-même ; elle t'acceptera, j'en réponds : vis entre une épouse, une mère tendres qui te chériront à qui mieux mieux. Sois indulgent pour elles, heureux pour toi, mon fils ; gai, libre et bon pour tout le monde : il ne manquera rien à ta mère.

FIGARO : Tu parles d'or, maman, et je me tiens à ton avis. Qu'on est sot, en effet ! il y a des mille, mille ans que le monde roule, et dans cet océan de durée où j'ai par hasard attrapé quelques chétifs trente ans qui ne reviendront plus, j'irais me tourmenter pour savoir à qui je les dois ! tant pis pour qui s'en inquiète. Passer ainsi la vie à chamailler, c'est peser sur le collier [1] sans relâche comme les malheureux chevaux de la remonte des fleuves qui ne reposent pas, même quand ils s'arrêtent, et qui tirent toujours quoiqu'ils cessent de marcher. Nous attendrons. ✐

LE COMTE : Sot événement qui me dérange !

BRID'OISON, *à Figaro* : Et la noblesse et le château ? vous impo-osez [2] à la justice ?

FIGARO : Elle allait me faire faire une belle sottise, la justice ! après que j'ai manqué, pour ces maudits cent écus [3], d'assommer vingt fois Monsieur, qui se trouve aujourd'hui mon père ! Mais, puisque le Ciel a sauvé ma vertu de ces dangers, mon père, agréez mes excuses... Et vous, ma mère, embrassez-moi... le plus maternellement que vous pourrez.

Marceline lui saute au cou.

---

1. *Collier (du cheval)* : « partie du harnais qu'on passe au cou du cheval, et à laquelle les traits sont attachés ». *(L.)*
2. *Imposer* : « faire croire quelque chose qui n'est pas véritable ». *(L.)*
3. Cf. note 2, p. 88, acte I, scène 4.

Scène 17

BARTHOLO, FIGARO, MARCELINE, BRID'OISON,
SUZANNE, ANTONIO, LE COMTE

SUZANNE, *accourant, une bourse à la main* : Monseigneur,
arrêtez ; qu'on ne les marie pas : je viens payer Madame
avec la dot que ma maîtresse me donne.

LE COMTE *à part* : Au diable la maîtresse ! Il semble que
tout conspire...

Il sort.

Scène 18

BARTHOLO, ANTONIO, SUZANNE,
FIGARO, MARCELINE, BRID'OISON

ANTONIO, *voyant Figaro embrasser sa mère, dit à
Suzanne* : Ah ! oui, payer ! Tiens, tiens.

SUZANNE *se retourne* : J'en vois assez : sortons, mon
oncle.

FIGARO, *l'arrêtant* : Non, s'il vous plaît. Que vois-tu
donc ?

SUZANNE : Ma bêtise et ta lâcheté.

FIGARO : Pas plus de l'une que de l'autre.

SUZANNE, *en colère* : Et que tu l'épouses à gré [1] puisque
tu la caresses.

FIGARO, *gaiement* : Je la caresse, mais je ne l'épouse pas.

Suzanne veut sortir, Figaro la retient.

SUZANNE *lui donne un soufflet* : Vous êtes bien insolent
d'oser me retenir !

---

1. *À gré* : à ton gré, selon ton désir.

FIGARO, *à la compagnie* : C'est-il çà de l'amour ? Avant de nous quitter, je t'en supplie, envisage bien cette chère femme-là.

SUZANNE : Je la regarde.

FIGARO : Et tu la trouves ?

SUZANNE : Affreuse.

FIGARO : Et vive la jalousie ! elle ne vous marchande pas [1].

MARCELINE, *les bras ouverts* : Embrasse ta mère, ma jolie Suzannette. Le méchant qui te tourmente est mon fils.

SUZANNE *court à elle* : Vous, sa mère !

Elles restent dans les bras l'une de l'autre.

ANTONIO : C'est donc de tout à l'heure ?

FIGARO : ... Que je le sais.

MARCELINE, *exaltée* : Non, mon cœur, entraîné vers lui, ne se trompait que de motif ; c'était le sang qui me parlait.

FIGARO : Et moi, le bon sens, ma mère, qui me servait d'instinct quand je vous refusais, car j'étais loin de vous haïr ; témoin l'argent...

MARCELINE *lui remet un papier* : Il est à toi : reprends ton billet, c'est ta dot.

SUZANNE *lui jette la bourse* : Prends encore celle-ci.

FIGARO : Grand merci.

MARCELINE, *exaltée* : Fille assez malheureuse, j'allais devenir la plus misérable des femmes, et je suis la plus fortunée des mères ! Embrassez-moi, mes deux enfants ; j'unis dans vous toutes mes tendresses. Heureuse autant que je puis l'être, ah ! mes enfants, combien je vais aimer !

---

1. *Elle ne vous marchande pas* : « Familièrement. Ne pas marchander quelqu'un, ne pas l'épargner. » *(L.)*

FIGARO, *attendri, avec vivacité* : Arrête donc, chère mère ! arrête donc ! voudrais-tu voir se fondre en eau mes yeux noyés des premières larmes que je connaisse ? elles sont de joie, au moins. Mais quelle stupidité ! j'ai manqué d'en être honteux : je les sentais couler entre mes doigts, regarde ; *(il montre ses doigts écartés)* et je les retenais bêtement ! va te promener, la honte ! je veux rire et pleurer en même temps ; on ne sent pas deux fois ce que j'éprouve.

> *Il embrasse sa mère d'un côté, Suzanne de l'autre.*

MARCELINE : Ô mon ami !

SUZANNE * : Mon cher ami !

BRID'OISON, *s'essuyant les yeux d'un mouchoir* : Eh bien ! moi ! je suis donc bê-ête aussi !

FIGARO, *exalté* : Chagrin, c'est maintenant que je puis te défier : atteins-moi, si tu l'oses, entre ces deux femmes chéries.

ANTONIO, *à Figaro* : Pas tant de cajoleries, s'il vous plaît. En fait de mariage dans les familles, celui des parents va devant, savez [1]. Les vôtres se baillent-ils la main [2] ?

BARTHOLO : Ma main ! puisse-t-elle se dessécher et tomber, si jamais je la donne à la mère d'un tel drôle !

ANTONIO, *à Bartholo* : Vous n'êtes donc qu'un père marâtre ? *(À Figaro :)* En ce cas, not'galant, plus de parole [3].

SUZANNE : Ah ! mon oncle...

ANTONIO : Irai-je donner l'enfant de not' sœur à sti qui n'est l'enfant de personne ?

BRID'OISON : Est-ce que cela-a se peut, imbécile ? on est toujours l'enfant de quelqu'un.

---

1. *Savez* : pour sachez.
2. *Se baillent-ils la main* : se marient-ils (*bailler* : donner).
3. *Parole* : promesse, engagement.
* Bartholo. Antonio. Suzanne. Figaro. Marceline. Brid'oison.

ANTONIO : Tarare[1] !... Il ne l'aura jamais.

Il sort.

Scène 19

BARTHOLO, SUZANNE, FIGARO,
MARCELINE, BRID'OISON

BARTHOLO, *à Figaro* : Et cherche à présent qui t'adopte.

Il veut sortir.

MARCELINE, *courant prendre Bartholo à bras-le-corps, le ramène* : Arrêtez, docteur, ne sortez pas.

FIGARO, *à part* : Non, tous les sots d'Andalousie sont, je crois, déchaînés contre mon pauvre mariage !

SUZANNE, *à Bartholo* : Bon petit papa, c'est votre fils *.

MARCELINE, *à Bartholo* : De l'esprit, des talents, de la figure.

FIGARO, *à Bartholo* : Et qui ne vous a pas coûté une obole.

BARTHOLO : Et les cent écus qu'il m'a pris ?

MARCELINE, *le caressant* : Nous aurons tant de soin de vous, papa !

SUZANNE, *le caressant* : Nous vous aimerons tant, petit papa !

BARTHOLO, *attendri* : Papa ! bon papa ! petit papa ! voilà que je suis plus bête encore que Monsieur, moi. *(Montrant Brid'oison.)* Je me laisse aller comme un enfant. *(Marceline et Suzanne l'embrassent.)* Oh ! non, je n'ai pas dit oui. *(Il se retourne.)* Qu'est donc devenu Monseigneur ?

FIGARO : Courons le joindre ; arrachons-lui son dernier mot. S'il machinait quelque autre intrigue, il faudrait tout recommencer.

---

1. *Tarare* : interjection familière marquant le dédain ou la moquerie.
* Suzanne. Bartholo. Marceline. Figaro. Brid'oison.

TOUS ENSEMBLE : Courons, courons !

> *Ils entraînent Bartholo dehors.*

Scène 20

BRID'OISON, *seul* : Plus bê-ête encore que Monsieur ! On peut se dire à soi-même ces-es sortes de choses-là, mais... I-ils ne sont pas polis du tout dan-ans cet endroit-ci.

> *Il sort.*

FIN DU TROISIÈME ACTE

ACTE IV

Le théâtre représente une galerie [1] ornée de candélabres, de lustres allumés, de fleurs, de guirlandes, en un mot préparée pour donner une fête. Sur le devant à droite est une table avec une écritoire, un fauteuil derrière.

Scène première

FIGARO, SUZANNE

FIGARO, *la tenant à bras-le-corps* : Eh bien ! amour, es-tu contente ? elle a converti son docteur, cette fine langue dorée de ma mère ! malgré sa répugnance, il l'épouse, et ton bourru d'oncle est bridé ; il n'y a que Monseigneur qui rage ; car enfin notre hymen va devenir le prix [2] du leur. Ris donc un peu de ce bon résultat.

SUZANNE : As-tu rien vu de plus étrange ?

FIGARO : Ou plutôt d'aussi gai. Nous ne voulions qu'une dot arrachée à l'Excellence ; en voilà deux dans nos mains, qui ne sortent pas des siennes [3]. Une rivale acharnée te poursuivait ; j'étais tourmenté par une furie !

---

1. *Galerie* : « lieu qui est couvert et propre à la promenade ». *(L.)*
2. *Le prix* : au sens de récompense. Le mariage des parents, décidé entre l'acte III et l'acte IV, a pour conséquence heureuse et gratifiante celui des enfants. L'absence de mariage entre Bartholo et Marceline étant en effet le dernier obstacle qu'opposait Antonio au mariage de sa nièce (III, 18).
3. *En voilà deux [...] qui ne sortent pas des siennes* : l'argent que la comtesse a donné à Suzanne (acte III, scène 17) et celui que Marceline a renoncé à toucher de Figaro (acte III, scène 18).

tout cela s'est changé, pour nous, dans « la plus bonne » des mères. Hier j'étais comme seul au monde ; et voilà que j'ai tous mes parents ; pas si magnifiques, il est vrai, que je me les étais galonnés [1] ; mais assez bien pour nous, qui n'avons pas la vanité des riches.

SUZANNE : Aucune des choses que tu avais disposées, que nous attendions, mon ami, n'est pourtant arrivée !

FIGARO : Le hasard a mieux fait que nous tous, ma petite : ainsi va le monde ; on travaille, on projette, on arrange d'un côté ; la fortune accomplit de l'autre : et depuis l'affamé conquérant qui voudrait avaler la terre, jusqu'au paisible aveugle qui se laisse mener par son chien, tous sont le jouet de ses caprices ; encore l'aveugle au chien est-il souvent mieux conduit, moins trompé dans ses vues, que l'autre aveugle avec son entourage. – Pour cet aimable aveugle qu'on nomme Amour...

Il la reprend tendrement à bras-le-corps.

SUZANNE : Ah ! c'est le seul qui m'intéresse !

FIGARO : Permets donc que, prenant l'emploi de la folie, je sois le bon chien qui le mène à ta jolie mignonne porte ; et nous voilà logés pour la vie.

SUZANNE, *riant* : L'Amour et toi ?

FIGARO : Moi et l'Amour.

SUZANNE : Et vous ne chercherez pas d'autre gîte ?

FIGARO : Si tu m'y prends, je veux bien que mille millions de galants...

SUZANNE : Tu vas exagérer : dis ta bonne vérité.

FIGARO : Ma vérité la plus vraie !

SUZANNE : Fi donc, vilain ! en a-t-on plusieurs ?

FIGARO : Oh ! que oui. Depuis qu'on a remarqué qu'avec le temps vieilles folies deviennent sagesse, et qu'anciens petits mensonges assez mal plantés ont pro-

---

1. *Je me les étais galonnés* : je les avais idéalisés, embellis en imagination.

duit de grosses, grosses vérités, on en a de mille espèces ! Et celles qu'on sait, sans oser les divulguer : car toute vérité n'est pas bonne à dire ; et celles qu'on vante, sans y ajouter foi : car toute vérité n'est pas bonne à croire ; et les serments passionnés, les menaces des mères, les protestations des buveurs, les promesses des gens en place, le dernier mot de nos marchands ; cela ne finit pas. Il n'y a que mon amour pour Suzon qui soit une vérité de bon aloi [1].

SUZANNE : J'aime ta joie, parce qu'elle est folle ; elle annonce que tu es heureux. Parlons du rendez-vous du Comte.

FIGARO : Ou plutôt n'en parlons jamais ; il a failli me coûter Suzanne.

SUZANNE : Tu ne veux donc plus qu'il ait lieu ?

FIGARO : Si vous m'aimez, Suzon, votre parole d'honneur sur ce point : qu'il s'y morfonde ; et c'est sa punition.

SUZANNE : Il m'en a plus coûté de l'accorder que je n'ai de peine à le rompre ; il n'en sera plus question.

FIGARO : Ta bonne vérité ?

SUZANNE : Je ne suis pas comme vous autres savants ; moi, je n'en ai qu'une.

FIGARO : Et tu m'aimeras un peu ?

SUZANNE : Beaucoup.

FIGARO : Ce n'est guère.

SUZANNE : Et comment ?

FIGARO : En fait d'amour, vois-tu, trop n'est pas même assez.

SUZANNE : Je n'entends pas toutes ces finesses ; mais je n'aimerai que mon mari.

---

1. *De bon aloi* : de bonne qualité, qui mérite l'estime.

FIGARO : Tiens parole, et tu feras une belle exception à l'usage.

Il veut l'embrasser.

Scène 2

FIGARO, SUZANNE, LA COMTESSE

LA COMTESSE : Ah ! j'avais raison de le dire ; en quelque endroit qu'ils soient, croyez qu'ils sont ensemble. Allons donc, Figaro, c'est voler l'avenir, le mariage et vous-même, que d'usurper un tête-à-tête. On vous attend, on s'impatiente.

FIGARO : Il est vrai, Madame, je m'oublie. Je vais leur montrer mon excuse.

Il veut emmener Suzanne.

LA COMTESSE *la retient* : Elle vous suit.

Scène 3

SUZANNE, LA COMTESSE

LA COMTESSE : As-tu ce qu'il nous faut pour troquer de vêtement ?

SUZANNE : Il ne faut rien, Madame ; le rendez-vous ne tiendra pas.

LA COMTESSE : Ah ! vous changez d'avis ?

SUZANNE : C'est Figaro.

LA COMTESSE : Vous me trompez.

SUZANNE : Bonté divine !

LA COMTESSE : Figaro n'est pas homme à laisser échapper une dot [1].

---

1. *Une dot* : l'argent promis par le comte à Suzanne en échange du droit du seigneur.

SUZANNE : Madame ! eh ! que croyez-vous donc ?

LA COMTESSE : Qu'enfin, d'accord avec le Comte, il vous fâche à présent de m'avoir confié ses projets. Je vous sais par cœur. Laissez-moi.

Elle veut sortir.

SUZANNE *se jette à genoux* : Au nom du Ciel, espoir de tous [1] ! vous ne savez pas, Madame, le mal que vous faites à Suzanne ! après vos bontés continuelles et la dot que vous me donnez !...

LA COMTESSE *la relève* : Hé mais... je ne sais ce que je dis ! En me cédant ta place au jardin, tu n'y vas pas, mon cœur ; tu tiens parole à ton mari ; tu m'aides à ramener le mien.

SUZANNE : Comme vous m'avez affligée !

LA COMTESSE : C'est que je ne suis qu'une étourdie. *(Elle la baise au front.)* Où est ton rendez-vous ?

SUZANNE *lui baise la main* : Le mot de jardin m'a seul frappée.

LA COMTESSE, *montrant la table* : Prends cette plume, et fixons un endroit.

SUZANNE : Lui écrire !

LA COMTESSE : Il le faut.

SUZANNE : Madame ! au moins, c'est vous...

LA COMTESSE : Je mets tout sur mon compte. *(Suzanne s'assied, la Comtesse dicte.)* « *Chanson nouvelle, sur l'air : ... Qu'il fera beau, ce soir, sous les grands marronniers... Qu'il fera beau, ce soir...* »

SUZANNE *écrit* : « *Sous les grands marronniers...* » Après ?

LA COMTESSE : Crains-tu qu'il ne t'entende pas ?

SUZANNE *relit* : C'est juste. *(Elle plie le billet.)* Avec quoi cacheter ?

---

1. *Espoir de tous* : en apposition à Ciel.

LA COMTESSE : Une épingle, dépêche : elle servira de réponse. Écris sur le revers : « Renvoyez-moi le cachet. »

SUZANNE *écrit en riant* : Ah ! « le cachet » !... Celui-ci, Madame, est plus gai que celui du brevet [1].

LA COMTESSE, *avec un souvenir douloureux* : Ah !

SUZANNE *cherche sur elle* : Je n'ai pas d'épingle à présent !

LA COMTESSE *détache sa lévite* : Prends celle-ci. *(Le ruban du page tombe de son sein à terre.)* Ah ! mon ruban !

SUZANNE *le ramasse* : C'est celui du petit voleur ! vous avez eu la cruauté ?...

LA COMTESSE : Fallait-il le laisser à son bras ? c'eût été joli ! Donnez donc !

SUZANNE : Madame ne le portera plus, taché du sang de ce jeune homme.

LA COMTESSE *le reprend* : Excellent pour Fanchette... Le premier bouquet qu'elle m'apportera...

Scène 4

UNE JEUNE BERGÈRE, CHÉRUBIN *en fille* ; FANCHETTE
et beaucoup de JEUNES FILLES *habillées comme elle,
et tenant des bouquets.* LA COMTESSE, SUZANNE

FANCHETTE : Madame, ce sont les filles du bourg qui viennent vous présenter des fleurs.

LA COMTESSE, *serrant* [2] *vite son ruban* : Elles sont charmantes : je me reproche, mes belles petites, de ne pas vous connaître toutes. *(Montrant Chérubin.)* Quelle est cette aimable enfant qui a l'air si modeste ?

---

1. Cf. acte II, scène 21.
2. *Serrer* : « mettre une chose en un lieu où elle ne court aucun risque ». *(L.)*

UNE BERGÈRE : C'est une cousine à moi, Madame, qui n'est ici que pour la noce.

LA COMTESSE : Elle est jolie. Ne pouvant porter vingt bouquets, faisons honneur à l'étrangère. *(Elle prend le bouquet de Chérubin et le baise au front.)* Elle en rougit ! *(À Suzanne :)* Ne trouves-tu pas, Suzon... qu'elle ressemble à quelqu'un ?

SUZANNE : À s'y méprendre, en vérité.

CHÉRUBIN, *à part, les mains sur son cœur* : Ah ! Ce baiser-là m'a été bien loin !

Scène 5

LES JEUNES FILLES, CHÉRUBIN *au milieu d'elles* ;
FANCHETTE, ANTONIO, LE COMTE,
LA COMTESSE, SUZANNE

ANTONIO : Moi je vous dis, Monseigneur, qu'il y est ; elles l'ont habillé chez ma fille ; toutes ses hardes y sont encore, et voilà son chapeau d'ordonnance [1] que j'ai retiré du paquet. *(Il s'avance, et regardant toutes les filles il reconnaît Chérubin, lui enlève son bonnet de femme, ce qui fait retomber ses longs cheveux en cadenette [2]. Il lui met sur la tête le chapeau d'ordonnance, et dit :)* Eh ! parguenne [3], v'là notre officier.

LA COMTESSE *recule* : Ah ! Ciel !

SUZANNE : Ce friponneau [4] !

ANTONIO : Quand je disais là-haut que c'était lui !...

LE COMTE, *en colère* : Eh bien, Madame ?

---

1. *Chapeau d'ordonnance* : chapeau appartenant à l'uniforme militaire.
2. *Cadenette* : « longue tresse qui tombe plus bas que le reste des cheveux ». *(L.)*
3. *Parguenne* (pargué ou parguienne) : juron patois (« Par Dieu ! »).
4. *Friponneau* : diminutif de fripon. « On dit en badinant et dans la familiarité de la conversation, d'un homme qui a plusieurs galanteries, que c'est un fripon. » *(Acad.)*

LA COMTESSE : Eh bien, Monsieur ! vous me voyez plus surprise que vous, et, pour le moins, aussi fâchée.

LE COMTE : Oui ; mais tantôt, ce matin ?

LA COMTESSE : Je serais coupable en effet, si je dissimulais encore. Il était descendu chez moi. Nous entamions le badinage que ces enfants viennent d'achever [1] ; vous nous avez surprises l'habillant ; votre premier mouvement est si vif ! il s'est sauvé, je me suis troublée, l'effroi général a fait le reste.

LE COMTE, *avec dépit, à Chérubin* : Pourquoi n'êtes-vous pas parti ?

CHÉRUBIN *ôtant son chapeau brusquement* : Monseigneur...

LE COMTE : Je punirai ta désobéissance.

FANCHETTE, *étourdiment* : Ah ! Monseigneur, entendez-moi. Toutes les fois que vous venez m'embrasser, vous savez bien que vous dites toujours : « Si tu veux m'aimer, petite Fanchette, je te donnerai ce que tu voudras. »

LE COMTE, *rougissant* : Moi ! j'ai dit cela ?

FANCHETTE : Oui, Monseigneur. Au lieu de punir Chérubin, donnez-le-moi en mariage, et je vous aimerai à la folie.

LE COMTE, *à part* : Être ensorcelé par un page !

LA COMTESSE : Eh bien, Monsieur, à votre tour ; l'aveu de cette enfant, aussi naïf que le mien, atteste enfin deux vérités : que c'est toujours sans le vouloir si je vous cause des inquiétudes, pendant que vous épuisez tout pour augmenter et justifier les miennes.

ANTONIO : Vous aussi, Monseigneur ? Dame ! je vous la redresserai comme feu sa mère, qui est morte [2]... Ce

---

1. La comtesse, qui prétend ne plus dissimuler, reprend le mensonge du matin (acte II, scène 16).
2. *Comme feu sa mère...* : P. Larthomas propose de comprendre « comme feu sa mère la redresserait » (éd. cit., p. 1411), mais on peut aussi l'entendre « comme j'ai redressé feu sa mère ».

n'est pas pour la conséquence ; mais c'est que Madame sait bien que les petites filles, quand elles sont grandes...

LE COMTE, *déconcerté, à part* : Il y a un mauvais génie qui tourne tout ici contre moi !

Scène 6

LES JEUNES FILLES, CHÉRUBIN, ANTONIO, FIGARO, LE COMTE, LA COMTESSE, SUZANNE

FIGARO : Monseigneur, si vous retenez nos filles, on ne pourra commencer ni la fête ni la danse.

LE COMTE : Vous, danser ! vous n'y pensez pas. Après votre chute de ce matin, qui vous a foulé le pied droit [1] !

FIGARO, *remuant la jambe* : Je souffre encore un peu ; ce n'est rien. *(Aux jeunes filles :)* Allons, mes belles, allons !

LE COMTE *le retourne* : Vous avez été fort heureux que ces couches [2] ne fussent que du terreau bien doux !

FIGARO : Très heureux, sans doute ; autrement...

ANTONIO *le retourne* : Puis il s'est pelotonné en tombant jusqu'en bas.

FIGARO : Un plus adroit, n'est-ce pas, serait resté en l'air ! *(Aux jeunes filles :)* Venez-vous, Mesdemoiselles ?

ANTONIO *le retourne* : Et pendant ce temps, le petit page galopait sur son cheval à Séville ?

FIGARO : Galopait, ou marchait au pas !...

LE COMTE *le retourne* : Et vous aviez son brevet dans la poche ?

FIGARO, *un peu étonné* : Assurément, mais quelle enquête ? *(Aux jeunes filles :)* Allons donc, jeunes filles !

ANTONIO, attirant Chérubin par le bras : En voici une qui prétend que mon neveu futur n'est qu'un menteur.

---

1. Cf. acte II, scène 21.
2. *Ces couches* : voir note 2, p. 124.

FIGARO, *surpris* : Chérubin !... *(À part.)* Peste du petit fat [1] !

ANTONIO : Y es-tu maintenant ?

FIGARO, *cherchant* : J'y suis... j'y suis... Hé ! qu'est-ce qu'il chante ?

LE COMTE, *sèchement* : Il ne chante pas ; il dit que c'est lui qui a sauté sur les giroflées.

FIGARO, *rêvant* : Ah ! s'il le dit... cela se peut ; je ne dispute pas de ce que j'ignore.

LE COMTE : Ainsi vous et lui ?...

FIGARO : Pourquoi non ? la rage de sauter peut gagner : voyez les moutons de Panurge [2] ; et quand vous êtes en colère, il n'y a personne qui n'aime mieux risquer...

LE COMTE : Comment, deux à la fois !...

FIGARO : On aurait sauté deux douzaines ; et qu'est-ce que cela fait, Monseigneur, dès qu'il n'y a personne de blessé ? *(Aux jeunes filles :)* Ah çà, voulez-vous venir, ou non ?

LE COMTE, *outré* : Jouons-nous une comédie ?

On entend un prélude de fanfare.

FIGARO : Voilà le signal de la marche. À vos postes, les belles, à vos postes ! Allons, Suzanne, donne-moi le bras.

Tous s'enfuient, Chérubin reste seul, la tête baissée.

---

1. *Fat* : « sot, niais. [...] Il se dit de celui qui a des prétentions auprès des femmes ». *(L.)* Les deux sens peuvent être appliqués à Chérubin.
2. *Les moutons de Panurge* : épisode raconté dans *Le Quart Livre* de Rabelais, où un troupeau de moutons se jette à l'eau pour imiter la première bête du troupeau, et se noie.

Scène 7

CHÉRUBIN, LE COMTE, LA COMTESSE

LE COMTE, *regardant aller Figaro* : En voit-on de plus audacieux ? *(Au page :)* Pour vous, Monsieur le sournois, qui faites le honteux, allez vous rhabiller bien vite ; et que je ne vous rencontre nulle part de la soirée.

LA COMTESSE : Il va bien s'ennuyer.

CHÉRUBIN, *étourdiment* : M'ennuyer ! j'emporte à mon front du bonheur pour plus de cent années de prison.

Il met son chapeau et s'enfuit.

Scène 8

LE COMTE, LA COMTESSE
(La Comtesse s'évente fortement sans parler.)

LE COMTE : Qu'a-t-il au front de si heureux ?

LA COMTESSE, *avec embarras* : Son... premier chapeau d'officier, sans doute ; aux enfants tout sert de hochet.

Elle veut sortir.

LE COMTE : Vous ne nous restez pas, Comtesse ?

LA COMTESSE : Vous savez que je ne me porte pas bien.

LE COMTE : Un instant pour votre protégée, ou je vous croirais en colère.

LA COMTESSE : Voici les deux noces [1], asseyons-nous donc pour les recevoir.

LE COMTE, *à part* : La noce ! il faut souffrir ce qu'on ne peut empêcher.

Le Comte et la Comtesse s'assoient vers un des côtés de la galerie.

---

1. *Les deux noces* : le cortège de Suzanne et Figaro et celui de Marceline et Bartholo.

Scène 9

LE COMTE, LA COMTESSE, *assis* ;
l'on joue Les Folies d'Espagne
d'un mouvement de marche. (Symphonie notée.)

MARCHE

LES GARDES-CHASSE, *fusil sur l'épaule.*

L'ALGUAZIL, LES PRUD'HOMMES, BRID'OISON.

LES PAYSANS ET PAYSANNES, *en habits de fête.*

DEUX JEUNES FILLES *portant la toque virginale à plumes blanches.*

DEUX AUTRES, *le voile blanc.*

DEUX AUTRES, *les gants et le bouquet de côté.*

ANTONIO *donne la main à* SUZANNE, *comme étant celui qui la marie à* FIGARO.

D'AUTRES JEUNES FILLES *portent une autre toque, un autre voile, un autre bouquet blanc, semblables aux premiers, pour* MARCELINE.

FIGARO *donne la main à* MARCELINE, *comme celui qui doit la remettre au* DOCTEUR, *lequel ferme la marche, un gros bouquet au côté. Les jeunes filles, en passant devant le Comte, remettent à ses valets tous les ajustements*[1] *destinés à Suzanne et à Marceline.*

Les Paysans et Paysannes s'étant rangés sur deux colonnes à chaque côté du salon, on danse une reprise du fandango[2] *(air noté) avec des castagnettes ; puis on joue la ritournelle du duo, pendant laquelle Antonio conduit Suzanne au Comte ; elle se met à genoux devant lui.*

Pendant que le Comte lui pose la toque, le voile et lui donne le bouquet, DEUX JEUNES FILLES *chantent le duo suivant (air noté) :*

Jeune épouse, chantez les bienfaits et la gloire
D'un maître qui renonce aux droits qu'il eut sur vous :
Préférant au plaisir la plus noble victoire,
Il vous rend chaste et pure aux mains de votre époux.

---

1. *Ajustements* : parures, ornements de la toilette. La remise des ajustements à la mariée constituait la première étape du mariage civil.
2. *Fandango* : « danse espagnole à trois temps et à mouvement vif, avec accompagnement de castagnettes ». (*L.*)

Suzanne est à genoux, et, pendant les derniers vers du duo, elle tire le Comte par son manteau et lui montre le billet qu'elle tient ; puis elle porte la main qu'elle a du côté des spectateurs à sa tête, où le Comte a l'air d'ajuster sa toque ; elle lui donne le billet.

Le Comte le met furtivement dans son sein ; on achève de chanter le duo ; la fiancée se relève, et lui fait une grande révérence.

Figaro vient la recevoir des mains du Comte et se retire avec elle, à l'autre côté du salon, près de Marceline.

(On danse une autre reprise du fandango, pendant ce temps.)

Le Comte, pressé de lire ce qu'il a reçu, s'avance au bord du théâtre et tire le papier de son sein ; mais en le sortant il fait le geste d'un homme qui s'est cruellement piqué le doigt ; il le secoue, le presse, le suce, et, regardant le papier cacheté d'une épingle, il dit :

LE COMTE *(Pendant qu'il parle, ainsi que Figaro, l'orchestre joue pianissimo.)* : Diantre soit des femmes, qui fourrent des épingles partout ! *(Il la jette à terre, puis il lit le billet et le baise.)*

FIGARO, *qui a tout vu, dit à sa mère et à Suzanne* : C'est un billet doux, qu'une fillette aura glissé dans sa main en passant. Il était cacheté d'une épingle, qui l'a outrageusement [1] piqué.

La danse reprend : le Comte qui a lu le billet le retourne ; il y voit l'invitation de renvoyer le cachet pour réponse. Il cherche à terre, et retrouve enfin l'épingle qu'il attache à sa manche.

FIGARO, *à Suzanne et à Marceline* : D'un objet aimé tout est cher. Le voilà qui ramasse l'épingle. Ah, c'est une drôle de tête !

Pendant ce temps, Suzanne a des signes d'intelligence avec la Comtesse. La danse finit, la ritournelle du duo recommence.

Figaro conduit Marceline au Comte, ainsi qu'on a conduit Suzanne ; à l'instant où le Comte prend la toque, et où l'on va chanter le duo, on est interrompu par les cris suivants :

L'HUISSIER, *criant à la porte* : Arrêtez donc, Messieurs ! vous ne pouvez entrer tous... Ici les gardes, les gardes !

Les gardes vont vite à cette porte.

---

1. *Outrageusement* : « d'une manière violente, excessive ». *(L.)*

LE COMTE, *se levant* : Qu'est-ce qu'il y a ?

L'HUISSIER : Monseigneur, c'est Monsieur Bazile entouré d'un village entier, parce qu'il chante en marchant.

LE COMTE : Qu'il entre seul.

LA COMTESSE : Ordonnez-moi de me retirer.

LE COMTE : Je n'oublie pas votre complaisance.

LA COMTESSE : Suzanne !... elle reviendra. *(À part, à Suzanne :)* Allons changer d'habits.

Elle sort avec Suzanne.

MARCELINE : Il n'arrive jamais que pour nuire.

FIGARO : Ah ! je m'en vais vous le faire déchanter !

Scène 10

TOUS LES ACTEURS PRÉCÉDENTS, *excepté la Comtesse et Suzanne* ; BAZILE *tenant sa guitare* ; GRIPPE-SOLEIL.

BAZILE *entre en chantant sur l'air du vaudeville de la fin (air noté)* :

> Cœurs sensibles, cœurs fidèles,
> Qui blâmez l'amour léger,
> Cessez vos plaintes cruelles,
> Est-ce un crime de changer ?
> Si l'Amour porte des ailes,
> N'est-ce pas pour voltiger ?
> N'est-ce pas pour voltiger ?
> N'est-ce pas pour voltiger [1] ?

FIGARO *s'avance à lui* : Oui, c'est pour cela justement qu'il a des ailes au dos ; notre ami, qu'entendez-vous par cette musique ?

---

1. Vaudeville extrait de *L'Almanach des muses* de 1772 (p. 133). Dans *La Folle soirée* (1784), parodie du *Mariage* par Bonnefoy de Bouyon, l'auteur signale l'emprunt de Beaumarchais à la romance *La Fauvette*

BAZILE, *montrant Grippe-Soleil* : Qu'après avoir prouvé mon obéissance à Monseigneur en amusant Monsieur, qui est de sa compagnie [1], je pourrai, à mon tour, réclamer sa justice.

GRIPPE-SOLEIL : Bah ! Monsigneu, il ne m'a pas amusé du tout : avec leux guenilles d'ariettes...

LE COMTE : Enfin que demandez-vous, Bazile ?

BAZILE : Ce qui m'appartient, Monseigneur, la main de Marceline ; et je viens m'opposer...

FIGARO *s'approche* : Y a-t-il longtemps que Monsieur n'a vu la figure d'un fou ?

BAZILE : Monsieur, en ce moment même.

FIGARO : Puisque mes yeux vous servent si bien de miroir, étudiez-y l'effet de ma prédiction. Si vous faites mine seulement d'approximer [2] Madame...

---

de Mme la marquise d'Antremont. Nous en reproduisons le texte intégral.

Cœurs sensibles, cœurs fidèles
Qui blâmez l'amour léger,
Cessez vos plaintes cruelles :
Est-ce un crime de changer ?
Si l'Amour porte des ailes,
N'est-ce pas pour voltiger ?

Le papillon, de la Rose,
Reçoit le premier soupir ;
Le soir un peu plus éclose,
Elle écoute le Zéphyr :
Jouir de la même chose,
C'est enfin ne plus jouir.

Apprenez de ma fauvette
Qu'on se doit au changement ;
Par ennui d'être seulette,
Elle eut Moineau pour amant :
C'est sûrement être adraite,
Et se pouvoir joliment.
Mais Moineau sera-t-il sage ?
Voilà fauvette en souci ;
S'il changeait, dieux ! quel dommage !
Mais moineaux aiment ainsi ;
Puisqu'Hercule fut volage,
Moineaux peuvent l'être aussi.

Vous croiriez que la pauvrette
En regrets se consuma :
Au village, une fillette
Aurait ces faiblesse-là :
Mais le même jour, Fauvette
Avec Pinçon s'arrangea

Quelqu'un blâmera peut-être
Le nouveau choix qu'elle fit ;
Un jaseur ! un petit maître !.
C'est pour cela qu'on le prit :
Quand on se venge d'un traître,
Peut-on faire trop de bruit ?

Le Moineau, dit-on, fit rage :
C'est là le train d'un amant ;
Aimez bien, il se dégage :
N'aimez pas, il est constant ;
L'imiter, c'est être sage :
Aimons, et changeons souvent.

1. Cf. acte II, scène 22.
2. *Approximer* : mot inventé qui a le sens de « s'approcher de ».

BARTHOLO, *en riant* : Eh pourquoi ? laisse-le parler.

BRID'OISON *s'avance entre deux* : Fau-aut-il que deux amis ?...

FIGARO : Nous, amis !

BAZILE : Quelle erreur !

FIGARO, *vite* : Parce qu'il fait de plats airs de chapelle ?

BAZILE, *vite* : Et lui, des vers comme un journal ?

FIGARO, *vite* : Un musicien de guinguette !

BAZILE, *vite* : Un postillon [1] de gazette !

FIGARO, *vite* : Cuistre [2] d'oratorio !

BAZILE, *vite* : Jockey [3] diplomatique !

LE COMTE, *assis* : Insolents tous les deux !

BAZILE : Il me manque [4] en toute occasion.

FIGARO : C'est bien dit, si cela se pouvait !

BAZILE : Disant partout que je ne suis qu'un sot.

FIGARO : Vous me prenez donc pour un écho ?

BAZILE : Tandis qu'il n'est pas un chanteur que mon talent n'ait fait briller.

FIGARO : Brailler.

BAZILE : Il le répète !

FIGARO : Et pourquoi non, si cela est vrai ? es-tu un prince, pour qu'on te flagorne ? souffre la vérité, coquin ! puisque tu n'as pas de quoi gratifier un menteur ; ou si tu la crains de notre part, pourquoi viens-tu troubler nos noces ?

---

1. *Postillon* : « second cocher, qui mène les chevaux de devant, quand on marche à quatre ou à six chevaux ». *(L.)*
2. *Cuistre* : « valet de collège [...]. Par extension pédant encrassé ». *(L.)*
3. *Jockey* : « jeune domestique, chargé principalement de conduire la voiture en postillon ». *(L.)*
4. *Il me manque* : il me manque de respect.

BAZILE, *à Marceline* : M'avez-vous promis, oui ou non, si, dans quatre ans, vous n'étiez pas pourvue [1], de me donner la préférence ?

MARCELINE : À quelle condition l'ai-je promis ?

BAZILE : Que si vous retrouviez un certain fils perdu, je l'adopterais par complaisance.

TOUS ENSEMBLE : Il est trouvé.

BAZILE : Qu'à cela ne tienne !

TOUS ENSEMBLE, *montrant Figaro* : Et le voici.

BAZILE, *reculant de frayeur* : J'ai vu le diable !

BRID'OISON, *à Bazile* : Et vou-ous renoncez à sa chère mère !

BAZILE : Qu'y aurait-il de plus fâcheux que d'être cru le père d'un garnement ?

FIGARO : D'en être cru le fils ; tu te moques de moi !

BAZILE, *montrant Figaro* : Dès que Monsieur est de quelque chose ici, je déclare, moi, que je n'y suis plus de rien.

Il sort.

Scène 11

LES ACTEURS PRÉCÉDENTS, *excepté* BAZILE

BARTHOLO, *riant* : Ah ! ah ! ah ! ah !

FIGARO, *sautant de joie* : Donc à la fin j'aurai ma femme !

LE COMTE, *à part* : Moi, ma maîtresse.

Il se lève.

BRID'OISON, *à Marceline* : Et tou-out le monde est satisfait.

---

1. *Pourvue* : mariée.

LE COMTE : Qu'on dresse les deux contrats[1] ; j'y signerai.

TOUS ENSEMBLE : Vivat !

Ils sortent.

LE COMTE : J'ai besoin d'une heure de retraite.

Il veut sortir avec les autres.

Scène 12

GRIPPE-SOLEIL, FIGARO, MARCELINE, LE COMTE

GRIPPE-SOLEIL, *à Figaro* : Et moi, je vas aider à ranger le feu d'artifice sous les grands marronniers, comme on l'a dit.

LE COMTE *revient en courant* : Quel sot a donné un tel ordre ?

FIGARO : Où est le mal ?

LE COMTE, *vivement* : Et la Comtesse qui est incommodée, d'où le verra-t-elle l'artifice ? C'est sur la terrasse qu'il le faut, vis-à-vis son appartement.

FIGARO : Tu l'entends, Grippe-Soleil ? la terrasse.

LE COMTE : Sous les grands marronniers ! belle idée ! (*En s'en allant, à part.*) Ils allaient incendier mon rendez-vous !

Scène 13

FIGARO, MARCELINE

FIGARO : Quel excès d'attention pour sa femme !

Il veut sortir.

MARCELINE *l'arrête* : Deux mots, mon fils. Je veux m'acquitter avec toi : un sentiment, mal dirigé, m'avait

---

1. *Les deux contrats* : après la remise des ajustements, la signature du contrat constitue la seconde étape du mariage civil.

rendue injuste envers ta charmante femme : je la suppo-
sais d'accord avec le Comte, quoique j'eusse appris de
Bazile qu'elle l'avait toujours rebuté.

FIGARO : Vous connaissiez mal votre fils, de le croire
ébranlé par ces impulsions féminines. Je puis défier la
plus rusée de m'en faire accroire.

MARCELINE : Il est toujours heureux de le penser, mon
fils ; la jalousie...

FIGARO : ... N'est qu'un sot enfant de l'orgueil, ou c'est
la maladie d'un fou. Oh ! j'ai là-dessus, ma mère, une
philosophie... imperturbable ; et si Suzanne doit me
tromper un jour, je lui pardonne d'avance ; elle aura
longtemps travaillé...

> *Il se retourne et aperçoit Fanchette qui*
> *cherche de côté et d'autre.*

Scène 14

FIGARO, FANCHETTE, MARCELINE

FIGARO : Eeeh..., ma petite cousine qui nous écoute !

FANCHETTE : Oh ! pour ça, non : on dit que c'est malhonnête.

FIGARO : Il est vrai ; mais comme cela est utile, on fait
aller souvent l'un pour l'autre.

FANCHETTE : Je regardais si quelqu'un était là.

FIGARO : Déjà dissimulée [1], friponne ! Vous savez bien
qu'il n'y peut être.

FANCHETTE : Et qui donc ?

FIGARO : Chérubin.

FANCHETTE : Ce n'est pas lui que je cherche, car je sais
fort bien où il est ; c'est ma cousine Suzanne.

FIGARO : Et que lui veut ma petite cousine ?

---

1. *Dissimulée* : « qui est accoutumé[e] à dissimuler ». *(L.)*

FANCHETTE : À vous, petit cousin, je le dirai. C'est... ce n'est qu'une épingle que je veux lui remettre.

FIGARO, *vivement* : Une épingle ! une épingle !... et de quelle part, coquine ? à votre âge, vous faites déjà un mét... *(Il se reprend, et dit d'un ton doux.)* Vous faites déjà très bien tout ce que vous entreprenez, Fanchette ; et ma jolie cousine est si obligeante...

FANCHETTE : À qui donc en a-t-il de se fâcher ? Je m'en vais.

FIGARO, *l'arrêtant* : Non, non, je badine ; tiens, ta petite épingle est celle que Monseigneur t'a dit de remettre à Suzanne, et qui servait à cacheter un petit papier qu'il tenait ; tu vois que je suis au fait.

FANCHETTE : Pourquoi donc le demander, quand vous le savez si bien ?

FIGARO, *cherchant* : C'est qu'il est assez gai de savoir comment Monseigneur s'y est pris pour te donner la commission.

FANCHETTE, *naïvement* : Pas autrement que vous ne dites : « Tiens, petite Fanchette, rends cette épingle à ta belle cousine, et dis-lui seulement que c'est le cachet des grands marronniers. »

FIGARO : « Des grands... » ?

FANCHETTE : « Marronniers. » Il est vrai qu'il a ajouté : « Prends garde que personne ne te voie. »

FIGARO : Il faut obéir, ma cousine : heureusement personne ne vous a vue. Faites donc joliment votre commission ; et n'en dites pas plus à Suzanne que Monseigneur n'a ordonné.

FANCHETTE : Et pourquoi lui en dirais-je ? il me prend pour un enfant [1], mon cousin.

Elle sort en sautant.

---

1. *Un enfant* : le substantif est masculin, l'accord n'était pas systématique.

Scène 15

FIGARO, MARCELINE

FIGARO : Eh bien, ma mère ?

MARCELINE : Eh bien, mon fils ?

FIGARO, *comme étouffé* : Pour celui-ci[1] !... il y a réellement des choses... !

MARCELINE : Il y a des choses ! hé, qu'est-ce qu'il y a ?

FIGARO, *les mains sur la poitrine* : Ce que je viens d'entendre, ma mère, je l'ai là comme un plomb.

MARCELINE, *riant* : Ce cœur, plein d'assurance, n'était donc qu'un ballon gonflé ? une épingle a tout fait partir !

FIGARO, *furieux* : Mais cette épingle, ma mère, est celle qu'il a ramassée !...

MARCELINE, *rappelant ce qu'il a dit* : « La jalousie ! oh ! j'ai là-dessus, ma mère, une philosophie... imperturbable ; et si Suzanne m'attrape un jour, je le lui pardonne... »

FIGARO, *vivement* : Oh ! ma mère ! on parle comme on sent : mettez le plus glacé des juges à plaider dans sa propre cause, et voyez-le expliquer la loi ! Je ne m'étonne plus s'il avait tant d'humeur sur ce feu[2] ! Pour la mignonne aux fines épingles, elle n'en est pas où elle le croit, ma mère, avec ses marronniers ! Si mon mariage est assez fait pour légitimer ma colère, en revanche, il ne l'est pas assez pour que je n'en puisse épouser une autre, et l'abandonner...

MARCELINE : Bien conclu ! abîmons[3] tout sur un soupçon. Qui t'a prouvé, dis-moi, que c'est toi qu'elle joue, et non le Comte ? L'as-tu étudiée de nouveau, pour la condamner sans appel ? Sais-tu si elle se rendra sous les

---

1. *Pour celui-ci* : pour ceci.
2. *Tant d'humeur sur ce feu* : la mauvaise humeur du comte à propos du feu d'artifice (cf. acte IV, scène 12).
3. *Abîmer* : « ruiner ». *(L.)*

arbres ? à quelle intention elle y va ? ce qu'elle y dira, ce qu'elle y fera ? Je te croyais plus fort en jugement !

FIGARO, *lui baisant la main avec respect* : Elle a raison, ma mère, elle a raison, raison, toujours raison ! Mais accordons, maman, quelque chose à la nature ; on en vaut mieux après. Examinons en effet avant d'accuser et d'agir. Je sais où est le rendez-vous. Adieu, ma mère.

Il sort.

Scène 16

MARCELINE, *seule* : Adieu ; et moi aussi, je le sais. Après l'avoir arrêté, veillons sur les voies [1] de Suzanne ; ou plutôt avertissons-la ; elle est si jolie créature ! Ah ! quand l'intérêt personnel ne nous arme pas les unes contre les autres, nous sommes toutes portées à soutenir notre pauvre sexe opprimé, contre ce fier, ce terrible... *(en riant)* et pourtant un peu nigaud de sexe masculin.

Elle sort.

FIN DU QUATRIÈME ACTE

---

1. *Les voies* : la conduite, le chemin qui conduit au salut ou à la perte.

ACTE V

Le théâtre représente une salle [1] de marronniers, dans un parc ; deux pavillons, kiosques, ou temples de jardin, sont à droite et à gauche ; le fond est une clairière [2] ornée, un siège de gazon sur le devant. Le théâtre est obscur.

Scène première

FANCHETTE *seule, tenant d'une main deux biscuits et une orange, et de l'autre une lanterne de papier allumée* : Dans le pavillon à gauche, a-t-il dit. C'est celui-ci. S'il allait ne pas venir à présent ! mon petit rôle... Ces vilaines gens de l'office qui ne voulaient pas seulement me donner une orange et deux biscuits ! « Pour qui, Mademoiselle ? – Eh bien, Monsieur, c'est pour quelqu'un. – Oh ! nous savons. » Et quand ça serait, parce que Monseigneur ne veut pas le voir, faut-il qu'il meure de faim ? Tout ça pourtant m'a coûté un fier baiser, sur la joue !... Que sait-on ? il me le rendra peut-être ! *(Elle voit Figaro qui vient l'examiner ; elle fait un cri.)* Ah !...

> *Elle s'enfuit, et elle entre dans le pavillon à sa gauche.*

---

1. *Salle* : « dans un jardin, lieu entouré d'arbres qui forment un couvert ». *(L.)*
2. *Clarière* : pour « clairière ».

Scène 2

FIGARO, *un grand manteau sur les épaules, un large chapeau rabattu.* BAZILE, ANTONIO, BARTHOLO, BRID'OISON, GRIPPE-SOLEIL, TROUPE DE VALETS ET DE TRAVAILLEURS

FIGARO, *d'abord seul* : C'est Fanchette ! *(Il parcourt des yeux les autres à mesure qu'ils arrivent, et dit d'un ton farouche :)* Bonjour, Messieurs ; bonsoir ; êtes-vous tous ici ?

BAZILE : Ceux que tu as pressés d'y venir.

FIGARO : Quelle heure est-il bien à peu près ?

ANTONIO *regarde en l'air* : La lune devrait être levée.

BARTHOLO : Eh ! quels noirs apprêts[1] fais-tu donc ? Il a l'air d'un conspirateur !

FIGARO, *s'agitant* : N'est-ce pas pour une noce, je vous prie, que vous êtes rassemblés au château ?

BRID'OISON : Cè-ertainement.

ANTONIO : Nous allions là-bas, dans le parc, attendre un signal pour ta fête.

FIGARO : Vous n'irez pas plus loin, Messieurs ; c'est ici, sous ces marronniers, que nous devons tous célébrer l'honnête fiancée que j'épouse, et le loyal seigneur qui se l'est destinée.

BAZILE, *se rappelant la journée* : Ah ! vraiment, je sais ce que c'est. Retirons-nous, si vous m'en croyez : il est question d'un rendez-vous ; je vous conterai cela près d'ici.

BRID'OISON, *à Figaro* : Nou-ous reviendrons.

FIGARO : Quand vous m'entendrez appeler, ne manquez pas d'accourir tous, et dites du mal de Figaro, s'il ne vous fait voir une belle chose.

BARTHOLO : Souviens-toi qu'un homme sage ne se fait point d'affaires[2] avec les grands.

---

1. *Apprêts* : « préparatifs ». *(L.)*
2. *Affaires* : « embarras, peines, querelles ». *(L.)*

FIGARO : Je m'en souviens.

BARTHOLO : Qu'ils ont quinze et bisque[1] sur nous, par leur état.

FIGARO : Sans leur industrie[2], que vous oubliez. Mais souvenez-vous aussi que l'homme qu'on sait timide est dans la dépendance de tous les fripons.

BARTHOLO : Fort bien.

FIGARO : Et que j'ai nom de Verte-Allure, du chef honoré[3] de ma mère.

BARTHOLO : Il a le diable au corps.

BRID'OISON : I-il l'a.

BAZILE *à part* : Le Comte et sa Suzanne se sont arrangés sans moi ? Je ne suis pas fâché de l'algarade[4].

FIGARO, *aux valets* : Pour vous autres, coquins, à qui j'ai donné l'ordre, illuminez-moi ces entours[5] ; ou, par la mort que je voudrais tenir aux dents, si j'en saisis un par le bras...

Il secoue le bras de Grippe-Soleil.

GRIPPE-SOLEIL *s'en va en criant et pleurant* : A, a, o, oh ! Damné brutal !

BAZILE, *en s'en allant* : Le Ciel vous tienne en joie, Monsieur du marié !

Ils sortent.

Scène 3

FIGARO *seul, se promenant dans l'obscurité, dit du ton le plus sombre* : Ô Femme ! femme ! femme ! créature faible et

---

1. *Quinze et bisque* : « terme de jeu de paume [...]. Il pourrait donner quinze et bisque à son adversaire, il lui est fort supérieur ». *(L.)*
2. *Industrie* : habileté, ingéniosité.
3. *Chef* : « premier ancêtre ». *(L.)*
4. *Algarade* : « insulte brusque, inattendue ». *(L.)*
5. *Entours* : alentours.

décevante !... nul animal[1] créé ne peut manquer à son instinct ; le tien est-il donc de tromper ?... Après m'avoir obstinément refusé quand je l'en pressais devant sa maîtresse[2] ; à l'instant qu'elle me donne sa parole ; au milieu même de la cérémonie... Il riait en lisant, le perfide ! et moi comme un benêt[3] !... Non, Monsieur le Comte, vous ne l'aurez pas... vous ne l'aurez pas. Parce que vous êtes un grand seigneur, vous vous croyez un grand génie !... noblesse, fortune, un rang, des places ; tout cela rend si fier ! Qu'avez-vous fait pour tant de biens ? vous vous êtes donné la peine de naître, et rien de plus ; du reste, homme assez ordinaire ! tandis que moi, morbleu ! perdu dans la foule obscure, il m'a fallu déployer plus de science et de calculs pour subsister seulement, qu'on n'en a mis depuis cent ans à gouverner toutes les Espagnes ; et vous voulez jouter... On vient... c'est elle... ce n'est personne. La nuit est noire en diable, et me voilà faisant le sot métier de mari, quoique je ne le sois qu'à moitié ! *(Il s'assied sur un banc.)* Est-il rien de plus bizarre que la destinée ! fils de je ne sais pas qui ; volé par des bandits ! élevé dans leurs mœurs, je m'en dégoûte et veux courir une carrière[4] honnête ; et partout je suis repoussé ! J'apprends la chimie, la pharmacie, la chirurgie ; et tout le crédit d'un grand seigneur peut à peine me mettre à la main une lancette[5] vétérinaire ! Las d'attrister des bêtes malades, et pour faire un métier contraire, je me jette à corps perdu dans le théâtre ; me fussé-je mis une pierre au cou ! Je broche[6] une comédie dans les mœurs du sérail ; auteur espagnol, je crois pouvoir y fronder[7]

---

1. *Animal* : « être vivant ». *(L.)*
2. Cf. acte II, scène 2.
3. Cf. acte IV, scène 9.
4. *Courir* : « rechercher avec empressement ». *(L.)*
5. *Lancette* : petit instrument de chirurgie à lame plate, acérée et tranchante.
6. *Brocher* : « familièrement, faire sans soin, ou, simplement, faire à la hâte ». *(L.)*
7. *Fronder* : « faire le mécontent, le critique à l'égard de choses ou de personnes ». *(L.)*

Mahomet, sans scrupule : à l'instant, un envoyé... de je ne sais où se plaint que j'offense, dans mes vers, la Sublime Porte[1], la Perse, une partie de la presqu'île de l'Inde, toute l'Égypte, les royaumes de Barca, de Tripoli, de Tunis, d'Alger et de Maroc : et voilà ma comédie flambée, pour plaire aux princes mahométans, dont pas un, je crois, ne sait lire, et qui nous meurtrissent l'omoplate, en nous disant : « chiens de chrétiens » ! Ne pouvant avilir l'esprit, on se venge en le maltraitant. Mes joues creusaient[2] ; mon terme était échu ; je voyais de loin arriver l'affreux recors[3], la plume fichée dans sa perruque ; en frémissant je m'évertue[4]. Il s'élève une question sur la nature des richesses ; et comme il n'est pas nécessaire de tenir les choses, pour en raisonner, n'ayant pas un sol, j'écris sur la valeur de l'argent, et sur son produit net ; sitôt je vois, du fond d'un fiacre, baisser pour moi le pont d'un château fort, à l'entrée duquel je laissai l'espérance et la liberté. *(Il se lève.)* Que je voudrais bien tenir un de ces puissants de quatre jours, si légers sur le mal qu'ils ordonnent, quand une bonne disgrâce a cuvé[5] son orgueil ! je lui dirais... que les sottises imprimées n'ont d'importance qu'aux lieux où l'on en gêne le cours ; que sans la liberté de blâmer, il n'est point d'éloge flatteur ; et qu'il n'y a que les petits hommes qui redoutent les petits écrits. *(Il se rassied.)* Las de nourrir un obscur pensionnaire, on me met un jour dans la rue ; et comme il faut dîner, quoiqu'on ne soit plus en prison, je taille encore ma plume, et demande à chacun de quoi il est question : on me dit que pendant ma retraite économique, il s'est établi dans Madrid un système de liberté sur la vente des productions, qui s'étend même à celles

---

1. *La Sublime Porte*, ou Porte ottomane : nom donné autrefois au gouvernement du sultan des Turcs.
2. *Creusaient* : se creusaient.
3. *Recors* : « nom qu'on donne à des officiers subalternes de la justice, qui accompagnent les huissiers pour leur servir de témoins ou pour leur prêter main-forte dans l'exercice de leur fonction ». *(L.)*
4. *S'évertuer* : « se remuer, donner signe d'activité ». *(L.)*
5. *A cuvé* : a dissipé.

*il était et embauche
barbier été par Bartholo
il a par Bartholo*

de la presse ; et que, pourvu que je ne parle en mes écrits, ni de l'autorité, ni du culte, ni de la politique, ni de la morale, ni des gens en place, ni des corps en crédit, ni de l'Opéra, ni des autres spectacles, ni de personne qui tienne à quelque chose, je puis tout imprimer librement, sous l'inspection de deux ou trois censeurs. Pour profiter de cette douce liberté, j'annonce un écrit périodique, et croyant n'aller sur les brisées d'aucun autre, je le nomme *Journal inutile*. Pou-ou ! je vois s'élever contre moi mille pauvres diables à la feuille [1] ; on me supprime [2] ; et me voilà derechef sans emploi ! Le désespoir m'allait saisir ; on pense à moi pour une place, mais par malheur j'y étais propre : il fallait un calculateur, ce fut un danseur qui l'obtint. Il ne me restait plus qu'à voler ; je me fais banquier de pharaon [3] : alors, bonnes gens ! je soupe en ville, et les personnes dites « comme il faut » m'ouvrent poliment leur maison, en retenant pour elles les trois quarts du profit. J'aurais bien pu me remonter [4] ; je commençais même à comprendre que pour gagner du bien, le savoir-faire vaut mieux que le savoir. Mais comme chacun pillait autour de moi, en exigeant que je fusse honnête, il fallut bien périr encore. Pour le coup je quittais le monde ; et vingt brasses d'eau m'en allaient séparer, lorsqu'un dieu bienfaisant m'appelle à mon premier état. Je reprends ma trousse [5] et mon cuir anglais [6] ; puis, laissant la fumée aux sots qui s'en nourrissent, et la honte au milieu du chemin, comme trop lourde à un piéton, je vais rasant de ville en ville, et je vis enfin sans souci. Un grand seigneur passe à Séville ; il me reconnaît, je le marie [7] ; et pour prix d'avoir

---

1. *Feuille* : « journal, gazette ». *(L.)*
2. *Supprimer* : « empêcher de paraître, ne pas publier un écrit ». *(L.)*
3. *Pharaon* : « jeu de hasard qui se joue avec des cartes ; le banquier y joue seul contre un nombre indéterminé de joueurs ». *(L.)*
4. *Me remonter* : me refaire, gagner à nouveau l'argent perdu au jeu.
5. *Trousse* : « étui où les barbiers mettent leurs rasoirs, leurs ciseaux, etc. ». *(L.)*
6. *Cuir anglais* : « cuir à rasoir, ou, simplement cuir, bande de cuir tendue sur une palette pour donner le fil au rasoir ». *(L.)*
7. Beaumarchais résume ici, en une phrase, l'intrigue du *Barbier de Séville*.

eu par mes soins son épouse, il veut intercepter la mienne !
intrigue, orage à ce sujet. Prêt à tomber dans un abîme, au
moment d'épouser ma mère, mes parents m'arrivent à la
file. *(Il se lève en s'échauffant.)* On se débat ; c'est vous, c'est
lui, c'est moi, c'est toi ; non, ce n'est pas nous ; eh ! mais
qui donc[1] ? *(Il retombe assis.)* Ô bizarre suite d'événements ! Comment cela m'est-il arrivé ? Pourquoi ces
choses et non pas d'autres ? Qui les a fixées sur ma tête ?
Forcé de parcourir la route où je suis entré sans le savoir,
comme j'en sortirai sans le vouloir, je l'ai jonchée d'autant
de fleurs que ma gaieté me l'a permis ; encore je dis ma
gaieté, sans savoir si elle est à moi plus que le reste, ni
même quel est ce Moi dont je m'occupe : un assemblage
informe de parties inconnues ; puis un chétif être imbécile[2] ; un petit animal[3] folâtre ; un jeune homme ardent
au plaisir, ayant tous les goûts pour jouir, faisant tous les
métiers pour vivre ; maître ici, valet là, selon qu'il plaît à
la fortune ! ambitieux par vanité, laborieux par nécessité ;
mais paresseux... avec délices ! orateur selon le danger ;
poète par délassement ; musicien par occasion ; amoureux
par folles bouffées ; j'ai tout vu, tout fait, tout usé. Puis
l'illusion s'est détruite, et trop désabusé... Désabusé !...
Suzon, Suzon, Suzon ! que tu me donnes de tourments !...
J'entends marcher... on vient. Voici l'instant de la crise.

> *Il se retire près de la première coulisse à*
> *la droite.*

Scène 4

FIGARO, LA COMTESSE, *avec les habits de Suzon,*
SUZANNE *avec ceux de la Comtesse* ; MARCELINE

SUZANNE, *bas, à la Comtesse* : Oui, Marceline m'a dit que
Figaro y serait.

---

1. Cf. Dossier, p. 258.
2. *Imbécile* : « faible d'esprit et de corps ». *(L.)*
3. *Animal* : cf. note 1, p. 199.

MARCELINE : Il y est aussi [1] ; baisse la voix.

SUZANNE : Ainsi l'un nous écoute, et l'autre va venir me chercher ; commençons.

MARCELINE : Pour n'en pas perdre un mot, je vais me cacher dans le pavillon.

Elle entre dans le pavillon où est entrée Fanchette.

Scène 5

FIGARO, LA COMTESSE, SUZANNE

SUZANNE, *haut* : Madame tremble ! est-ce qu'elle aurait froid ?

LA COMTESSE, *haut* : La soirée est humide, je vais me retirer.

SUZANNE, *haut* : Si Madame n'avait pas besoin de moi, je prendrais l'air un moment, sous ces arbres.

LA COMTESSE, *haut* : C'est le serein [2] que tu prendras.

SUZANNE, *haut* : J'y suis toute faite.

FIGARO, *à part* : Ah ! oui, le serein !

Suzanne se retire près de la coulisse, du côté opposé à Figaro.

---

1. *Aussi* : au sens de *aussi bien*, dans le fait, effectivement.
2. *Serein* : « humidité fine, pénétrante généralement peu abondante, qui tombe après le coucher du soleil, ordinairement pendant la saison chaude et sans qu'il y ait de nuages au ciel ». *(L.)*

Scène 6

FIGARO, CHÉRUBIN, LE COMTE,
LA COMTESSE, SUZANNE.
(Figaro et Suzanne retirés de chaque côté sur le devant.)

CHÉRUBIN, *en habit d'officier, arrive en chantant gaiement la reprise de l'air de la romance* [1] : La, la, la, etc.

> J'avais une marraine,
> Que toujours adorai.

LA COMTESSE, *à part* : Le petit page !

CHÉRUBIN *s'arrête* : On se promène ici ; gagnons vite mon asile, où la petite Fanchette... C'est une femme !

LA COMTESSE *écoute* : Ah grands dieux !

CHÉRUBIN *se baisse en regardant de loin* : Me trompé-je ? à cette coiffure en plumes qui se dessine au loin dans le crépuscule, il me semble que c'est Suzon.

LA COMTESSE, *à part* : Si le Comte arrivait !...

> *Le Comte paraît dans le fond.*

CHÉRUBIN *s'approche et prend la main de la Comtesse, qui se défend* : Oui, c'est la charmante fille qu'on nomme Suzanne : eh ! pourrais-je m'y méprendre à la douceur de cette main, à ce petit tremblement qui l'a saisie, surtout au battement de son cœur !

> *Il veut y appuyer le dos de la main de la Comtesse, elle la retire.*

LA COMTESSE, *bas* : Allez-vous-en.

CHÉRUBIN : Si la compassion t'avait conduite exprès dans cet endroit du parc où je suis caché depuis tantôt ?

LA COMTESSE : Figaro va venir.

LE COMTE, *s'avançant, dit à part* : N'est-ce pas Suzanne que j'aperçois ?

---

1. Cf. acte II, scène 4.

CHÉRUBIN, *à la Comtesse* : Je ne crains point du tout Figaro, car ce n'est pas lui que tu attends.

LA COMTESSE : Qui donc ?

LE COMTE, *à part* : Elle est avec quelqu'un.

CHÉRUBIN : C'est Monseigneur, friponne, qui t'a demandé ce rendez-vous, ce matin, quand j'étais derrière le fauteuil[1].

LE COMTE, *à part, avec fureur* : C'est encore le page infernal !

FIGARO, *à part* : On dit qu'il ne faut pas écouter !

SUZANNE, *à part* : Petit bavard !

LA COMTESSE, *au page* : Obligez-moi[2] de vous retirer.

CHÉRUBIN : Ce ne sera pas au moins sans avoir reçu le prix de mon obéissance.

LA COMTESSE, *effrayée* : Vous prétendez ?...

CHÉRUBIN, *avec feu* : D'abord vingt baisers, pour ton compte, et puis cent pour ta belle maîtresse.

LA COMTESSE : Vous oseriez ?

CHÉRUBIN : Oh ! que oui, j'oserai ; tu prends sa place auprès de Monseigneur ; moi celle du Comte auprès de toi ; le plus attrapé, c'est Figaro.

FIGARO, *à part* : Ce brigandeau[3] !

SUZANNE, *à part* : Hardi comme un page.

> *Chérubin veut embrasser la Comtesse. Le Comte se met entre deux et reçoit le baiser.*

LA COMTESSE, *se retirant* : Ah ! Ciel !

---

1. Cf. acte I, scène 8.
2. *Obligez-moi* : je vous serais reconnaissante.
3. *Brigandeau* : « jeune homme qui, emporté par la passion, fait une action blâmable ». *(L.)*

FIGARO, *à part, entendant le baiser* : J'épousais une jolie mignonne !

Il écoute.

CHÉRUBIN, *tâtant les habits du Comte ; à part* : C'est Monseigneur !

Il s'enfuit dans le pavillon où sont entrées Fanchette et Marceline.

Scène 7

FIGARO, LE COMTE, LA COMTESSE, SUZANNE

FIGARO *s'approche* : Je vais...

LE COMTE, *croyant parler au page* : Puisque vous ne redoublez [1] pas le baiser...

Il croit lui donner un soufflet.

FIGARO *qui est à portée, le reçoit* : Ah !

LE COMTE : ... Voilà toujours le premier payé.

FIGARO, *à part, s'éloigne en se frottant la joue* : Tout n'est pas gain non plus en écoutant.

SUZANNE, *riant tout haut, de l'autre côté* : Ah ! ah ! ah ! ah !

LE COMTE, *à la Comtesse qu'il prend pour Suzanne* : Entend-on quelque chose à ce page ? il reçoit le plus rude soufflet, et s'enfuit en éclatant de rire.

FIGARO, *à part* : S'il s'affligeait de celui-ci !...

LE COMTE : Comment ! je ne pourrai faire un pas... *(À la Comtesse.)* Mais laissons cette bizarrerie ; elle empoisonnerait le plaisir que j'ai de te trouver dans cette salle.

LA COMTESSE, *imitant le parler de Suzanne* : L'espériez-vous ?

---

1. *Redoubler* : « réitérer, renouveler ». *(L.)*

LE COMTE : Après ton ingénieux billet ! *(Il lui prend la main.)* Tu trembles ?

LA COMTESSE : J'ai eu peur.

LE COMTE : Ce n'est pas pour te priver du baiser que je l'ai pris.

Il la baise au front.

LA COMTESSE : Des libertés !

FIGARO, *à part* : Coquine !

SUZANNE, *à part* : Charmante !

LE COMTE *prend la main de sa femme* : Mais quelle peau fine et douce, et qu'il s'en faut que la Comtesse ait la main aussi belle !

LA COMTESSE, *à part* : Oh ! la prévention[1] !

LE COMTE : A-t-elle ce bras ferme et rondelet ? ces jolis doigts pleins de grâce et d'espièglerie ?

LA COMTESSE, *de la voix de Suzanne* : Ainsi l'amour ?...

LE COMTE : L'amour... n'est que le roman du cœur : c'est le plaisir qui en est l'histoire ; il m'amène à tes genoux.

LA COMTESSE : Vous ne l'aimez plus ?

LE COMTE : Je l'aime beaucoup ; mais trois ans d'union rendent l'hymen si respectable !

LA COMTESSE : Que vouliez-vous en elle ?

LE COMTE, *la caressant* : Ce que je trouve en toi, ma beauté...

LA COMTESSE : Mais dites donc.

LE COMTE : ... Je ne sais : moins d'uniformité peut-être, plus de piquant dans les manières ; un je ne sais quoi, qui fait le charme ; quelquefois un refus, que sais-je ? Nos femmes croient tout accomplir en nous aimant : cela dit une fois, elles nous aiment, nous aiment ! (quand elles

---

1. *Prévention* : « ce qui dispose le jugement ou la volonté à se détermi-ner, indépendamment des motifs de vérité et de justice ». *(L.)*

nous aiment.) Et sont si complaisantes, et si constamment obligeantes, et toujours, et sans relâche, qu'on est tout surpris, un beau soir, de trouver la satiété, où l'on recherchait le bonheur !

LA COMTESSE, *à part* : Ah ! quelle leçon !

LE COMTE : En vérité, Suzon, j'ai pensé mille fois que si nous poursuivons ailleurs ce plaisir qui nous fuit chez elles, c'est qu'elles n'étudient pas assez l'art de soutenir notre goût, de se renouveler à l'amour, de ranimer, pour ainsi dire, le charme de leur possession, par celui de la variété.

LA COMTESSE, *piquée* : Donc elles doivent tout ?...

LE COMTE, *riant* : Et l'homme rien ? Changerons-nous la marche de la nature ? notre tâche, à nous, fut de les obtenir : la leur...

LA COMTESSE : La leur ?

LE COMTE : Est de nous retenir : on l'oublie trop.

LA COMTESSE : Ce ne sera pas moi [1].

LE COMTE : Ni moi.

FIGARO, *à part* : Ni moi.

SUZANNE, *à part* : Ni moi.

LE COMTE *prend la main de sa femme* : Il y a de l'écho ici ; parlons plus bas. Tu n'as nul besoin d'y songer, toi que l'amour a faite et si vive et si jolie ! avec un grain de caprice tu seras la plus agaçante maîtresse ! *(Il la baise au front.)* Ma Suzanne, un Castillan n'a que sa parole. Voici tout l'or promis pour le rachat du droit que je n'ai plus sur le délicieux moment que tu m'accordes. Mais comme la grâce que tu daignes y mettre est sans prix, j'y joindrai ce brillant, que tu porteras pour l'amour de moi.

LA COMTESSE, *une révérence* : Suzanne accepte tout.

FIGARO, *à part* : On n'est pas plus coquine que cela.

SUZANNE, *à part* : Voilà du bon bien que nous arrive.

---

1. *Ce ne sera pas moi* : sous-entendu « qui l'oublierai ».

LE COMTE, *à part* : Elle est intéressée ; tant mieux.

LA COMTESSE *regarde au fond* : Je vois des flambeaux.

LE COMTE : Ce sont les apprêts de ta noce : entrons-nous un moment dans l'un de ces pavillons, pour les laisser passer ?

LA COMTESSE : Sans lumière ?

LE COMTE *l'entraîne doucement* : À quoi bon ? nous n'avons rien à lire.

FIGARO, *à part* : Elle y va, ma foi ! Je m'en doutais.

Il s'avance.

LE COMTE *grossit sa voix en se retournant* : Qui passe ici ?

FIGARO, *en colère* : Passer ! on vient exprès.

LE COMTE, *bas, à la Comtesse* : C'est Figaro !...

Il s'enfuit.

LA COMTESSE : Je vous suis.

> *Elle entre dans le pavillon à sa droite, pendant que le Comte se perd dans le bois, au fond.*

Scène 8

FIGARO, SUZANNE, *dans l'obscurité.*

FIGARO *cherche à voir où vont le Comte et la Comtesse, qu'il prend pour Suzanne* : Je n'entends plus rien ; ils sont entrés ; m'y voilà. (*D'un ton altéré.*) Vous autres époux maladroits, qui tenez des espions à gages[1], et tournez des mois entiers autour d'un soupçon sans l'asseoir[2], que ne m'imitez-vous ? Dès le premier jour je suis ma femme, et je l'écoute ; en un tour de main on est au fait : c'est charmant, plus de doutes ; on sait à quoi s'en tenir. (*Mar-*

---

1. *Qui tenez des espions à gages* : qui payez des espions.
2. *Sans l'asseoir* : sans l'établir sur des preuves, des raisons.

chant vivement.) Heureusement que je ne m'en soucie guère, et que sa trahison ne me fait plus rien du tout. Je les tiens donc enfin !

SUZANNE, *qui s'est avancée doucement dans l'obscurité* : (*À part.*) Tu vas payer tes beaux soupçons. *(Du ton de voix de la Comtesse.)* Qui va là ?

FIGARO, *extravagant* : « Qui va là ? » Celui qui voudrait de bon cœur que la peste eût étouffé en naissant...

SUZANNE, *du ton de la Comtesse* : Eh ! mais, c'est Figaro !

FIGARO *regarde, et dit vivement* : Madame la Comtesse !

SUZANNE : Parlez bas.

FIGARO, *vite* : Ah ! Madame, que le Ciel vous amène à propos ! Où croyez-vous qu'est Monseigneur ?

SUZANNE : Que m'importe un ingrat ? Dis-moi...

FIGARO, *plus vite* : Et Suzanne mon épousée, où croyez-vous qu'elle soit ?

SUZANNE : Mais parlez bas !

FIGARO, *très vite* : Cette Suzon qu'on croyait si vertueuse, qui faisait la réservée ! Ils sont enfermés làdedans. Je vais appeler.

SUZANNE, *lui fermant la bouche avec sa main, oublie de déguiser sa voix* : N'appelez pas.

FIGARO, *à part* : Eh c'est Suzon ! *God-dam* !

SUZANNE, *du ton de la Comtesse* : Vous paraissez inquiet.

FIGARO, *à part* : Traîtresse ! qui veut me surprendre !

SUZANNE : Il faut nous venger, Figaro.

FIGARO : En sentez-vous le vif désir ?

SUZANNE : Je ne serais donc pas de mon sexe ! Mais les hommes en ont cent moyens.

FIGARO, *confidemment* : Madame, il n'y a personne ici de trop. Celui des femmes... les vaut tous.

SUZANNE, *à part* : Comme je le souffletterais !

FIGARO, *à part* : Il serait bien gai qu'avant la noce !...

SUZANNE : Mais qu'est-ce qu'une telle vengeance, qu'un peu d'amour n'assaisonne pas ?

FIGARO : Partout où vous n'en voyez point, croyez que le respect dissimule.

SUZANNE, *piquée* : Je ne sais si vous le pensez de bonne foi, mais vous ne le dites pas de bonne grâce.

FIGARO, *avec une chaleur comique, à genoux* : Ah ! Madame, je vous adore. Examinez le temps, le lieu, les circonstances, et que le dépit supplée en vous aux grâces qui manquent à ma prière.

SUZANNE, *à part* : La main me brûle.

FIGARO, *à part* : Le cœur me bat.

SUZANNE : Mais, Monsieur, avez-vous songé ?...

FIGARO : Oui, Madame, oui, j'ai songé.

SUZANNE : ... Que pour la colère et l'amour...

FIGARO : ... Tout ce qui se diffère est perdu. Votre main, Madame ?

SUZANNE, *de sa voix naturelle et lui donnant un soufflet* : La voilà.

FIGARO : Ah ! *demonio*[1] ! quel soufflet !

SUZANNE *lui en donne un second* : Quel soufflet ! Et celui-ci ?

FIGARO : Eh *qu'es aquo*[2] ! de par le diable ! est-ce ici la journée des tapes ?

SUZANNE *le bat à chaque phrase* : Ah ! *qu'es aquo* ? Suzanne : et voilà pour tes soupçons ; voilà pour tes vengeances et pour tes trahisons, tes expédients, tes injures et tes projets. C'est-il çà de l'amour ? dis donc comme ce matin[3] ?

---

1. *Demonio* : diable (en espagnol).
2. *Qu'es aquo* : qu'est-ce que c'est ? (en provençal).
3. Cf. acte III, scène 18.

FIGARO *rit en se relevant* : *Santa Barbara*[1] ! oui c'est de l'amour. Ô bonheur ! ô. délices ! ô cent fois heureux Figaro ! Frappe, ma bien-aimée, sans te lasser. Mais quand tu m'auras diapré tout le corps de meurtrissures, regarde avec bonté, Suzon, l'homme le plus fortuné qui fut jamais battu par une femme.

SUZANNE : « Le plus fortuné ! » Bon fripon, vous n'en séduisiez pas moins la Comtesse, avec un si trompeur babil que, m'oubliant moi-même, en vérité, c'était pour elle que je cédais.

FIGARO : Ai-je pu me méprendre, au son de ta jolie voix ?

SUZANNE, *en riant* : Tu m'as reconnue ? Ah ! comme je m'en vengerai !

FIGARO : Bien rosser et garder rancune est aussi par trop féminin ! Mais dis-moi donc par quel bonheur je te vois là, quand je te croyais avec lui ; et comment cet habit, qui m'abusait, te montre enfin innocente...

SUZANNE : Eh ! c'est toi qui es un innocent, de venir te prendre au piège apprêté pour un autre ! Est-ce notre faute à nous, si voulant museler un renard, nous en attrapons deux ?

FIGARO : Qui donc prend l'autre ?

SUZANNE : Sa femme.

FIGARO : Sa femme ?

SUZANNE : Sa femme.

FIGARO, *follement* : Ah ! Figaro ! pends-toi ; tu n'as pas deviné celui-là[2] ! Sa femme ? Ô douze ou quinze mille fois spirituelles femelles ! Ainsi les baisers de cette salle ?

SUZANNE : Ont été donnés à Madame.

FIGARO : Et celui du page ?

SUZANNE, *riant* : À Monsieur.

---

1. Santa Barbara : sainte Barbe.
2. *Celui-là* : cela.

FIGARO : Et tantôt, derrière le fauteuil ?

SUZANNE : À personne.

FIGARO : En êtes-vous sûre ?

SUZANNE, *riant* : Il pleut des soufflets, Figaro.

FIGARO *lui baise la main* : Ce sont des bijoux que les tiens. Mais celui du Comte était de bonne guerre.

SUZANNE : Allons, superbe ! humilie-toi.

FIGARO *fait tout ce qu'il annonce* : Cela est juste ; à genoux, bien courbé, prosterné, ventre à terre.

SUZANNE, *en riant* : Ah ! ce pauvre Comte ! quelle peine il s'est donnée...

FIGARO *se relève sur ses genoux* : ... Pour faire la conquête de sa femme !

Scène 9

LE COMTE *entre par le fond du théâtre,*
et va droit au pavillon à sa droite.
FIGARO, SUZANNE.

LE COMTE, *à lui-même* : Je la cherche en vain dans le bois, elle est peut-être entrée ici.

SUZANNE, *à Figaro, parlant bas* : C'est lui.

LE COMTE, *ouvrant le pavillon* : Suzon, es-tu là-dedans ?

FIGARO, *bas* : Il la cherche, et moi je croyais...

SUZANNE, *bas* : Il ne l'a pas reconnue.

FIGARO : Achevons-le, veux-tu ?

Il lui baise la main.

LE COMTE *se retourne* : Un homme aux pieds de la Comtesse !... Ah ! je suis sans armes.

Il s'avance.

FIGARO *se relève tout à fait en déguisant sa voix* : Pardon, Madame, si je n'ai pas réfléchi que ce rendez-vous ordinaire était destiné pour la noce.

LE COMTE *à part* : C'est l'homme du cabinet de ce matin.

> *Il se frappe le front.*

FIGARO *continue* : Mais il ne sera pas dit qu'un obstacle aussi sot aura retardé nos plaisirs.

LE COMTE *à part* : Massacre, mort, enfer !

FIGARO, *la conduisant au cabinet* : *(Bas.)* Il jure. *(Haut.)* Pressons-nous donc, Madame, et réparons le tort qu'on nous a fait tantôt, quand j'ai sauté par la fenêtre [1].

LE COMTE, *à part* : Ah ! tout se découvre enfin.

SUZANNE, *près du pavillon à sa gauche* : Avant d'entrer, voyez si personne n'a suivi.

> *Il la baise au front.*

LE COMTE *s'écrie* : Vengeance !

> *Suzanne s'enfuit dans le pavillon où sont entrés Fanchette, Marceline et Chérubin.*

Scène 10

LE COMTE, FIGARO.
(Le Comte saisit le bras de Figaro.)

FIGARO, *jouant la frayeur excessive* : C'est mon maître.

LE COMTE *le reconnaît* : Ah ! scélérat, c'est toi ! Holà ! quelqu'un, quelqu'un !

---

1. Cf. acte II, scène 12 *sq.*

Scène 11

PÉDRILLE, LE COMTE, FIGARO.

PÉDRILLE, *botté* : Monseigneur, je vous trouve enfin.

LE COMTE : Bon, c'est Pédrille. Es-tu tout seul ?

PÉDRILLE : Arrivant de Séville à étripe-cheval [1].

LE COMTE : Approche-toi de moi, et crie bien fort.

PÉDRILLE, *criant à tue-tête* : Pas plus de page que sur ma main. Voilà le paquet [2].

LE COMTE *le repousse* : Eh ! l'animal.

PÉDRILLE : Monseigneur me dit de crier.

LE COMTE, *tenant toujours Figaro* : Pour appeler. Holà ! quelqu'un ; si l'on m'entend, accourez tous !

PÉDRILLE : Figaro et moi, nous voilà deux ; que peut-il donc vous arriver ?

Scène 12

LES ACTEURS PRÉCÉDENTS, BRID'OISON, BARTHOLO,
BAZILE, ANTONIO, GRIPPE-SOLEIL,
toute la noce accourt avec des flambeaux.

BARTHOLO, *à Figaro* : Tu vois qu'à ton premier signal...

LE COMTE, *montrant le pavillon à sa gauche* : Pédrille, empare-toi de cette porte.

Pédrille y va.

BAZILE, *bas à Figaro* : Tu l'as surpris avec Suzanne ?

LE COMTE, *montrant Figaro* : Et vous, tous mes vassaux, entourez-moi cet homme, et m'en répondez sur la vie.

BAZILE : Ha ! ha !

---

1. *À étripe-cheval* : « aller à étripe-cheval : presser excessivement un cheval. » *(L.)*
2. Cf. acte III, scènes 1 et 3.

LE COMTE, *furieux* : Taisez-vous donc. *(À Figaro d'un ton glacé :)* Mon cavalier [1], répondez-vous à mes questions ?

FIGARO, *froidement* : Eh ! qui pourrait m'en exempter, Monseigneur ? Vous commandez à tout ici, hors à vous-même.

LE COMTE, *se contenant* : Hors à moi-même !

ANTONIO : C'est ça parler.

LE COMTE *reprend sa colère* : Non, si quelque chose pouvait augmenter ma fureur ! ce serait l'air calme qu'il affecte.

FIGARO : Sommes-nous des soldats qui tuent, et se font tuer, pour des intérêts qu'ils ignorent ? Je veux savoir, moi, pourquoi je me fâche.

LE COMTE, *hors de lui* : Ô rage ! *(Se contenant.)* Homme de bien qui feignez d'ignorer ! Nous ferez-vous au moins la faveur de nous dire quelle est la dame actuellement par vous amenée dans ce pavillon ?

FIGARO, *montrant l'autre avec malice* : Dans celui-là ?

LE COMTE, *vite* : Dans celui-ci.

FIGARO, *froidement* : C'est différent. Une jeune personne qui m'honore de ses bontés particulières.

BAZILE, *étonné* : Ha, ha !

LE COMTE, *vite* : Vous l'entendez, Messieurs ?

BARTHOLO, *étonné* : Nous l'entendons !

LE COMTE, *à Figaro* : Et cette jeune personne a-t-elle un autre engagement que vous sachiez ?

FIGARO, *froidement* : Je sais qu'un grand seigneur s'en est occupé quelque temps : mais, soit qu'il l'ait négligée ou que je lui plaise mieux qu'un plus aimable, elle me donne aujourd'hui la préférence.

---

1. *Cavalier* : « titre d'honneur donné par politesse à des passants, des inconnus et même par ironie à des gens dont on a à se plaindre ». *(L.)*

LE COMTE, *vivement* : La préf... *(Se contenant.)* Au moins il est naïf ! car ce qu'il avoue, Messieurs, je l'ai ouï, je vous jure, de la bouche même de sa complice.

BRID'OISON, *stupéfait* : Sa-a complice !

LE COMTE, *avec fureur* : Or, quand le déshonneur est public, il faut que la vengeance le soit aussi.

Il entre dans le pavillon.

Scène 13

TOUS LES ACTEURS PRÉCÉDENTS, *hors* LE COMTE

ANTONIO : C'est juste.

BRID'OISON, *à Figaro* : Qui-i donc a pris la femme de l'autre ?

FIGARO, *en riant* : Aucun n'a eu cette joie-là.

Scène 14

LES ACTEURS PRÉCÉDENTS, LE COMTE, CHÉRUBIN

LE COMTE, *parlant dans le pavillon, et attirant quelqu'un qu'on ne voit pas encore* : Tous vos efforts sont inutiles ; vous êtes perdue, Madame ; et votre heure est bien arrivée ! *(Il sort sans regarder.)* Quel bonheur qu'aucun gage d'une union aussi détestée...

FIGARO *s'écrie* : Chérubin !

LE COMTE : Mon page ?

BAZILE : Ha, ha !

LE COMTE, *hors de lui, à part* : Et toujours le page endia-blé[1] ! *(À Chérubin :)* Que faisiez-vous dans ce salon[2] ?

---

1. *Endiablé* : « qui a le diable au corps, dont l'ardeur est dévorante ». *(L.)*
2. *Ce salon* : celui du pavillon.

CHÉRUBIN, *timidement* : Je me cachais, comme vous l'avez ordonné.

PÉDRILLE : Bien la peine de crever un cheval !

LE COMTE : Entres-y, toi, Antonio ; conduis devant son juge l'infâme qui m'a déshonoré.

BRID'OISON : C'est Madame que vous y-y cherchez ?

ANTONIO : L'y a, parguenne ! une bonne Providence ; Vous en avez tant fait dans le pays...

LE COMTE, *furieux* : Entre donc !

Antonio entre.

Scène 15
LES ACTEURS PRÉCÉDENTS, *excepté* ANTONIO

LE COMTE : Vous allez voir, Messieurs, que le page n'y était pas seul.

CHÉRUBIN, *timidement* : Mon sort eût été trop cruel, si quelque âme sensible n'en eût adouci l'amertume.

Scène 16
LES ACTEURS PRÉCÉDENTS, ANTONIO, FANCHETTE

ANTONIO, *attirant par le bras quelqu'un qu'on ne voit pas encore* : Allons, Madame, il ne faut pas vous faire prier pour en sortir, puisqu'on sait que vous y êtes entrée.

FIGARO *s'écrie* : La petite cousine !

BAZILE : Ha, ha !

LE COMTE : Fanchette !

ANTONIO *se retourne et s'écrie* : Ah ! palsambleu [1] ! Monseigneur, il est gaillard de me choisir pour montrer à la compagnie que c'est ma fille qui cause tout ce train-là !

---

1. *Palsambleu* : juron, corruption de « par le sang de Dieu ».

LE COMTE, *outré* : Qui la savait là-dedans ?

> *Il veut rentrer.*

BARTHOLO, *au-devant* : Permettez, Monsieur le Comte, ceci n'est pas plus clair. Je suis de sang-froid, moi.

> *Il entre.*

BRID'OISON : Voilà une affaire au-aussi trop embrouillée.

Scène 17
LES ACTEURS PRÉCÉDENTS, MARCELINE

BARTHOLO, *parlant en dedans, et sortant* : Ne craignez rien, Madame, il ne vous sera fait aucun mal. J'en réponds. *(Il se retourne et s'écrie :)* Marceline !...

BAZILE : Ha, ha !

FIGARO, *riant* : Eh ! quelle folie ! ma mère en est ?

ANTONIO : À qui pis fera.

LE COMTE, *outré* : Que m'importe à moi ? La Comtesse...

Scène 18
LES ACTEURS PRÉCÉDENTS, SUZANNE.
(Suzanne, son éventail sur le visage.)

LE COMTE : ... Ah ! la voici qui sort. *(Il la prend violemment par le bras.)* Que croyez-vous, Messieurs, que mérite une odieuse...

> *Suzanne se jette à genoux la tête baissée.*

LE COMTE : Non, non. *(Figaro se jette à genoux de l'autre côté.)*

LE COMTE, *plus fort* : Non, non ! *(Marceline se jette à genoux devant lui.)*

LE COMTE, plus fort : Non, non ! *(Tous se mettent à genoux, excepté Brid'oison.)*

LE COMTE, *hors de lui* : Y fussiez-vous un cent !

Scène 19 et dernière

TOUS LES ACTEURS PRÉCÉDENTS,
LA COMTESSE *sort de l'autre pavillon.*

LA COMTESSE *se jette à genoux* : Au moins je ferai nombre.

LE COMTE, *regardant la Comtesse et Suzanne* : Ah ! qu'est-ce que je vois !

BRID'OISON, *riant* : Eh ! pardi, c'è-est Madame.

LE COMTE *veut relever la Comtesse* : Quoi, c'était vous, Comtesse ? *(D'un ton suppliant.)* Il n'y a qu'un pardon bien généreux...

LA COMTESSE, *en riant* : Vous diriez « Non, non », à ma place ; et moi, pour la troisième fois [1] d'aujourd'hui, je l'accorde sans condition.

Elle se relève.

SUZANNE *se relève* : Moi aussi.

MARCELINE *se relève* : Moi aussi.

FIGARO *se relève* : Moi aussi ; il y a de l'écho ici !

Tous se relèvent.

LE COMTE : De l'écho ! J'ai voulu ruser avec eux ; ils m'ont traité comme un enfant !

LA COMTESSE, *en riant* : Ne le regrettez pas, Monsieur le Comte.

---

1. Cf. acte II, scène 19, et acte IV, scène 5, où c'est implicitement que la Comtesse pardonne au Comte quand Fanchette dévoile qu'il lui fait la cour.

FIGARO, *s'essuyant les genoux avec son chapeau* : Une petite journée comme celle-ci forme bien un ambassadeur !

LE COMTE, *à Suzanne* : Ce billet fermé d'une épingle ?...

SUZANNE : C'est Madame qui l'avait dicté.

LE COMTE : La réponse lui en est bien due.

> *Il baise la main de la Comtesse.*

LA COMTESSE : Chacun aura ce qui lui appartient.

> *Elle donne la bourse à Figaro et le dia-*
> *mant à Suzanne.*

SUZANNE, *à Figaro* : Encore une dot.

FIGARO, *frappant la bourse dans sa main* : Et de trois [1]. Celle-ci fut rude à arracher !

SUZANNE : Comme notre mariage.

GRIPPE-SOLEIL : Et la jarretière de la mariée, l'aurons-je ?

LA COMTESSE *arrache le ruban qu'elle a tant gardé dans son sein* [2], *et le jette à terre* : La jarretière ? Elle était avec ses habits ; la voilà.

> *Les garçons de la noce veulent la*
> *ramasser.*

CHÉRUBIN, *plus alerte, court la prendre et dit* : Que celui qui la veut vienne me la disputer.

LE COMTE, *en riant, au page* : Pour un Monsieur si chatouilleux, qu'avez-vous trouvé de gai à certain soufflet de tantôt [3] ?

CHÉRUBIN *recule en tirant à moitié son épée* : À moi, mon colonel ?

---

1. Cf. acte III, scènes 17 et 18 (la dot donnée par la comtesse, la dette à laquelle Marceline renonce). De plus, acte III, scène 19, Bartholo est sur la voie de ne plus réclamer à Figaro les cent écus que Figaro lui a volés dans *Le Barbier*.
2. Cf. acte II, scène 26, et acte IV, scène 3.
3. Cf. acte V, scène 7.

FIGARO, *avec une colère comique* : C'est sur ma joue qu'il l'a reçu : voilà comme les grands font justice !

LE COMTE, *riant* : C'est sur sa joue ? Ah, ah, ah, qu'en dites-vous donc, ma chère Comtesse ?

LA COMTESSE, *absorbée, revient à elle, et dit avec sensibilité* : Ah ! oui, cher Comte, et pour la vie, sans distraction, je vous le jure.

LE COMTE, *frappant sur l'épaule du juge* : Et vous, don Brid'oison, votre avis maintenant ?

BRID'OISON : Su-ur tout ce que je vois, Monsieur le Comte ?... Ma-a foi, pour moi, je-e ne sais que vous dire : voilà ma façon de penser.

TOUS, *ensemble* : Bien jugé.

FIGARO : J'étais pauvre, on me méprisait. J'ai montré quelque esprit, la haine est accourue. Une jolie femme et de la fortune...

BARTHOLO, *en riant* : Les cœurs vont te revenir en foule.

FIGARO : Est-il possible ?

BARTHOLO : Je les connais.

FIGARO, *saluant les spectateurs* : Ma femme et mon bien mis à part, tous me feront honneur et plaisir.

> *On joue la ritournelle du vaudeville. Air noté.*

VAUDEVILLE

BAZILE
Premier couplet

Triple dot, femme superbe ;
Que de biens pour un époux !
D'un seigneur, d'un page imberbe,
Quelque sot serait jaloux.
Du latin d'un vieux proverbe,
L'homme adroit fait son parti.

FIGARO : Je le sais... *(Il chante.)* Gaudeant bene nati.

BAZILE : Non... *(Il chante.)* Gaudeant bene nanti [1].

le comte

SUZANNE
Deuxième couplet
Qu'un mari sa foi trahisse,
Il s'en vante, et chacun rit ;
Que sa femme ait un caprice,
S'il l'accuse on la punit.
De cette absurde injustice,
Faut-il dire le pourquoi ?
Les plus forts ont fait la loi... (Bis.)

FIGARO
Troisième couplet
Jean Jeannot, jaloux risible,
Veut unir femme et repos ;
Il achète un chien terrible,
Et le lâche en son enclos.
La nuit, quel vacarme horrible !
Le chien court, tout est mordu,
Hors l'amant qui l'a vendu... (Bis.)

le badinage

LA COMTESSE
Quatrième couplet
Telle est fière et répond d'elle,
Qui n'aime plus son mari ;
Telle autre, presque infidèle,
Jure de n'aimer que lui.
La moins folle, hélas ! est celle
Qui se veille [2] en son lien,
Sans oser jurer de rien... (Bis.)

la comtesse

LE COMTE
Cinquième couplet
D'une femme de province,
À qui ses devoirs sont chers,
Le succès est assez mince ;
Vive la femme aux bons airs !
Semblable à l'écu du Prince,

marceline

---

1. *Gaudeant bene nati* : que se réjouissent les bien-nés. *Gaudeant bene nanti* : que se réjouissent les bien-nantis (« nanti » n'est pas un mot latin, mais un jeu de mots).
2. *Se veiller* : se surveiller comme femme mariée.

Sous le coin [1] *d'un seul époux,*
Elle sert au bien de tous... (Bis.)

MARCELINE
Sixième couplet
Chacun sait la tendre mère,
Dont il a reçu le jour ;
Tout le reste est un mystère,
C'est le secret de l'amour.

FIGARO *continue l'air.*
Ce secret met en lumière
Comment le fils d'un butor
Vaut souvent son pesant d'or... (Bis.)

Septième couplet
Par le sort de la naissance,
L'un est roi, l'autre est berger ;
Le hasard fit leur distance ;
L'esprit seul peut tout changer.
De vingt rois que l'on encense,
Le trépas brise l'autel ;
Et Voltaire est immortel... (Bis.)

CHÉRUBIN
Huitième couplet
Sexe aimé, sexe volage,
Qui tourmentez nos beaux jours,
Si de vous chacun dit rage [2],
Chacun vous revient toujours.
Le parterre est votre image ;
Tel paraît le dédaigner,
Qui fait tout pour le gagner... (Bis.)

SUZANNE
Neuvième couplet
Si ce gai, ce fol ouvrage,
Renfermait quelque leçon,
En faveur du badinage,
Faites grâce à la raison.
Ainsi la nature sage

---

1. *Coin* : « morceau de fer trempé et gravé, qui sert à marquer les monnaies et les médailles ». *(L.)*
2. *Dit rage* : « dire rage de quelqu'un, en dire tout le mal possible ». *(L.)*

Nous conduit, dans nos désirs,
À son but, par les plaisirs... (Bis.)

BRID'OISON
Dixième couplet
Or, Messieurs, la co-omédie
Que l'on juge en cè-et instant,
Sauf erreur, nous pein-eint la vie
Du bon peuple qui l'entend.
Qu'on l'opprime, il peste, il crie ;
Il s'agite en cent fa-açons ;
Tout fini-it par des chansons:.. (Bis.)

BALLET GÉNÉRAL

FIN DU CINQUIÈME ET DERNIER ACTE

S'adresser, pour la musique de l'ouvrage, à
M. BAUDRON, chef d'orchestre du Théâtre-Français.

DOSSIER

1 — *La Première du* Mariage

2 — *Naissance du genre sérieux*

3 — *De la parade au drame*

4 — *L'évolution des tons dans la trilogie*

5 — *Le monologue de Figaro*

6 — *Beaumarchais scénographe*

7 — *La surprise du désir*

UN TRIOMPHE APRÈS SIX ANS D'ATTENTE, DES CENSEURS EN SÉRIE ET L'HOSTILITÉ DU ROI

C'est le 27 avril 1784 que les Comédiens-Français représentent pour la première fois *Le Mariage de Figaro*, dans leur nouvelle salle ouverte en 1782 (l'Odéon actuel). Le public s'y précipite ; la bousculade règne le soir de la première. Et le succès dure : les représentations se succèdent*.

• *Il y eut 116 représentations au XVIII⁰ siècle, dont 73 entre la première et le mois de février 1785, chiffre très élevé pour l'époque.*

Pourtant, beaucoup a été fait pour empêcher cette première : la pièce, achevée depuis 1778, n'est jouée que six ans plus tard, après avoir été lue par six censeurs entre 1781 et 1784. Mis à part le premier qui, en 1781, demande des modifications, et le second qui, en 1782, est hostile, les quatre suivants (deux en 1783, deux autres en 1784) émettent un avis favorable. C'est de Louis XVI que vient l'hostilité ; la pièce, qui lui est lue en 1781, lui déplaît ; cependant, en 1783, les Comédiens-Français ont ordre de la répéter pour le théâtre des Menus-Plaisirs, mais, alors que la représentation est imminente, le roi l'interdit. Mme Campan** raconte comment le roi réagit à la lecture de la pièce, et décide de l'interdire. Le récit, très connu, est peu digne de crédit.

•• *Mme Campan (1752-1822) fut d'abord lectrice de Mesdames (les belles-sœurs du roi), puis femme de chambre de la dauphine Marie-Antoinette. Elle écrit ses Mémoires bien avant la Révolution.*

Le roi m'interrompait souvent, par des exclamations toujours justes, soit pour louer, soit pour blâmer. Le plus souvent, il se récriait : « C'est de mauvais goût ; cet homme ramène continuellement sur la scène l'habitude des *concetti*[1] italiens. » Au monologue de Figaro, dans lequel il attaque diverses parties d'administration mais essentiellement à la tirade sur les prisons d'État, le roi se leva avec vivacité et dit : « C'est détestable, cela ne sera jamais joué : il faudrait détruire la Bastille pour que la représentation de cette pièce ne fût pas une inconséquence dangereuse. Cet homme déjoue tout ce qu'il faut respecter dans un gouvernement.[2] »

Au début de 1784, Beaumarchais écrit au baron de Breteuil[·]. Il explique que « cette proscription de la Cour n'[ayant] fait qu'irriter la curiosité de la ville, [il est] condamné de nouveau à des lectures sans nombre ». Puis il aborde l'interdiction de la représentation au théâtre des Menus-Plaisirs.

> [·] Louis Le Tonnelier, baron de Breteuil (1733-1807), ambassadeur puis ministre de 1783 à 1788.

Un an après[3], des personnes dont je respecte les demandes, ayant désiré donner une fête à l'un des frères du roi, voulurent absolument qu'on y jouât *Le Mariage de Figaro*. Pour toute condition à ma déférence, je priai qu'on ne confiât la pièce, très difficile à jouer, qu'aux seuls Comédiens-Français ; du reste, je laissais tout à la volonté des deman-

---

1. Pensées brillantes et affectées, traits d'esprit.
2. Mme Campan, *Mémoires*, tome I, 1928, p. 199-204. Cité par A. de Maurepas et F. Brayard dans *Les Français vus par eux-mêmes. Le XVIIIe siècle. Anthologie des mémorialistes du XVIIIe siècle*, R. Laffont, « Bouquins », 1996, p. 472.
3. C'est-à-dire un an après la lecture par le premier censeur qui impose des modifications en 1781. La représentation au théâtre des Menus-Plaisirs devait avoir lieu le 13 juin 1783.

deurs. Je ne sais vraiment quelle intrigue de cour alors sollicitée obtint, enfin amena, la défense expresse du roi de jouer la pièce aux Menus-Plaisirs [1] ; ou plutôt si je le sais, je crois inutile de le dire à qui le sait beaucoup mieux que moi. Encore une fois, je remis patiemment ma pièce en portefeuille, attendant qu'un autre événement l'en tirât [...]. [2] »

• Poète et auteur dramatique, actif entre 1758 et 1790.

Dans *Le Café littéraire* de A. Carrière-Doisin[•] (1785), des écrivains se réfèrent à la publicité dont *Le Mariage* a joui avant sa représentation publique et à la série des censeurs. L'interdiction de cette pièce, puis son autorisation et son succès ont marqué les esprits puisqu'on en trouve trace dans les œuvres qu'elle a suscitées.

SONGECREUX [3]. – Ce n'est donc qu'un mot vague ou bien présomptueux, que celui qui fait entendre qu'il juge sa pièce absolument bonne par son succès : car enfin, Messieurs, vous savez mieux que personne, que l'enthousiasme n'est souvent que le résultat des circonstances. Un auteur connu pour exceller dans l'art de la plaisanterie, et qui se trouve dans une certaine position, excite la curiosité. Alors la malice s'éveille et ne

1. « Les Menus-Plaisirs ou simplement Menus, c'est chez le roi le fonds destiné à l'entretien de la musique tant de la chapelle que du concert de la reine, aux frais des spectacles, bals, et autres fêtes de la cour. Il y a un intendant, un trésorier, un contrôleur ; et un caissier des Menus, dont chacun [...] est chargé de l'ordonnance des fêtes, d'en arrêter, viser et payer les dépenses. » *Encyclopédie*, tome X, éd. origin. 1765, Paris, Briasson-David-Le Breton-Durand, en reprint chez Readex Microprint Corporation, New York, 1969.
2. Lettre au baron de Breteuil, dans Beaumarchais, *Théâtre complet*, éd. Heylli et Marescot, Paris, Académie des bibliophiles, 1869-1871, tome III, p. XV. Désormais : Heylli, éd. cit.
3. Les personnages de Songecreux, Durimet, L'Impératif et L'Étranger sont des auteurs ; leur nom définit assez bien leur position littéraire.

manque pas d'annoncer, six mois d'avance, plus de méchanceté qu'il n'a eu dessein d'en mettre dans son ouvrage. De là chacun dit son mot, fait des allusions, les têtes se montent, on veut voir ; et voilà comme, de la patience, on parvient aussi à glisser assez de hardiesses, pour faire porter une comédie aux nues, avant même que qui que ce soit l'ait comprise, et c'est ce qui est arrivé. [...]

DURIMET. – Cependant, Messieurs, vous conviendrez que *La Folle Journée* a éprouvé bien des contrariétés, bien du retard. [...]

L'ÉTRANGER. – Comment ! il a fallu neuf ans [1] pour faire passer cette pièce ?

L'IMPÉRATIF. – Et tout un comité de censeurs, comme vous voyez.

L'ÉTRANGER. – Mais il y a donc là un dessous de cartes [2] qu'on ne comprend pas.

L'IMPÉRATIF. – Le dessous de cartes est que si l'auteur eut voulu émousser quelques traits, détourner de certaines allusions, cela aurait été plus rondement [3].

CAMPAGNE DE LECTURES

Les difficultés ont un effet contraire au but visé : la pièce, au lieu d'être étouffée, devient célèbre avant sa représentation. Pendant que les embûches s'accumu-

---

1. Exagération : il en fallut six.
2. Secret, dessein caché.
3. *Le Café littéraire ou La Folie du jour*, comédie-prologue de Mlle A. Carrière-Doisin, 1785, extrait de la scène 4. *Le Mariage* a suscité de nombreuses suites et parodies. La plupart d'entre elles n'ont été éditées qu'à l'époque de leur représentation. Le département des Arts du spectacle de la Bibliothèque nationale de France (localisé actuellement à l'Arsenal) conserve ces éditions originales ; elles sont classées dans la collection Rondel. Toutes les citations de suites et de parodies proviennent de cette source. Nous avons limité notre choix aux œuvres écrites dans les trois années qui ont suivi les représentations.

lent, Beaumarchais réussit à faire connaître son ouvrage dont il multiplie les lectures privées à partir de 1781. En septembre de cette année-là, Sedaine, qui a écouté une lecture de la pièce dans une version distincte de celle que nous connaissons, écrit à Beaumarchais ; il apprécie l'ouvrage, le commente et en oriente les corrections. Ses remarques laissent supposer que des aspects licencieux ont ensuite été gommés et que le public, habile à saisir la moindre allusion sexuelle, spéculait hardiment sur les désirs des personnages. Sedaine fournit de précieuses clefs d'interprétation pour la trilogie, comme le font ses remarques qui concernent Rosine du *Barbier*, devenue la comtesse du *Mariage*.

D'un autre côté, cette Rosine s'est prêtée avec tant de finesse à tromper le docteur qu'on ne peut s'empêcher d'imaginer qu'un jour elle trompera son mari, et je ne suis pas le seul qui en fait la réflexion. [...]
Je crains qu'on ne puisse supporter sur la scène cette charmante et facile comtesse que l'imagination au sortir du cabinet voit encore toute barbouillée de f...[1] ; mais il n'est rien qu'on ne fasse passer avec des distractions de l'objet principal[2].

LETTRES ET SOUTIENS

De plus, Beaumarchais écrit aux autorités. Dans le texte adressé à M. Le Noir,

---

1. Foutre, ici nom commun.
2. Extrait de la lettre de Sedaine à Beaumarchais du 9 septembre 1781, dans F. Lintilhac, *Beaumarchais et ses œuvres*, Hachette, 1887, p. 82.

lieutenant de police, il annonce que, pour montrer que sa pièce n'est pas immorale comme on l'en accuse, il composera une préface ; celle-ci est donc à lire davantage comme une justification *a posteriori* que comme un exposé des intentions premières. Il écrit au roi en 1784 pour défendre sa pièce. Il rappelle que l'ouvrage, déjà approuvé par de nombreux censeurs, est passé devant un « tribunal » littéraire présidé par M. le baron de Breteuil ; il demande l'autorisation de la faire représenter.

Beaumarchais fait plus qu'affronter l'adversité, il en tire avantage ; sa campagne de lecture suscite la curiosité et donne d'ores et déjà un public potentiel à la pièce. Il est soutenu dans son combat. En 1781, les Comédiens-Français reçoivent sa pièce. En 1782, dans la lettre à M. Le Noir, il fait état des « plus vives instances des Comédiens du roi, [de] celles de tous les théâtres des princes ou de société qui désiraient jouer la pièce, [des] demandes réitérées de tous les directeurs de province et des spectacles étrangers [1] ». En 1783, les Comédiens-Français la représentent à Gennevilliers, dans la maison de campagne du comte de Vaudreuil, pour le comte d'Artois, frère du Louis XVI*. Dans la lettre au baron de Breteuil de 1784, Beaumarchais évoque comment il fut sollicité.

• *Le comte de Vaudreuil (1691-1763) et le comte d'Artois (1757-1836), frère de Louis XVI, qui succédera à Louis XVIII sous le nom de Charles X et régnera de 1824 à 1830, apprécient tous deux le théâtre de Beaumarchais : en 1785, quand Le Barbier est joué au théâtre de Trianon avec la reine dans le rôle de Rosine, le comte d'Artois joue celui de Figaro et M. de Vaudreuil celui d'Almaviva.*

---

1. Lettre au lieutenant de police, Beaumarchais, *Œuvres complètes*, Paris, éd. Laplace, Sanchez et Cie, 1876, p. 734.

Les Comédiens ont su que j'avais [la pièce], ils me l'ont arrachée. Mais à l'éloge outré qu'ils en firent après l'avoir lue, toutes les sociétés de Paris voulurent la connaître. [...] L'an dernier [1] j'étais en Angleterre occupé d'affaires graves. Il me vint et lettre et courrier. Il faut *Le Mariage de Figaro*. Point de salut sans Figaro. C'est encore une fête pour le frère du roi. Si vous n'arrivez pas promptement, on jouera la pièce sans vous, les comédiens ayant leur rôle. Je revins à Paris, et, tout en rendant grâce de la préférence, j'objecte les défenses du roi ; l'on se charge obligeamment d'en obtenir la levée. Je demande alors pour toute condition qu'on me permette de faire censurer de nouveau l'ouvrage [...] [2].

Cette représentation a lieu et précède de peu la première publique. Une dernière difficulté surgit. L'impression de la pièce est autorisée en 1784, et réalisée en 1785 ; mais la publication en est interdite, car Beaumarchais est emprisonné à Saint-Lazare du 8 au 13 mars 1785 pour avoir, dans une lettre parue au *Journal de Paris*, traité de « lions et de tigres » ceux qui se sont opposés à sa pièce. Finalement, la pièce et sa préface peuvent paraître en avril 1785.

1. En 1783.
2. Extrait de la lettre au baron de Breteuil, dans Heylli, éd. cit., p. xv.

LA COMÉDIE LARMOYANTE, ANCÊTRE DU DRAME

Dans la préface du *Mariage de Figaro*, Beaumarchais décrit le triste état où se trouve la comédie en France, en reprenant, à quelques modifications près, un passage de sa lettre au baron de Breteuil de 1784[1]. Il s'y présente comme un réformateur et fait de sa pièce une œuvre de régénérescence.

Mais c'est surtout le drame qui marque l'époque. Ce nouveau genre, né dans la seconde moitié du XVIIIᵉ siècle, est annoncé par la comédie larmoyante de la précédente moitié. Nivelle de La Chaussée** en offre un exemple avec *Le Préjugé à la mode* (1735). Durval, mari devenu volage, éprouve pour son épouse, Constance, une nouvelle passion dont il ne lui fait pourtant pas l'aveu ; en effet, il craint le ridicule dont le monde affuble un mari amoureux, et il croit que sa femme lui est infidèle, alors qu'elle est la vertu même et souffre au plus haut point de la situation. Cependant, déguisé sous les traits d'un ami, il obtient de Constance l'aveu qu'elle l'aime encore ; après cette tirade

« [...] On n'obtient ni grand pathétique, ni profonde moralité, ni bon ni vrai comique, au théâtre, sans des situations fortes et qui naissent toujours d'une disconvenance sociale dans le sujet qu'on veut traiter » (*Préface du Mariage*, p. 52).

** *Pierre Nivelle de La Chaussée (1691 ou 1692-1754). Académicien en 1736, il a écrit dans tous les genres dramatiques, mais ce sont ses « comédies larmoyantes » qui l'ont fait connaître : le spectateur s'y attendrit au spectacle de la vertu. C'est en quoi ce genre annonce le drame.*

1. Voir note 2, p. 231.

« LA COMTESSE.
– Ah ! je l'ai trop
aimé ! je l'ai lassé de
mes tendresses, et
fatigué de mon
amour ; voilà mon
seul tort avec lui »
*(*Le Mariage, *II, 1).*

émouvante, tout s'arrange... Cette longue plainte de l'épouse délaissée devient, chez le personnage bien plus complexe de Rosine, un ensemble de touches plus discrètes.

CONSTANCE. – [...] Quel que fût le progrès
[de ma tendresse extrême,
Mon bonheur fut plus grand, puisqu'on
[m'aima de même.
Qu'est devenu ce temps ? Vous ne croirez
[jamais
D'où vient le changement d'un sort si
[plein d'attraits.
Un revers imprévu détruisit ma fortune ;
Ma tendresse bientôt lui devint importune ;
L'excès de mon amour lui parut indiscret :
Je le vis ; il fallut le rendre plus discret.
Le refroidissement, bien plus terrible encore,
Vint éteindre l'amour d'un époux que j'adore,
Et bientôt loin de moi l'entraîna tour à tour.
Je crus perdre la vie en perdant son amour.
J'eusse été trop heureuse ! En ce malheur
[extrême,
Je sentis qu'on ne vit que par l'objet qu'on
[aime ;
Qu'on perd tout en perdant ces transports
[mutuels,
Ces égards si flatteurs, ces soins continuels,
Cet ascendant si cher et cette complaisance,
Cet intérêt si tendre, et cette confiance,
Qu'on trouve dans un cœur que l'on tient
[sous ses lois.
Cependant je vécus pour mourir mille fois.
Je joignis à mes maux celui de me
[contraindre [1] :

---

1. *Celui de me contraindre* : le mal que j'éprouvais en m'interdisant de me plaindre.

Je me suis toujours fait un crime de me
[plaindre [1].

LE GENRE SÉRIEUX

Quand *Le Mariage de Figaro* est représenté, le drame, genre nouveau, attire
l'attention depuis plusieurs années déjà.
C'est dans les *Entretiens sur Le Fils
naturel* (1757) que Diderot définit le
« genre sérieux » comme un intermédiaire entre la tragédie et la comédie.
Dorval, héros du *Fils naturel* et scripteur
de la pièce, en dialoguant avec « Moi »
(Diderot comme personnage), y expose
sa critique du théâtre contemporain, des
commentaires de sa pièce et sa théorie
d'un théâtre réformé. Bien que *Le
Mariage* soit une comédie, la diversité
de ses tons résulte de l'influence du
genre sérieux.

DORVAL. – On distingue dans tout objet
moral, un milieu et deux extrêmes. Il semble
donc que, toute action dramatique étant un
objet moral, il devrait y avoir un genre
moyen et deux genres extrêmes. Nous avons
ceux-ci : c'est la comédie et la tragédie : mais
l'homme n'est pas toujours dans la douleur
ou dans la joie. Il y a donc un point qui
sépare la distance du genre comique au
genre tragique. [...] J'appellerai ce genre *le
genre sérieux* [2].

---

1. Nivelle de La Chaussée, *Le Préjugé à la mode*, dans *Chefs-d'œuvre
des auteurs comiques*, Paris, Librairie Firmin Didot Frères, fils et Cie,
1860, extrait de la scène 5 de l'acte V, p. 79.
2. Diderot, extrait du Troisième Entretien, *Entretiens sur Le Fils naturel,
Œuvres*, éd. L. Versini, R. Laffont, « Bouquins », 1996, tome IV,
p. 1165-1166. Désormais : Versini, éd. cit.

Dans *Du théâtre ou nouvel essai sur l'art dramatique* (1773), Louis-Sébastien Mercier* défend le drame, et souligne notamment le profit à tirer de l'aspect nuancé de ses personnages et de leurs liaisons ; Beaumarchais s'en souvient dans la comédie du *Mariage de Figaro*, ce qui est sensible dans la distribution. Non seulement il confie le rôle de la comtesse à une tragédienne, mais encore, parmi les acteurs, certains ont déjà joué dans des drames [1].

• *Journaliste, dramaturge (ardent défenseur du drame), romancier et auteur d'essais (1740-1814).*

« *La comtesse, agitée de deux sentiments contraires, ne doit montrer qu'une sensibilité réprimée ou une colère très modérée ; rien surtout qui dégrade aux yeux du spectateur son caractère aimable et vertueux. [...] Si [l'acteur de Figaro] voyait [dans son rôle] autre chose que de la raison assaisonnée de gaieté et de saillies, surtout s'il y mettait la moindre charge, il avilirait [ce] rôle* » (Caractères et habillements de la pièce).

Dans [la comédie] je le répète, un caractère absolu domine toujours. En voulant le rendre énergique, on le produit forcé, et alors il grimace : même défaut que dans la tragédie. La perfection d'une pièce serait qu'on ne pût deviner quel est le caractère principal, et qu'ils fussent tellement liés entre eux, qu'on ne pût en séparer un seul sans détruire l'ensemble. On n'a point fait assez d'attention aux caractères mixtes, parmi lesquels flotte toute la race humaine. Les hommes, soit bons, soit méchants, ne sont pas entièrement livrés à la bonté ou à la malice ; ils ont des moments de repos, comme des moments d'action, et les nuances des vertus et des vices sont variées à l'infini [2].

ESTHÉTIQUE DU TABLEAU

Admirateur de Diderot, Beaumarchais se souvient de son aspiration à voir reproduire sur scène la réalité et à y

---

1. Voir Répertoire..., p. 282-283.
2. Louis-Sébastien Mercier, *Du théâtre ou nouvel essai sur l'art dramatique*, cité par M. Lioure, dans *Le Drame*, A. Colin, « U », 1963, p. 141.

retrouver ce qui pourrait donner lieu à des tableaux en peinture [1] ; cette ambition est moins paradoxale qu'il n'y paraît si l'on songe que, à l'époque, la peinture est conçue comme un art qui imite la réalité, même si ses éléments en sont choisis. Toutefois, Beaumarchais, à la scène 4 de l'acte II du *Mariage*, inverse les termes de la leçon du maître : il ne s'agit pas de représenter le sujet possible d'un tableau en peinture, mais de copier sur scène la disposition d'un tableau qui existe et qui a été reproduit en estampe ; il s'inspire donc aussi d'un divertissement de société appelé « tableau vivant », où des personnes déguisées imitent des scènes peintes.

DORVAL. – Il faut que l'action théâtrale soit bien imparfaite encore, puisqu'on ne voit sur la scène presque aucune situation dont on pût faire une composition supportable en peinture. Quoi donc ! la vérité y est-elle moins essentielle que sur la toile ? Serait-ce une règle, qu'il faut s'éloigner de la chose à mesure que l'art en est plus voisin, et mettre moins de vraisemblance dans une scène vivante, où les hommes même agissent, que dans une scène colorée, où l'on ne voit pour ainsi dire, que leurs ombres ?

Je pense, pour moi, que si un ouvrage dramatique était bien fait et bien représenté, la

« La comtesse, assise, tient le papier pour suivre. Suzanne est derrière son fauteuil, et prélude en regardant la musique par-dessus sa maîtresse. Le petit page est devant elle, les yeux baissés. Ce tableau est juste la belle estampe d'après Van Loo, appelée La Conversation espagnole » (Le Mariage, II, 4 et note 5, p. 112-113).

---

1. À propos du tableau au théâtre, voir l'article de P. Szondi, « Tableau et coup de Théâtre », *Poétique* n° 9, 1972, p. 1-14, et celui de P. Frantz, « L'effet du tableau », *Comédie-Française* n° 125-126, janv-fév. 1984, p. 37-43. Voir aussi le récent ouvrage de P. Frantz, *L'Esthétique du tableau dans le théâtre du XVIIIe siècle*, PUF, « Perspectives littéraires », 1998.

scène offrirait au spectateur autant de tableaux réels qu'il y aurait dans l'action de moments favorables au peintre [1].

1. Diderot, extrait du Premier Entretien, *Entretiens sur Le Fils naturel*, dans Versini, éd. cit., p. 1137.

LES PARADES

L'agitation qui a précédé et accompagné les représentations du *Mariage de Figaro* ne suffit pas à expliquer son succès. Beaumarchais, qui a quarante-six ans quand il finit de l'écrire et cinquante-deux ans à la première, exerce ses talents depuis une vingtaine d'années. C'est vers 1760 qu'il se met à écrire pour le théâtre de société (il s'agit de pièces jouées en privé surtout par des amateurs). Elles ont dû être représentées au château d'Étiolles, chez un ami de Beaumarchais, le financier Charles Le Normand, époux de Mme de Pompadour. Nous connaissons aujourd'hui, entre autres, quatre parades *(Les Bottes de sept lieues, Léandre marchand d'agnus* [1], *médecin et bouquetière, Zizabelle mannequin* et *Jean-Bête à la foire),* une saynète *(Colin et Colette)* et une comédie poissarde *(Les Députés de la Halle et du Gros-Caillou).* Ces œuvres, dont les éditions sont posthumes, ont dû être écrites dans les années 1760.
La parade, courte pièce, est un genre emprunté au théâtre de la foire où elle

---

1. *Agnus* (ou *Agnus dei*) image ou médaille qui représente l'Agneau mystique.

devait attirer le public [1] ; elle en retient, outre des personnages types, un comique d'un registre dit « bas » [2] et aux ressources stéréotypées (mots à double entente, scènes scatologiques, etc.). De ces expériences où le dramaturge fait ses débuts, *Le Mariage* hérite non seulement de divers aspects, comme le dynamisme dans les jeux de scène ou une propension à s'amuser avec le langage, mais encore de situations peu conformes à la bienséance, dont la portée est modifiée par le montage complexe d'intrigues et de tons.

« LE COMTE. – Les domestiques ici... sont plus longs à s'habiller que les maîtres ! FIGARO. – C'est qu'ils n'ont point de valets pour les y aider » (Le Mariage, III, 5).

LA REVANCHE DU VALET

L'agressivité réciproque qui règne entre le valet et le maître est un des traits spécifiques de la parade dont l'expression

---

1. Le théâtre de la foire désigne un ensemble des théâtres forains privés qui représentent leur propre répertoire à l'occasion des foires parisiennes de Saint-Germain et de Saint-Laurent. Ils prennent la succession des Comédiens-Italiens expulsés en 1697, et jouent des farces, des scènes dialoguées et des parades. En réaction à leur succès, les Comédiens-Français leur firent interdire progressivement toute possibilité de parler sur scène. En 1714, l'Académie royale de musique permet à une troupe de chanter. Ils jouent des comédies à couplets et à danses, à l'origine du genre de l'opéra-comique (voir préface, note 5, p. 45). Ils s'associent aux Comédiens-Italiens dès leur retour en 1716.
2. Au XVIIIᵉ siècle, les divers types de comique sont envisagés selon l'échelle suivante :
– « Le comique noble peint les mœurs des grands, et celles-ci diffèrent des mœurs du peuple et de la bourgeoisie moins par le fond, que par la forme. »
– « Les prétentions déplacées et les faux airs font l'objet principal du comique bourgeois. »
– « Le comique bas [est] ainsi nommé parce qu'il imite les mœurs du bas peuple [...] il ne faut pas le confondre avec le comique grossier [...] [celui-ci] n'est point un genre à part, c'est un défaut de tous les genres. » (*Encyclopédie*, tome III, 1753, article « comique », éd. cit.)

directe puise dans la violence et la scato-
logie. Réprimée dans le traitement du
rapport entre Almaviva et Figaro[1], elle
constitue un point de repère pour saisir
l'insolence finaude du valet et l'agace-
ment du maître[2]. Un passage de *Jean-
Bête à la foire*, parade probablement la
plus tardive, en témoigne. Gilles, le
valet, vient d'être rossé par Cassandre,
son maître, dont il a brossé un portrait
peu flatteur ; il prend alors sa revanche.

GILLES. – Ah ! oui, monsieur Cassandre,
c'est comme ça que vous reconnaissez mes
services ? Ah, vous allez voir de queu bois je
me mouche. Je ne suis pas t'un ingrat ; tu
vas en avoir dans les tripes et partout, vieux
bouquin[3] !

> *Il le bat. Cassandre tombe.*

CASSANDRE. – Ah ! je suis tout disséqué,
tout vermoulu !

GILLES. – Par bonheur il n'y a que la tête qui
z'a porté. N'avez-vous pas besoin d'un peu
d'huile de cotteret[4] ?

CASSANDRE. – Monsieur Gilles, je n'aurais
jamais cru ça de vous, z'un garçon que nous
aimons t'à l'adoration, que j'aurais mis dans
ma chemise !

---

1. En destinant une pièce au Théâtre-Français, tout auteur sait qu'il
doit veiller à la bienséance.
2. À propos du rapport entre pouvoir et histoire, voir l'article
d'A. Ubersfeld, « Un balcon sur·la terreur », art. cit., p. 105-115.
3. « En style proverbial, [...] débauché, homme adonné aux femmes »
(Féraud, *Dictionnaire critique de la langue française*, 1787). Pour les
extraits de parades ci-dessous, nous empruntons aux notes de l'édition
Larthomas les références aux ouvrages qui éclairent le sens de certains
mots et expressions.
4. Cotteret ou cotret : petit fagot. « On appelle *huile de cotret* les coups
de bâton » (Panckoucke, *Dictionnaire des proverbes français*, Paris,
1758).

GILLES. – Vous vouliez donc me faire dévo-
rer tout vivant ? çà vous ne vous êtes pas fait
mal au nez ?

CASSANDRE. – Sans doute, coquin
z'indigne !

GILLES. – Faut le tenir le plus chaud que
vous pourrez. (Gilles avance son derrière.)
Vous qu'aimez les porcelaines : c'est ça qui
serait z'un beau morceau, s'il n'était pas de
deux pièces !

CASSANDRE. – Comment, z'insolent ! Me
faire des impuretés après m'avoir battu z'en
ma présence, ce qu'est z'un grand manque
d'égards à l'endroit d'un maître ! (*Il se
bouche le nez.*) Savez-vous, monsieur de
Gilles, que si je n'avais pas pour vous t'un
peu de respect humain...

Il se bouche le nez.

GILLES. – Queu mine que c'est ça donc,
monsieur Cassandre ?

CASSANDRE : Vilain z'impur, quand tu t'es
approché de moi, j'ai senti t'une poison [1] !...
Vous devriez ben queux fois le matin vous
laver les mains dans le ruisseau... z'avant de
retourner la salade, pas vrai [2] ?

FEMME À L'ENFANT

C'est sur un ton moqueur que les
parades traitent plusieurs fois la situation d'une jeune femme enceinte qui a
déjà eu plusieurs enfants sans être
mariée [3]. Dans *Les Bottes de sept lieues*,

---

1. « Anciennement [...] on disait la poison » (Féraud, *Dictionnaire critique de la langue française, op. cit.*).
2. *Jean-Bête à la foire* (scène 2), dans Larthomas, éd. cit., p. 65-66.
3. Cette situation et celle, concomitante, de l'enfant naturel, sont analy-
sées par J.-P. de Beaumarchais, dans « Enfant naturel, enfant de la
nature », *Europe*, avril 1973, p. 50-56.

Isabelle, amoureuse de Léandre, rappelle qu'elle a été « z'attrap[ée] quatre fois, à dix-sept ans [qu'elle a] par ces vilains garçons » (scène 1). Dans la scène 3, elle se demande comment échapper à la surveillance de son père Cassandre. Léandre lui propose de l'enlever et de l'épouser ; elle ne se préoccupe que de sauver les apparences, mais ce souci, aussi dérisoire soit-il, trouve une justification dans le plaidoyer de Marceline qui condamne le jugement des hommes.

ISABELLE. – Ah ! pardine vous m'en coulez pas mal [1], z'et voilà t'en effet z'une belle chose que le mariage pour réparer le tort fait à l'honneur des filles ! Z'encore une fois, cher Liandre, je vous le répète, les coups que j'appréhende le plus de recevoir du public, sont les ceux de la langue ; je me moque du reste. Arrangez-vous là-dessus. Partant que mon pauvre honneur soit z'à couvert, je n'en demande pas davantage ; et si vous trouviez quelque comment pour qu'il ne parût pas que j'y consentisse, je veux que trente mille diables me tordent le cou si je ne me laissais t'enlever par vous, toute brandie [2], vingt fois pour une [3].

MARCELINE, s'échauffant par degrés. – Tel nous juge si sévèrement, qui peut-être en sa vie a perdu dix infortunées. [...] Hommes plus qu'ingrats, qui flétrissez par le mépris les jouets de vos passions, vos victimes ! » (Le Mariage, III, 16).

1. « *Couler à fond*, c'est figurément fermer la bouche à quelqu'un dans une dispute » (Leroux, *Dictionnaire comique, satirique, critique, burlesque, libre et proverbial*, éd. De Pampelune, 1786).
2. « Enlever un fardeau tout brandi, c'est-à-dire tout d'un coup, sans aucune espèce d'effort, sans aucun secours » (D'Hautel, *Dictionnaire de bas langage*, 1808).
3. *Les Bottes de sept lieues* (scène 3), dans Larthomas, éd. cit., p. 19.

L'AUTEUR ET LA BELLE

Un « Avant-propos de la lecture », qui doit probablement dater des années 1780, aide à comprendre pourquoi, après avoir fait rire de plus d'une Isabelle, Beaumarchais fait pleurer sur le sort d'Eugénie et invite à la révolte avec Marceline. En effet, en tant qu'auteur sollicité, il s'identifie aux belles courtisées, puis abandonnées à la honte ; la métaphore filée invite ainsi à considérer que Marceline, mais aussi potentiellement Rosine, Fanchette et Suzanne ne sont pas sans rapport avec lui. Il feint de rapporter le propos d'un auteur qui refuse de lire son ouvrage et à qui on le reproche en le comparant à une coquette.

« FANCHETTE.
*– Toutes les fois que vous venez m'embrasser, vous savez bien que vous dites toujours : "Si tu veux m'aimer, petite Fanchette, je te donnerai ce que tu voudras." » (*Le Mariage, *IV, 5.)*

Coquette à part, reprit l'auteur, votre comparaison est plus juste que vous le pensez. Les belles et nous avons souvent le même sort d'être oubliés après le sacrifice. La curiosité pressante qu'inspire un ouvrage annoncé ressemble en quelque sorte aux désirs fougueux de l'amant. Mais à peine avez-vous obtenu des belles et de nous ce que vous souhaitez avec ardeur, que vous nous forcez à rougir d'avoir trop peu d'appâts pour vous fixer. Nous devons donc repousser également le trompeur encens des flatteries et ces précoces douceurs qui se changent en critiques aussitôt que nous nous sommes livrés. Nous enfantons avec douleur, vous n'avez, vous, que les jouissances, et tout cela ne peut vous désarmer.

Soyez plus justes ou ne demandez rien. Dans une injure consommée, partout le coupable est timide ; ici, c'est l'offensé qui n'ose lever les yeux. Mais pour que rien ne manque au parallèle, après avoir prévu les suites de ma démarche, inconséquent, faible comme les belles, je vous lirai mon fol ouvrage [1].

LA THÉORISATION DU GENRE DRAMATIQUE SÉRIEUX

Après les parades, Beaumarchais change radicalement de genre et de cadre. C'est pour le Théâtre-Français qu'il écrit *Eugénie* (1767) et *Les Deux Amis* (1770), deux drames, genre qu'il définit dans l'*Essai sur le genre dramatique sérieux*, préface d'*Eugénie*. Passer sans transition du rire à gorge déployée et du bas de la hiérarchie des genres avec les parades aux larmes et à une zone médiane récemment ouverte entre la comédie et la tragédie avec le drame montre un auteur qui explore les extrêmes et les intermédiaires. La complexité tonale et l'émotion contenue de *La Folle Journée* en garde la mémoire.

C'est en se référant surtout à Diderot, et notamment au *Père de famille* et à *De la poésie dramatique* (1758) [2], que Beaumarchais compose son *Essai sur le genre dramatique sérieux*. Il y circonscrit l'objet du drame :

---

1. « Avant-propos de la lecture », dans Larthomas, éd. cit., p. 1368.
2. Deuxième pièce de Diderot, *Le Père de famille* est associé au texte théorique *De la poésie dramatique*. L'auteur définit son projet théâtral en ces termes : « J'ai essayé de donner dans *Le Fils naturel* l'idée d'un drame qui fût entre la comédie et la tragédie. *Le Père de famille* [...] est entre le genre sérieux du *Fils naturel* et la comédie » (Versini, éd. cit., p. 1279).

Est-il permis d'essayer d'intéresser un peuple, au théâtre, et faire couler ses larmes sur un événement tel qu'en le supposant véritable et passé sous ses yeux entre des citoyens, il ne manquerait jamais de produire cet effet sur lui ? Car tel est l'objet du genre honnête et sérieux [1].

Après avoir regretté que les pièces comiques soient dépourvues d'efficacité morale, il leur oppose l'effet du drame. Il était nécessaire d'opposer les pleurs au rire pour imposer un genre nouveau. Une fois exploré cet espace des pleurs entre la comédie et la tragédie, Beaumarchais s'attache, dans *La Folle Journée*, à un champ plus étroit, oscillant entre la comédie gaie et le drame. Ses tonalités nuancées et ambivalentes supposent que le rire protège de l'émotion ou tente de la maîtriser [2] ; *Le Mariage de Figaro* laisse les larmes au bord des yeux.

[...] Si le rire bruyant est ennemi de la réflexion, l'attendrissement, au contraire, est silencieux ; il nous recueille, il nous isole de tout. Celui qui pleure au spectacle est seul ; et plus il le sent, plus il pleure avec délices, et surtout dans les pièces du genre honnête et sérieux qui remuent le cœur par des moyens si vrais, si naturels. Souvent, au milieu d'une scène agréable, une émotion charmante fait tomber des yeux des larmes abondantes et faciles, qui se mêlent aux

« LE COMTE. – Vous êtes bien émue, Madame !
LA COMTESSE. – Je ne m'en défends pas. Qui sait le sort d'un enfant jeté dans une carrière aussi dangereuse ! Il est allié de mes parents ; et de plus, il est mon filleul » (Le Mariage, I, 10).

---

1. Larthomas, éd. cit., p. 123.
2. G. Conesa analyse avec précision comment le comique de Beaumarchais tient, entre autres, aux « effets séquentiels », *La Trilogie de Beaumarchais, op. cit.*, p. 103 et *sq.*, voir Présentation, p. 21-22 et note 1, p. 22.

traces du sourire et peignent sur le visage l'attendrissement et la joie. Un conflit si touchant n'est-il pas le plus beau triomphe de l'art, et l'état le plus doux pour l'âme sensible qui l'éprouve [1] ?

Eugénie

Depuis Diderot, l'invention du drame est associée à une recherche scénographique. Dans *Eugénie*, créée le 29 janvier 1767, Beaumarchais imagine d'occuper la scène pendant les entractes, et explique pourquoi. Cette nouveauté• participe à un double souci qui marque l'époque, représenter fidèlement la réalité sur scène, et s'employer à développer la dimension visuelle du spectacle ; mais les Comédiens-Français la refusèrent. *Le Mariage de Figaro* profite de cette recherche.

• *« Pendant l'entracte, des valets arrangent la salle d'audience »* (Le Mariage, *entre les actes II et III*).

Jeu d'entracte.
Un domestique entre. Après avoir rangé les sièges qui sont autour de la table à thé, il en emporte le cabaret [2] et vient remettre la table à sa place auprès du mur de côté. Il enlève des paquets dont quelques fauteuils sont chargés, et sort en regardant si tout est bien en ordre.
L'action théâtrale ne se reposant jamais, j'ai pensé qu'on pourrait essayer de lier un acte à celui qui le suit par une action pantomime [3] qui soutiendrait, sans la fatiguer,

---

1. *Essai sur le genre dramatique sérieux*, dans Larthomas, éd. cit., p. 127.
2. Petit meuble ou coffret contenant un service à boisson.
3. Façon de s'exprimer par le geste et la mimique sans recours au langage parlé.

l'attention des spectateurs, et indiquerait ce qui se passe derrière la scène pendant l'entracte. Je l'ai désignée entre chaque acte. Tout ce qui tend à donner de la vérité est précieux dans un drame sérieux, et l'illusion tient plus aux petites choses qu'aux grandes [1].

LES DEUX AMIS

En 1770, le Théâtre-Français représente *Les Deux Amis* de Beaumarchais qui n'obtient aucun succès. L'intrigue centrale combine une question financière à un problème amoureux. L'extrait qui suit ne reflète qu'un aspect bien particulier ; Aurelly, qui a élevé Pauline en lui faisant croire qu'elle est sa nièce, lui révèle qu'elle est sa fille, née d'un mariage secret ; cette scène de reconnaissance [2] traitée de façon pathétique permet de sentir comment son équivalent dans *Le Mariage de Figaro* opère un déplacement tonal.

« MARCELINE, montrant Bartholo. *– Voilà ton père. FIGARO,* désolé. *– O o oh ! aïe de moi ! MARCELINE. – Est-ce que la nature ne te l'a pas dit mille fois ? FIGARO. – Jamais »* (Le Mariage, III, 16).

AURELLY, *d'une voix étouffée.* – Ah ! ma Pauline !

PAULINE. – Qu'avez-vous ?

AURELLY. – Ta sensibilité m'ouvre l'âme, et mon secret...

PAULINE. – Ne regrettez pas de me l'avoir confié.

AURELLY. – Mon secret... s'échappe avec mes larmes.

PAULINE. – Mon oncle !...

AURELLY. – Ton oncle !

PAULINE. – Quels soupçons !

1. *Eugénie* (entre les actes I et II), dans Larthomas, éd. cit., p. 154.
2. Voir la Présentation, note 2, p. 29.

AURELLY. – Tu vas me haïr.

PAULINE. – Parlez.

AURELLY. – Ô précieuse enfant !

PAULINE. – Achevez !

AURELLY, *lui tend les bras*. – Tu es cette fille chérie.

PAULINE, *s'y jette à corps perdu*. – Mon père !

AURELLY *la soutient*. – Ma fille ! ma fille ! la première fois que je me permets ce nom, faut-il le prononcer si douloureusement ?

PAULINE *veut se mettre à genoux*. – Ah ! mon père !

AURELLY *la retient*. – Mon enfant... console-moi : dis-moi que tu me pardonnes le malheur de ta naissance. Combien de fois j'ai gémi de t'avoir fait un sort si cruel !

PAULINE, *avec un grand trouble*. – N'empoisonnez pas la joie que j'ai d'embrasser un père si digne de toute mon affection [1].

---

1. *Les Deux Amis* (III, 4), dans Larthomas, éd. cit., p. 239.

LE BARBIER DE SÉVILLE (1775),
ANCIENNE GAIETÉ ET PLAISANTERIE ACTUELLE

C'est après avoir composé ses deux drames que Beaumarchais, opérant une nouvelle volte-face, revient au comique avec *Le Barbier de Séville* (1775). Il entend ouvrir, dans la gamme comique, une nouvelle zone composite en alliant « l'ancienne et franche gaieté » au « ton léger de notre plaisanterie actuelle »[1].
L'intrigue du *Barbier de Séville* est conventionnelle : un vieux tuteur, Bartholo, pour l'épouser plus sûrement, enferme une jeune fille, la future comtesse, dont un jeune homme, Almaviva, réussit toutefois à se faire aimer et qu'il épouse. Le souvenir de *L'École des femmes* s'impose ; mais Beaumarchais donne de l'esprit et de l'insolence à Rosine, ce qui rend sa confrontation avec le barbon bien vive ; le spectateur rit du sens de la répartie que manifeste l'héroïne ; elle analyse les paroles de Bartholo et ironise sur la situation. Figaro, qui favorise les amours de Lindor et Rosine, s'est introduit dans sa chambre ; il se cache dans le cabinet à l'arrivée de Bartholo (la situation n'est

---

1. Voir préface du *Mariage*, p. 50.

d'ailleurs pas totalement étrangère à l'épisode du *Mariage de Figaro* où Chérubin est caché dans le cabinet). Le tuteur jaloux enquête sur la partition d'une chanson disparue le matin et dont, en réalité, Rosine s'est servie pour communiquer avec Lindor (acte I, scène 3). C'est en partie sur le comte que, dans *Le Mariage*, se déplace la jalousie inquisitrice, et le comtesse ne semble pas avoir oublié l'expérience de l'enfermement.

BARTHOLO. – Mais tout cela n'arrivera plus, car je vais faire sceller cette grille.

ROSINE. – Faites mieux ; murez les fenêtres tout d'un coup. D'une prison à un cachot, la différence est si peu de chose !

BARTHOLO. – Pour celles qui donnent sur la rue ? Ce ne serait peut-être pas si mal... Ce barbier n'est pas entré chez vous, au moins ?

ROSINE. – Vous donne-t-il aussi de l'inquiétude ?

BARTHOLO. – Tout comme un autre.

ROSINE. – Que vos répliques sont honnêtes !

BARTHOLO. – Ah ! fiez-vous à tout le monde, et vous aurez bientôt à la maison une bonne femme pour vous tromper, de bons amis pour vous la souffler, et de bons valets pour les y aider.

ROSINE. – Quoi ! vous n'accordez pas même qu'on ait des principes contre la séduction de monsieur Figaro ?

BARTHOLO. – Qui diable entend quelque chose à la bizarrerie des femmes ? et combien j'en ai vu de ces vertus à principes...

ROSINE, *en colère.* – Mais, monsieur, s'il suffit d'être homme pour nous plaire, pourquoi donc me déplaisez-vous si fort ?

« LE COMTE. – Et vous vouliez garder votre chambre ! Indigne épouse ! ah ! vous la garderez... longtemps » (Le Mariage, II, 16).

BARTHOLO, *stupéfait*. – Pourquoi ?... Pourquoi ?... Vous ne répondez pas à ma question sur ce barbier.

ROSINE, *outrée*. – Eh bien oui, cet homme est entré chez moi, je l'ai vu, je lui ai parlé. Je ne vous cache pas même que je l'ai trouvé fort aimable ; et puissiez-vous en mourir de dépit !

Elle sort[1].

LE « SIXIÈME ACTE » DU *BARBIER DE SÉVILLE*

Dans la *Lettre modérée sur la chute et la critique du Barbier de Séville* qui sert de préface au *Barbier de Séville*, Beaumarchais réfléchit à la question du genre : il ne dépend pas du « fond des choses », mais des « caractères » et des parties de l'aventure sélectionnées. Un même canevas d'action peut donc servir d'argument à des scènes de tons différents, entre lesquels l'auteur a le choix. Beaumarchais en donne un aperçu en abordant l'hypothèse d'un « sixième acte », épisode dans la « manière tragique ou *dramique*[2] » qui aurait prolongé une pièce à la « simplicité comique », et aurait entraîné une rupture momentanée de ton. Si, selon l'anecdote qu'il raconte dans la préface du *Mariage de Figaro*, Beaumarchais relève le défi auquel l'a mis le prince de Conti de mener à terme cette ébauche, c'est que l'entreprise répond, entre autres, à une

_____

1. *Le Barbier de Séville* (II, 4), dans Larthomas, éd. cit., p. 307.
2. Adjectif inventé ; il correspond au nom « drame » en tant que genre nouveau, et se distingue de « dramatique ».

exploration de la gamme tonale, qui aiguillonne notre dilettante. *Le Mariage de Figaro*, qui résulte en partie de cette page, sans adopter franchement l'un des tons envisagés dans ce noyau narratif, en garde néanmoins l'idée d'une tonalité amusée sur fond pathétique et canevas tragique.

Au lieu de rester dans ma simplicité comique, si j'avais voulu compliquer, étendre et tourmenter mon plan à la manière tragique ou *dramique*, imagine-t-on que j'aurais manqué de moyens dans une aventure dont je n'ai mis en scène que la partie la moins merveilleuse ?

En effet, personne aujourd'hui n'ignore qu'à l'époque historique [1] où la pièce finit gaiement dans mes mains, la querelle commença sérieusement à s'échauffer, comme qui dirait derrière la toile, entre le Docteur et Figaro, sur les cent écus [2]. Des injures, on en vint aux coups. Le docteur, étrillé par Figaro, fit tomber en se débattant le *rescille* [3] ou filet qui coiffait le barbier, et l'on vit, non sans surprise, une forme de spatule imprimée à chaud sur sa tête rasée. Suivez-moi, Monsieur [4], je vous prie.

À cet aspect, moulu de coups qu'il est, le médecin s'écrie avec transport : « Mon fils ! ô Ciel, mon fils ! mon cher fils !... » Mais avant que Figaro l'entende, il a redoublé de horions [5] sur son cher père. En effet, ce l'était. Ce Figaro, qui pour toute famille avait jadis connu sa mère, est fils naturel de Bartholo.

---

1. Au moment de l'histoire des personnages.
2. Figaro doit cent écus à Bartholo (*Le Barbier*, II, 4). On retrouve cette dette dans *Le Mariage*.
3. Résille.
4. L'auteur s'adresse au lecteur.
5. Coups violents.

Le médecin, dans sa jeunesse, eut cet enfant d'une personne en condition [1], que les suites de son imprudence firent passer du service au plus affreux abandon. Mais avant de les quitter, le désolé Bartholo, *frater* [2] alors, a fait rougir sa spatule, il en a timbré son fils à l'occiput, pour le reconnaître un jour, si jamais le sort les rassemble. La mère et l'enfant avaient passé six années dans une honorable mendicité, lorsqu'un chef de bohémiens, descendu de Luc Gauric*, traversant l'Andalousie avec sa troupe, et consulté par la mère sur le destin de son fils, déroba l'enfant furtivement, et laissa par écrit cet horoscope à sa place :

> *Après avoir versé le sang dont il est né,*
> *Ton fils assommera son père infortuné :*
> *Puis, tournant sur lui-même et le fer et le crime,*
> *Il se frappe, et devient heureux et légitime.*

En changeant d'état sans le savoir, l'infortuné jeune homme a changé de nom sans le vouloir ; il s'est élevé sous celui de Figaro ; il a vécu. Sa mère est cette Marceline, devenue vieille et gouvernante chez le Docteur, que l'affreux horoscope de son fils a consolée de sa perte [3]. Mais aujourd'hui, tout s'accomplit.

En saignant Marceline au pied, comme on le voit dans ma pièce, ou plutôt comme on ne l'y voit pas [4], Figaro remplit le premier vers :

> *Après avoir versé le sang dont il est né,*

• *Nom francisé de Luca Gaurico (1476-1558), prélat italien passionné d'astrologie.*

---

1. D'une domestique.
2. Aide-chirurgien, voir Présentation, p. 33, notes 2 et 3.
3. L'horoscope prédit, en termes ambigus, une histoire proche de celle d'Œdipe (voir Présentation, note 1, p. 32).
4. À l'acte II, scène 4, Bartholo s'emporte contre Figaro qui a saigné Marceline pour la neutraliser.

Quand il étrille innocemment le Docteur, après la toile tombée, il accomplit le second vers :

Ton fils assommera son père infortuné.

À l'instant, la plus touchante reconnaissance a lieu entre le médecin, la vieille et Figaro : *C'est vous ! c'est lui ! c'est toi ! c'est moi*[1] *!* Quel coup de théâtre ! mais le fils, au désespoir de son innocente vivacité, fond en larmes et se donne un coup de rasoir, selon le sens du troisième vers :

Puis, tournant sur lui-même et le fer et le crime,
Il se frappe, et...

Quel tableau ! En n'expliquant point si du rasoir il se coupe la gorge ou seulement le poil du visage, on voit que j'avais le choix de finir ma pièce au plus grand pathétique. Enfin, le Docteur épouse la vieille[2], et Figaro, suivant la dernière leçon,

... devient heureux et légitime.

Quel dénouement ! Il ne m'en eût coûté qu'un sixième acte. Et quel sixième acte ! jamais tragédie au Théâtre-Français... Il suffit[3].

---

1. La série d'exclamations est reproduite dans le monologue de Figaro (*Le Mariage*, V, 3).
2. La décision est prise dans *Le Mariage* entre les actes III et IV (voir la première réplique de Figaro, *Le Mariage*, IV, 1).
3. Extrait de la *Lettre modérée sur la chute et la critique du Barbier de Séville*, dans Larthomas, éd. cit., p. 274-276.

LA MÈRE COUPABLE (1792),
RETOUR AU PATHÉTIQUE

La Trilogie, qui n'est pas à l'origine un projet délibéré, au fur et à mesure que la trame s'en développe, balaie un large éventail, du rire (*Le Barbier de Séville*) aux pleurs (*La Mère coupable*) ; à mi-chemin entre une comédie et un drame, lui-même genre intermédiaire entre la comédie et la tragédie, *La Folle Journée* tente de se frayer une voie : un élan pathétique y est suivi d'une détente enjouée, un éclat de rire précède un instant d'émotion. Drame qui clôt le cycle des Almaviva, *L'Autre Tartuffe ou La Mère coupable* se déroule vingt après *La Folle Journée* ; les faits qui se sont passés dans ce long intervalle ont bien attristé les personnages. Almaviva, en découvrant des lettres, apprend l'aventure qu'ont vécue Chérubin et la comtesse et dont est né Léon ; il la reproche à son épouse ; celle-ci, se réveillant de son évanouissement, éprouve un égarement aigu qui, malgré une différence d'intensité, fait écho à l'état d'absence dans lequel la fin du *Mariage* la laisse.

« *LA COMTESSE*, rêvant. – *Laissons... laissons ces folies* » *(*Le Mariage, *II, 1).*

LA COMTESSE, *égarée.* – Ô ciel ! entre mes juges ! entre mon époux et mon fils ! tout est connu... (*Elle se jette à terre et se prosterne.*) Vengez-vous l'un et l'autre ! Il n'est plus de pardon pour moi ! (*Avec horreur.*) Mère coupable ! épouse indigne ! Un instant nous a tous perdus. J'ai mis l'horreur dans ma famille ! j'allumai la guerre intestine entre le

père et les enfants ! Ciel juste ! il fallait bien
que ce crime fût découvert ! Puisse ma mort
expier mon forfait [1] !

---

1. *La Mère coupable*, acte IV, scène 17, dans Larthomas, éd. cit.,
p. 659-660.

JALOUSIE

« *FIGARO. – Suzon, Suzon, Suzon ! que tu me donnes de tourments !* » *(Le Mariage, V, 3)*.

La jalousie de Figaro sert de point de départ et d'arrivée à son long monologue de la scène 3 de l'acte V. Il partage ce sentiment avec Suzanne (acte III, scène 18) ; le jour même de leurs noces, émerge la face douloureuse de l'amour, celle des fantômes intérieurs. Pourtant, l'illusion n'est pas totale ; elle fait pressentir au personnage ce dont l'autre rêve. Si la jalousie du comte envers son épouse est avivée par un faux billet (acte II, scène 12), le pouvoir de séduction que Chérubin exerce sur la comtesse vient la justifier. Si Suzanne agit sous le généreux prétexte d'aider la comtesse à reconquérir son mari (acte IV, scène 3), elle n'en est pas moins habile à donner espoir au comte. Si Figaro veut se venger de Suzon, il parvient avec vraisemblance à la persuader qu'il brûle pour la comtesse, et se rêve grand séducteur (acte V, scène 8)... À quel point peut-on faire semblant avec une telle virtuosité, sans se laisser prendre au jeu, et sans y prendre intérêt, voire plaisir ? La jalousie naît d'une erreur que la réalité ne vient pas vraiment démentir.

Dans la parade *Zizabelle mannequin*, la jalousie semble résulter d'un malen-

tendu. En effet, Zizabelle, amoureuse de
Léandre, l'entend faire une déclaration
d'amour, et laisse éclater sa jalousie ;
plus loin, Léandre s'explique : il a fabri-
qué un mannequin à l'image de Zizabelle pour se consoler de son absence, et
c'est à lui qu'il s'adressait. De plus, lui
aussi aurait des raisons d'être jaloux,
puisqu'elle l'a abandonné la veille de
leur mariage, et qu'elle revient en rapportant « de quoi fonder [leur] ménage »
grâce à un abbé qui lui a fait « voir du
pays ». Le comique de la langue et de
la situation ne doit pas faire oublier la
souffrance et ses raisons complexes.

ZIZABELLE. – Quoi ! scélérat, ce n'est pas
t'assez après [avoir] donné ton cœur, de me
l'ôter comme ça z'impoliment ? Tu m'agoni-
seras t'encore d'un déluge de mauvais propos [1] ? Si je n'étais pas douce et honnête,
vois-tu, je te crèverais le gigier [2], je t'arrache-
rais tes cheveux d'empreuse [3]... je te...

    Elle veut battre Léandre qui se défend.

LÉANDRE. – Mais, mais, ma délicieuse, arrêtez les transports de vos pieds, de vos mains !
Vous m'enrhumerez t'avec ces mauvaises
plaisanteries-là !...

ZIZABELLE. – Z'on t'a vu là-dedans li
prendre à travers le trou le falbala de la serrure de son jupon [4].

---

1. Léandre vient de lui dire qu'il ne comprend pas sa réaction.
2. Forme dialectale pour gésier.
3. Tes cheveux d'emprunt, ta perruque.
4. Elle reprend dans un mélange burlesque la description qu'a faite
Gilles qui, épiant son maître par le trou de la serrure, a vu « une cornette avec z'un désespoir, la robe à falbala, le falbala dans les airs »
(scène 5).

LÉANDRE. – Mais écoutez-moi, je vous pro-
teste...

ZIZABELLE. – Va, va, je n'ai que faire de tes
portes d'attestation [1], tu n'as qu'à les pendre
z'à ta boutique en manière d'enseigne, ça
z'apprendra z'aux filles à qui tu ne promets
pas poire molle à ne pas venir cuire à ton
four [2] [...] [3].

« PARLER TOUT SEUL
PENDANT UNE HEURE »

*« FIGARO. – Je dis ma
gaieté, sans savoir si
elle est à moi plus que
le reste »* (Le
Mariage, *V, 3*).

Les réflexions de Figaro glissent, par
analogie, de l'inconstance sentimentale
de Suzanne à l'instabilité de sa propre
situation sociale ; il se remémore alors
tout son passé, ce qui donne lieu à un
monologue d'une ampleur inégalée [4].
Cela implique, de la part de Beaumarchais, des choix dont ses contemporains
ont reconnu la nouveauté, sans pour
autant toujours en comprendre les
enjeux. Les nombreuses parodies, suites
et commentaires, qu'a suscités *Le
Mariage* [5] en signalent certaines raisons.
D'abord, on a jugé que cette scène
constitue une pause au regard de

---

1. Pour protestations.
2. « *Vous viendrez cuire à mon four*, pour dire : vous aurez besoin de
moi, j'aurai l'occasion de me venger » (*Acad.*). « *Ne pas promettre
poires molles* : menacer quelqu'un avec raison, faire des menaces sévères
et qui auront leurs effets » (Leroux, *op. cit.*)
3. *Zizabelle mannequin* (scène 8), dans Larthomas, éd. cit., p. 113-114.
4. Beaumarchais le lisait très vite d'après P. Larthomas, *Le Langage
dramatique*, A. Colin, 1972, p. 72.
5. Nous nous limitons à ceux qui ont été écrits dans les trois années
qui ont suivi la première du *Mariage* (de 1784 à 1787). À propos des
suites données à la pièce, voir l'article de M. Delon, « Figaro et son
double », *RHLF*, sept-oct 1984, p. 774-784.

l'action ; c'est considérer qu'une pièce doit viser une efficacité immédiate, et ignorer que Beaumarchais est à la recherche d'une autre économie dramatique. Ensuite un valet qui fait le philosophe est passé pour peu crédible ; c'est refuser de s'intéresser à l'expérience qu'a vécue un personnage de condition médiocre et à son référent social, c'est aussi vouloir s'en tenir à la fonction stéréotypée du personnage [1].

Figaro, directeur de marionnettes de Maillot* s'ouvre sur une scène où Figaro, bien après son mariage, commence à se livrer à un monologue d'exposition, mais il s'interrompt ; les raisons alléguées éclairent sur celles des spectateurs réticents.

> • *Antoine François Ève, dit Maillot, comédien et auteur dramatique (1747-1814).* Figaro, directeur de marionnettes, comédie en un acte et en prose, fut éditée à Paris, chez Hardouin en 1785.

Quand moi-même je réfléchis à ce que j'ai été... commencer avec rien, devenir bien riche... des bienfaits de mes maîtres, et retomber ensuite... Paix, chut, Figaro... point de longs monologues, mon ami !... ressouviens-toi d'en avoir fait un qui valait bien un acte entier en longueur, et n'apprenait rien de nouveau... Allons, allons, point de sérieuses réflexions. Ne quittons jamais notre franche gaieté, cette philosophie, du peuple si l'on veut, mais la plus aimable [2].

Nougaret**, dans *Coup d'œil d'un arabe sur la littérature française ou Le Barbier de Bagdad faisant la barbe au Barbier de*

> •• *Poète, auteur dramatique et critique (1740-1831).*

1. À propos du parcours social et des analogies du monologue de Figaro avec le récit de Trivelin à Frontin de *La Fausse Suivante* (acte I, scène 1), voir l'article de J. Guilhembet, « De Marivaux à Beaumarchais : variations autour d'un monologue », *L'Information littéraire*, janv.-févr. 1994, p. 15-19.
2. *Figaro, directeur de marionnettes* (scène 1), éd. cit.

Séville Figaro (1786), par sa comparaison avec l'horloge qui rappelle le premier métier du dramaturge, semble peu sensible à la recherche d'une durée qui sort des habitudes. Beaumarchais, qui connaissait aussi la musique, par ce long monologue, envisage la variation de tempo dans la représentation théâtrale.

« FIGARO. – On vient... c'est elle... ce n'est personne... [...] J'entends marcher... voici l'instant de la crise » (Le Mariage, V, 3).

Mais qu'est-ce que c'est donc que ce monologue d'une longueur si prodigieuse ? Eh, morbleu ! il s'agit bien maintenant de parler tout seul pendant une heure. Songez, songez, monsieur l'auteur, que c'est au cinquième acte surtout qu'il faut faire marcher l'action très rapidement. Allez au fait, allez au fait par le plus court chemin possible, et n'arrêtez pas les ressorts de votre horloge dans l'instant qu'elle doit sonner l'heure. Jamais monologue ne fut si déplacé. Ce ne sont point des réflexions que fait en lui-même ce Figaro, elles seraient plus vives, plus entrecoupées ; c'est un récit bien suivi, bien circonstancié de toute sa vie ; et à qui le fait-il ce récit ? sans doute aux marronniers [1].

LE MONOLOGUE PARODIÉ

Que les parodies ou les suites contiennent souvent un monologue montre que celui-ci est reconnu comme une spécificité de la pièce. La confrontation du modèle et de ses copies, humoristiques ou pas, permet de cerner les traits qui ont été érigés en caractéristiques d'un style. *La Folle Soirée*• pré-

• *Parodie en un acte, prose et vaudevilles,* La Folle Soirée *est attribuée à Laus de Boissy (1747- ?). La pièce est éditée à Paris, chez Couturier en 1784.*

1. Nougaret, *Coup d'œil d'un arabe...*, Londres et Paris, Guillot, 1786, p. 158.

sente un monologue calqué sur l'original qui appartient au rôle de Germain, valet amoureux de Suzon, une domestique.

GERMAIN. – Éloigné de ma Suzon, je vais m'ennuyer ici pendant un temps encore bien long. Seul et plus triste qu'un hibou, les moments me paraîtront interminables... Que dis-je, il faut nous évertuer... nous agiter, nous secouer les flancs... et dans un monologue bien étoffé, déclamer comme un Énergumène l'histoire glorieuse de ma vie, et dire à qui veut l'entendre... comme quoi j'ai fait des fredaines en tout genre... comme quoi j'ai été enfermé... justement... comme quoi, lassé de ma personne, l'on m'a congédié... comme quoi je n'ai cessé d'être un vaurien, de toujours mentir, de toujours grapiller [1], de m'endosser de mauvaises affaires, de les plaider pour rire, et de les gagner malgré mes torts, parce que j'étais un mince sujet, et que des tels gens trouvent toujours de plus puissants protecteurs que les autres... je le confesse, il y a de bons traits [2] ; mais les mauvais les absorbent ; aussi le plus prudent est de les cacher, et de n'entrer dans aucun détail, qui ne pourrait devenir intéressant qu'en courant après l'esprit, et si l'esprit me jouait le tour comme à tant d'autres, de courir plus que moi, au diable la besogne... cependant, si je n'en parle pas... je puis m'amuser à l'écrire... Non, non, la bile s'échaufferait ; je médirais... je calomnierais... et tout cela, en m'attirant la haine d'autrui, ne serait que du fiel évaporé, et de l'encre perdue. Quand on n'a que du mal à dire, il vaut mieux se taire ; non pas par la

---

1. Faire de petits profits secrets, plus ou moins illicites.
2. Dans mon monologue.

crainte de ne point être écouté, mais par la raison qu'on trouve trop d'écouteurs[1].

Le Lendemain des noces ou À quelque chose le malheur est bon[2] contient aussi une parodie du monologue ; Figaro, revient au château après une longue absence.

« *FIGARO. – Ô femme ! femme ! femme ! [...] Est-il rien de plus bizarre que ma destinée ! [...] Ô bizarre suite d'événements ! Comment cela m'est-il arrivé ? Pourquoi ces choses et non pas d'autres ? Qui les a fixées sur ma tête ?* » (Le Mariage, V, 3).

FIGARO, *seul avec sa guitare derrière le dos, un cuir à la boutonnière, des rasoirs dans son gousset* : Figaro ! Figaro ! Figaro ! Qu'es-tu ? Que deviens-tu ? Où vas-tu ? Dans les bras du repos, attaché au char de la fortune ; t'en voilà renversé... Ô homme ! homme ! homme !... Que ton existence est incertaine !... la girouette, qui tourne au gré du vent, est plus stable que toi... Faut-il que la nature entière soit soumise à ton inconstance ! Faut-il qu'éternellement j'en sois la victime ! Cheminant à petits pas vers l'instant de ma retraite, économe sans avarice, tirant argent de tout, j'espérais sous peu mettre bas la livrée, et finir ma carrière, maître de moi-même, libre comme l'air... Bercé par la main de la volupté, consumé par l'amour, je cherche deux beaux yeux. Je rencontre Suzanne, je l'épouse ; et par un contretemps affreux, dans le premier feu du mariage, je suis forcé de m'en séparer... Ô séparation amère ! (*Il réfléchit.*)... Quatre ans de plus ! j'étais assez riche ; je devenais important, politique, rentier ; je vivais noblement... Quatre ans de plus !... Ah ! Figaro, quel ver rongeur que ta disgrâce !... jadis faisant les délices des jeunes seigneurs, couru

1. *La Folle Soirée* (scène 5), éd. cit.
2. Pour l'attribution du *Lendemain des noces* (comédie en deux actes, Paris, Cailleau, 1787), on hésite entre deux auteurs dramatiques : Charles-Jacob Guillemain (1750-1799) et Dominique-Victor Mony-Quittaine (1765-1806).

des étrangers, connu des quatre parties du monde, je me suis vu partout fêté, jamais récompensé... Suzanne, la perle des suivantes, la gaieté par excellence, attirait l'œil des curieux... Elle me plaît. On apprend notre union... Le président, le conseiller, le parvenu, le financier, tout Séville applaudit à mes noces... Ô destinée humaine (*Il s'approche de la chambre de la comtesse.*) Aujourd'hui oublié, inconnu, pour ainsi dire, il ne me reste que mon intrigue pour me consoler, et Suzanne pour m'encourager... (*Ici il parle haut.*) Ah, Suzon ! Suzon ! Suzon [1] !

---

1. *Le Lendemain de noces* (scène 22), éd. cit.

« LE TROISIÈME LIEU »

Dans son ouvrage, *La Dramaturgie de Beaumarchais*[1], Jacques Scherer a définitivement démontré que cet auteur est un inventeur parce qu'il explore et expérimente autant les ressources du texte que l'espace scénique ; les suites du *Mariage* et ses parodies qui ont été écrites dans les quatre ou cinq années qui se sont déroulées après la première représentation confirme cette analyse. J. Scherer désigne, par exemple, un trait spécifique de la scénographie de Beaumarchais, le « troisième lieu ». Outre ce que le spectateur « voit sur la scène, figuré par le décor » et ce « qu'il suppose dans la coulisse », le dramaturge « nous force à en imaginer un troisième »[2]. Cette catégorie permet l'analyse du fauteuil dans les scènes 7 à 9 de l'acte I ; mais il est aussi un hommage à Molière, dont il rappelle *Le Malade imaginaire* et le dernier rôle.

---

1. J. Scherer, *La Dramaturgie de Beaumarchais, op. cit.*, p. 172 pour les expressions citées qui suivent.
2. À propos de l'espace, voir J.-P. de Beaumarchais, « *Le Mariage de Figaro*, une conquête de l'espace », *Le Siècle de Voltaire, hommage à R. Pomeau*, The Voltaire Foundation, Taylor Institute, Oxford, 1987, p. 83-88.

Le Mariage de Figaro présente enfin, dans son premier acte, ce qui peut paraître un tour de force de mise en scène et, croirait-on, une contradiction dans les termes : un troisième lieu visible sur scène, aussi bien d'ailleurs que le deuxième. Ce paradoxe apparent est obtenu grâce à un fauteuil [...]. Quand [Chérubin] voit entrer le comte, « il se jette derrière le fauteuil avec effroi ». Ce fauteuil est donc un « deuxième lieu » qui abrite Chérubin pendant que le comte parle avec Suzanne. Survient Bazile. Le comte, qui ne veut pas être surpris par lui, cherche un troisième lieu ; il n'en trouve qu'un deuxième [derrière le fauteuil] [...]. C'est alors Chérubin qui doit trouver un nouveau lieu : « Pendant que le comte s'abaisse et prend sa place, Chérubin tourne et se jette effrayé sur le fauteuil à genoux, et s'y blottit. Suzanne prend la robe qu'elle apportait, en couvre le page, et se met devant le fauteuil. » [...] Comme [les cachettes] sont inconfortables, tant au point de vue matériel qu'au point de vue dramaturgique, les personnages n'y tiennent pas longtemps, et sortiront bientôt. La situation est instable et en quelque sorte explosive ; elle engendre simultanément le comique et la péripétie [1].

ACCESSOIRES ESSENTIELS

Jacques Scherer, dans le commentaire qui accompagne son édition [2] a été particulièrement attentif au ruban de la comtesse que vole Chérubin ; il montre comment les réapparitions de cet objet

---

1. J. Scherer, *La Dramaturgie de Beaumarchais, op. cit.*, p. 174-177.
2. J. Scherer, éd. cit.

en enrichissent les significations [1]. En mettant en évidence un autre versant de l'exploration dramaturgique et scénographique à laquelle s'est livré Beaumarchais, il invite à être sensible aux accessoires, qui méritent mal leur nom. L'étude du critique suit le ruban dans chacune de ses apparitions (acte I, scène 7 ; acte II scènes 6 à 9 puis scène 25 ; acte V, scène 19), mais nous n'en donnons que quelques extraits.

Ainsi est consommé l'échange des objets, qui en précise la signification : à l'épingle provisoirement inaccessible est substitué le ruban, qui à son tour est troqué contre la romance. Il y a donc équivalence entre les trois objets, qui sont tous trois des symboles de la comtesse elle-même : si l'épingle et le ruban touchent son corps, la romance, en un de ces jeux de mots comme les aime le rêve, touche au cœur. Ce sont trois instruments de l'amour insatisfait qui, faute de réalités, ne peut se repaître que de symboles. [...]
Pour indiquer la valeur intime de cet objet, Beaumarchais y a lié le thème du sang. [...]
Mais en recueillant quelques gouttes de sang, le ruban devient, pour une imagination qui tourne à vide, quelque chose comme un linge nuptial, ou le signe d'un pacte qui reste d'ailleurs inaperçu de la femme en l'honneur de qui se forgent ces fantasmes.

---

1. À propos du ruban, voir l'article de Ch. Mervaud, « Le ruban de nuit de la comtesse », *RHLF*, sept-oct 1984, p. 722-733 ; et celui de P. Testud, « Échange et change dans *Le Mariage de Figaro* ou le cher ruban de Chérubin », art cit., p. 41-52. À propos de la portée symbolique des objets, voir l'article de S. Lefay, « Du *Mariage de Figaro* à *La Mère coupable* : permanence et inversion de signes », *L'Information littéraire*, janv-fév 1994, p. 20-24.

[...] le ruban de la comtesse connaît ici son
dernier avatar. Il devient jarretière de la
mariée, ce qui confirme sa qualité de symbole sexuel. La comtesse lui a inventé ce rôle,
grâce auquel elle peut se débarrasser d'un
objet qui la touche trop, préférer un dernier
petit mensonge qui dissimule un sentiment
qu'il serait trop grave d'avouer, et avoir avec
Chérubin une communication qui, dans la
pièce, sera la dernière. Le page, comme il le
désirait, conservera ce ruban [1].

« LA RAGE DE FAIRE DES SITUATIONS M'A GAGNÉ [2] »

Ce que nous considérons aujourd'hui
comme des signes de recherche et
d'invention spécifiquement théâtrales
qui visent à repousser certaines limita-
tions a été jugé par certains contemporains comme de l'extravagance ; c'est ce
que suggèrent les parodies qui n'en ont
pas moins exploité des dispositifs scéniques s'inspirant du « troisième lieu »,
et notamment la situation qui fait intervenir le cabinet et le saut par la fenêtre
(acte II, scènes 10 à 18). *La Folle Soirée*
l'imite, ce qui est une façon de la trouver
étonnante et inventive, tout en la dénigrant et en la réduisant à des procédés.
Dans la scène 6, Germain, le valet, est
en compagnie de La Feuillade, le jardinier, et La Mèche, l'artificier, tous deux

---

1. Successivement, commentaire de la scène 7 de l'acte I, J. Scherer, éd.
cit., p. 83 ; de la scène 6 de l'acte II, *ibid.*, p. 143 ; de la scène 19 et
dernière de l'acte V, *ibid.*, p. 403.
2. *La Folle Soirée* (scène 9), éd. cit.

pris de boisson ; il craint que son maître ne les surprenne et veut les faire sortir.

GERMAIN, *tirant tour à tour La Mèche et La Feuillade par la manche.* – Nous n'avons besoin ni de fleuriste ni d'artificier ; c'est aux sots qu'il faut vendre la fumée. [...] Pour prix de votre complaisance, voyez cette porte, voyez cette fenêtre... par laquelle des deux voulez-vous sortir ?
LA MÈCHE, *tremblant.* – Par la porte, s'il vous plait.
LA FEUILLADE. – C'est traître à vous, de vouloir... Est-ce donc la mode de faire sortir un honnête homme par la fenêtre ? Croyez-vous qu'on tombe d'un second ou d'un troisième [étage] sans se faire la moindre égratignure !
GERMAIN. – Oui, vraiment... on nous fait voir cela tous les jours [1].

Le chevalier, maître de Germain, arrive ; à la scène 9, il comprend, au trouble du valet, que quelqu'un est caché ; en effet, à la scène précédente, Germain a enfermé La Feuillade et La Mèche dans un cabinet. Par rapport au *Mariage*, Germain est dans la situation de la comtesse et le chevalier dans celui du comte, ce qui rend cocasse le souci de pudeur.

GERMAIN. – Puisqu'à mon trouble... à mon agitation... à ma perplexité, vous connaissez ma fraude... je l'avoue... j'ai caché quelqu'un... mais sans blesser la pudeur ni la délicatesse. Du moins, pour allonger cette scène intéressante et pathétique, faites comme si vous n'en saviez rien... ou bien sortons un moment... vous furieux, moi pénétré ; quoique nous n'en ayons point de raison, c'est égal... au retour, tout aura

« CHÉRUBIN. – La fenêtre du jardin n'est peut-être pas bien haute. (Il court y regarder.) *SUZANNE, avec effroi. – Un grand étage ! impossible !* » (Le Mariage, *II, 14*).

« LE COMTE. – Mais je suis encore à concevoir comment les femmes prennent si vite et si juste l'air et le ton des circonstances » (Le Mariage, *II, 19*).

1. *La Folle Soirée* (scène 6), éd. cit.

changé de face, malgré les précautions qui auront été prises.

LE CHEVALIER, *s'assoit*. – Laisse-moi... [...].

GERMAIN, *à part*. – Profitons de son absorbement pour déprisonner nos gens. [...]

GERMAIN, *poussant La Feuillade et la Mèche*. – Partez sans bruit, c'est l'instant propice. [...] [1].

LE CHEVALIER. – Ce qui m'étonne, et que je ne conçois point, sont l'air et le ton différents que tu prends si hardiment selon les circonstances.

GERMAIN. – La rage de faire des situations m'a gagné. Qu'elles soient placées ou déplacées, vraisemblables ou invraisemblables, discrètes ou indécentes, n'importe, pourvu qu'on m'admire ; tant pis pour ceux qui en blâment le motif. Du moins il n'y a rien à rabattre au nôtre [2].

Parisau[*], auteur du *Repentir de Figaro* (1785), applique la leçon de scénographie au début de sa parodie, et imite aussi les scènes 10 à 19 de l'acte II du *Mariage*, mais en donnant à Figaro et à Suzette les rôles du comte et de la comtesse. Le décor l'indique d'emblée ; c'est celui d'un salon où « on doit [...] voir d'un côté une porte de cabinet, une fenêtre à demi ouverte, et une malle de cinq à six pieds de long ». Chérubin, de retour de Catalogne, tente de voler des baisers à Suzette ; Figaro, devenu jaloux depuis son mariage, arrive.

* *Acteur et dramaturge qui a écrit beaucoup de parodies (vers 1753-1794).*

« *LA COMTESSE, troublée, se lève. – C'est mon époux ! grands dieux !* » (Le Mariage, II, 10).

SUZETTE. – [...] Qu'entends-je ?... Ô Ciel !... c'est Figaro qui rentre, je l'ai cru fort loin

---

1. Le jardinier et l'artificier sortent sans être vus du chevalier ; celui-ci entre dans le cabinet et s'étonne de n'y trouver personne.
2. *La Folle Soirée* (scène 9), éd. cit.

d'ici ; c'est lui, je suis perdue ! Quelle imprudence !... où cacher l'étourdi ?

CHÉRUBIN. – Partout ; je tiens si peu de
place.

SUZETTE. – Dans ce cabinet, et promptement.

CHÉRUBIN. – De tout mon cœur ! je suis fait
aux scènes de cabinet. Ma liberté le plus tôt
possible (*Il baise la main à Suzette, en tenant
la porte entrouverte.*) [...] (*Figaro entre en faisant du bruit.*)

Figaro soupçonne Suzette qui s'emporte
et le défie de trouver son amant. Finalement le valet sort ; elle appelle alors
Chérubin qui « pousse un volet et saute
par la fenêtre dans la chambre de
Suzette ».

« *LE COMTE*, plus
outré. – *C'est donc
une couleuvre, que ce
petit... serpent-là !* »
(Le Mariage, *I, 10*).

CHÉRUBIN. – Aux pieds de sa Suzette !

SUZETTE. – Par où avez-vous donc passé ?

CHÉRUBIN. – D'une croisée à l'autre.

SUZETTE. – Eh mais ! c'est incroyable ! c'est
un petit serpent !... Imprudent ! vous êtes
témoin de la scène affreuse que vous m'atti-
rez ! Comment finira-t-elle ? il rentre tout à
l'heure. Le cabinet fermé ! plus d'asile ! où
se cacher ? par où se sauver pour n'être pas
rencontré ?

CHÉRUBIN. – Par la fenêtre ; le chemin n'est
pas fréquenté.

SUZETTE. – Je n'y consentirai pas ; arrêtez,
Chérubin, il m'assassine.

CHÉRUBIN. – Prenons un parti, car j'entends
du bruit. À qui cette malle-là ?

SUZETTE. – C'est à Figaro.

CHÉRUBIN. – Peu m'importe, elle est vide, il
faut y mettre un page. Sauve qui peut ; je
retiens mon haleine, et dussé-je étouffer, il
n'en saura rien. (*Il se met dans la malle, et la
ferme sur lui*) [1].

1. *Le Repentir de Figaro* (successivement, scènes 1 et 5), comédie en un
acte, Paris, 1785.

FEMME AU MIROIR

Beaumarchais, qui ne se réfère pas à
Marivaux dans ses textes théoriques, se
souvient pourtant de lui ; des analogies
peuvent se déceler à condition toutefois
que l'on tienne compte d'une différence
d'échelle ; si l'un consacre des scènes
entières à analyser la complexité inter-
subjective des relations entre les femmes,
l'autre l'ébauche en quelques répliques.
L'intérêt que la comtesse délaissée
prend pour Chérubin résulte de l'image
flatteuse qu'il lui renvoie et qui se dessine aussi bien dans la romance que
dans le prix accordé au ruban volé et au
baiser reçu au front (acte IV, scènes 4 et
7). Surprise de l'amour ou du désir ? La
comtesse rêve et se regarde dans le
miroir (acte II, scènes 3, ou 24-25 par
exemple). Suzanne l'accompagne dans
cette redécouverte de son pouvoir de
séduire. En suggérant comment le
rapport à soi est dépendant du regard
d'autrui, Beaumarchais emprunte
quelques touches à l'un des thèmes les
plus chers à Marivaux. *La Seconde Surprise de l'amour* s'ouvre sur une scène
où une veuve veut s'abîmer dans son
chagrin, mais Lisette feint de douter de
son apparence, et la marquise, inquiète,
accepte le miroir.

« *LA COMTESSE*, tenant sa boîte à mouches. – *Mon Dieu, Suzon, comme je suis faite !... ce jeune homme qui va venir !* » (Le Mariage, *II, 3*).

LISETTE. – [...] Faut-il vous parler franchement ? je vous disais que vous étiez plus belle
qu'à l'ordinaire ; mais la vérité est que vous
êtes très changée, et je voulais vous attendrir
un peu pour votre visage que vous abandon-
nez bien durement.

LA MARQUISE. – Il est vrai que je suis dans
un terrible état.

LISETTE. – Il n'y a donc qu'à emporter la
toilette ? La Brie[1], remettez cela où vous
l'avez pris.

LA MARQUISE. – Je ne me pique plus ni
d'agrément ni de beauté.

LISETTE. – Madame, la toilette s'en va, je
vous avertis.

LA MARQUISE. – Mais Lisette, je suis donc
bien épouvantable ?

LISETTE. – Extrêmement changée.

LA MARQUISE. – Voyons donc, car il faut
bien que je me débarrasse de toi.

LISETTE. – Ah ! je respire, vous voilà sauvée :
allons, courage Madame.

On rapporte le miroir[2].

LA COMTESSE EN COQUETTE

Une des originalités majeures du
Mariage tient à l'invention du personnage du Chérubin ; le surgissement du
désir qui le pousse vers toutes les
femmes coexiste avec une conception
idéalisée et déjà nostalgique de l'amour
qu'il éprouve pour la comtesse et
exprime dans la romance. Et les contem-

1. Un domestique.
2. *La Seconde Surprise de l'amour* (1722), I, 1, dans Marivaux, *Théâtre
complet*, Seuil, « L'Intégrale », 1964.

porains n'ont pas manqué d'être sensibles à la nouveauté du personnage.

Une part importante des ouvrages qui commentent *Le Mariage de Figaro* est consacrée à discuter la moralité de la pièce ; le sujet n'est pas nouveau, et l'on sait à quel point les difficultés de cet ordre ont contribué à faire modifier la pièce et à en retarder la représentation [1]. Les auteurs de ces ouvrages, en dénigrant la comtesse et Chérubin, ont senti à l'avance quelque chose de l'intrigue que dévoile *La Mère coupable*. D'une certaine façon, ils ne se sont pas trompés.

En 1785, Marandon• écrit *L'Emprisonnement de Figaro*. Il s'agit d'une suite parodique du *Mariage de Figaro* ; un passage commente la pièce de Beaumarchais. Desgascons, un perruquier venu de France et installé à Séville, raconte à Almaviva l'histoire du *Mariage de Figaro*, ouvrage qu'il a vu à Paris. Il en vient aux personnages de la comtesse et du page.

• *Auteur dramatique (1758-1793).*

DESGASCONS. – [...] [La comtesse] y paraissait éprise d'un amour passionné pour un de ses pages, à qui il ne manquait qu'une expérience plus consommée, pour faire rougir l'honnêteté ; et si peu affectée des intrigues du comte, son époux, qu'on la voyait disposée à les sacrifier à l'espoir qu'elle avait de trouver en lui la même complaisance pour les siennes. Mascarades, rendez-vous, évanouissements, regards lascifs, toutes les marques enfin du tempérament le plus

---

1. Voir Dossier, p. 229-235.

immodéré et de l'âme la plus coquette, n'y étaient pas négligés pour en faire ce qu'on appelle à Paris une femme à la mode [1].

LE BEL OISEAU BLEU

Les auteurs de suites n'ont pas imaginé une évolution de l'intrigue entre la comtesse et Chérubin aussi hardie que celle qu'a inventée Beaumarchais dans *La Mère coupable* [2]. Mais ils ont pressenti que la dernière scène du *Mariage de Figaro* n'apporte ni conclusion ni solution à leur attirance réciproque. Ils témoignent de la façon dont *La Folle Journée* a fait rêver ses contemporains. Dans *Le Voyage de Figaro* de Destival*, quatre ans après *La Folle Journée*, ses personnages, mis à part le page, ont été capturés par un corsaire, et se retrouvent à Alger. La comtesse n'a pas oublié Chérubin à qui elle emprunte des accents dans un court monologue.

« CHÉRUBIN, exalté. – Je ne sais plus ce que je suis » (Le Mariage, I, 7).

• *Destival de Braban, auteur dramatique, actif entre 1788 et 1805.*

LA COMTESSE. – Je ne sais que penser..., je ne sais ce qui se passe dans mon cœur. Il est oppressé, je sens bien qu'il désire quelque chose..., je m'interroge, je m'arrête sur le comte... Ce n'est pas l'objet qu'il souhaite... Ah ! pourquoi m'aveugler ? Je puis pleurer en liberté... je puis nommer... Ah ! Chérubin ! Chérubin ! Vous ferez peut-être le malheur de ma vie. J'aimerais mieux mourir que de vous le dire ; mais je sens trop que je vous

---

1. *L'Emprisonnement de Figaro* (scène 10), comédie en prose et en un acte, par un auteur de Bordeaux, s. l., 1785.
2. Voir Dossier, p. 259. À propos de Chérubin voir l'article de P. Rétat, « La mort de Chérubin », *RHLF*, nov.-déc. 1974, p. 1000-1009, et celui de J. Seebacher « Chérubin, le temps, la mort, l'échange », art. cit.

aime, et que c'est vous seul que je pleure aujourd'hui ! Chérubin ! Chérubin [1] !

Les Amours de Chérubin de Desfontaines (1784)[•] montre le page en officier qui courtise quatre jeunes filles à la fois. Dans un monologue, Chérubin, se souvient de la comtesse.

[•] *Desfontaines de la Vallée, François Fouques-Deshayes dit Desfontaines (1733-1825), auteur dramatique.*

[...] Je ne sais comment ça se fait, mais la dernière que je vois est toujours celle que j'aime le mieux ; et puis quand je revois les autres, je les aime autant... C'est si joli d'être auprès d'une femme, si impossible de s'en éloigner, si difficile de n'en choisir qu'une... Ma belle marraine s'en est bien aperçue ; mais j'ai gardé son ruban, et je le garderai toujours... je l'aime tant... [2]

« *CHÉRUBIN. – Mon cœur palpite au seul aspect d'une femme* » (*Le Mariage, I, 7*).

Le Lendemain des noces [3] (1787) joue sur l'attitude ambiguë de la comtesse envers Chérubin et sur la portée symbolique des accessoires.

« *LA COMTESSE. – Eh ! pourquoi ne pas s'adresser à moi-même ; est-ce que je l'aurais refusé, Suzon ?* » (*Le Mariage, II, 1*).

LA COMTESSE. – [...] (*à Chérubin.*) Et vous, vous êtes accouru au plus vite.
CHÉRUBIN. – Le plus vite que j'ai pu.
LA COMTESSE. – Pour m'offrir cette rose ? Et vous n'avez pas craint un refus ?
CHÉRUBIN. – Non, ma bonne marraine ! vous ne m'avez jamais refusé. Vous ne commencerez pas aujourd'hui. Mon intention est si pure, ma rose si belle...
LA COMTESSE, *à part.* – Comme il m'attendrit ! (*À Chérubin.*) Levez-vous. (*À part.*) Sa

---

1. *Le Voyage de Figaro* (II, 9), comédie présentée à la Comédie-Italienne en juillet 1784, éditée dans le *Bulletin de la société de l'histoire du théâtre*, Paris, mai-août 1911, n° 3 et 4.
2. *Les Amours de Chérubin* (II, 1), comédie en trois actes et en prose, mêlée de musique et de vaudevilles, représentée par les Comédiens-Italiens le 4 novembre 1784, puis éditée chez Brunet, Paris, 1785.
3. Voir Dossier, p. 267 et note 2, p. 267.

présence m'inquiète. Si le comte rentrait. (*À Chérubin.*) Allez-vous-en, Chérubin. (*Lui passant la main sous le menton.*) Suzanne, Suzanne, la barbe lui croît.

SUZANNE. – Avec l'amour.

LA COMTESSE, *donnant un bonbon à Chérubin.* – Voilà le prix de votre fleur... Surtout que cela ne vous arrive plus.

SUZANNE, *à part.* – Bon correctif ! Bon correctif[1] !

---

1. *Le Lendemain de noces* (I, 2), éd. cit.

Répertoire des Comédiens-Français
ayant créé les rôles du *Mariage de Figaro*
(27 avril 1784)

ACTEURS

Belmont (ou Bellemont), J.-B. Colbert de Beaulieu, dit (1728-1803). Il joue Cléante dans *Tartuffe*, Lubin des *Fausses Confidences* et Pierrot du *Festin de pierre* ; sociétaire en 1778.

Champville, Étienne (1756-1802), sociétaire en 1791.

Dazincourt, Joseph Albouy, dit (1747-1809). Sociétaire à la Comédie en 1778, type du « valet de bonne compagnie » ; il joue Lubin dans *La Surprise de l'amour*, Dubois dans *Les Fausses Confidences*. Le rôle de Figaro devait aller à Préville, mais celui-ci, fatigué, prend celui de Brid'oison. L'interprétation de Figaro vaudra une immense réputation à Dazincourt, qui jouait sans charger les rôles. C'est lui qui devait faire répéter la reine dans le rôle de Rosine du *Barbier*, qu'elle joua dans son théâtre de Trianon.

Desessarts (ou Des Essarts), Denis Déchanet ou Deschanet, dit (1737-1793). Acteur très corpulent, il joue des rôles de bas comique ; le commandeur dans *Le Père de famille*, Orgon dans le *Tartuffe* ; il crée Bartholo dans *Le Barbier de Séville*.

Dugazon, J.-B. Henri Gourgaud, dit (1746-1809). Sociétaire en 1772, il joue les valets bouffons. Crée La Jeunesse dans *Le Barbier de Séville*. Il interprétera également Figaro dans *Le Mariage de Figaro*.

Florence, Nicolas Billot de La Ferrière, dit (1749-1816). Sociétaire en 1779, dans les rôles de confidente.

La Rochelle, Barthélemy (1748-1807), sociétaire en 1786 ; rôles d'effrontés et de coquins.

Marsy, pensionnaire de la Comédie-Française de 1779 à 1794.

MOLÉ, François (1734-1802), admis à la Comédie-Française en 1760, il joue les jeunes premiers, puis les rôles de haut comique ; il crée 126 rôles de 1760 à 1801, dont Mélac fils dans *Les Deux Amis*. Il reprendra le rôle d'Almaviva dans *La Mère coupable* (le rôle du comte dans *Le Barbier de Séville* avait été interprété par Bellemont).

PRÉVILLE, Pierre Du Bus, dit (1721-1799). Il débute à la foire Saint-Laurent en 1743 ; il joue Crispin dans *Le Légataire universel*, le baron d'Hartley dans *Eugénie*, Sganarelle dans *Dom Juan*, Scapin dans *Les Fourberies de Scapin*, Sosie dans *Amphitryon*. Il crée 64 rôles à la Comédie-Française, dont Figaro dans *Le Barbier de Séville*. Brid'oison est sa dernière création.

VANHOVE aîné, Charles (1739-1803). Sociétaire en 1779 ; joue les jeunes premiers, puis les pères nobles.

ACTRICES

MME BELLECOURT (ou Bellecour), Rose Le Roy de la Corbinaye, dite Beauménard, puis dame (1730-1799) ; elle débute à la foire Saint-Germain en 1743, puis commence à la Comédie-Française en 1749. Elle joue Dorine dans *Tartuffe*, Zerbinette dans *Les Fourberies de Scapin*, Nicole dans *Le Bourgeois gentilhomme*.

MLLE CONTAT aînée, Louise (1760-1813). Sociétaire en 1777 ; elle joue Cécile dans *Le Père de famille* ; le rôle de Suzanne est un rôle de soubrette, mais Beaumarchais choisit de le faire interpréter par une actrice spécialisée dans les rôles d'ingénue. Elle doit à sa création du rôle de Suzanne son immense réputation, et participera aux reprises du *Mariage de Figaro* et de *La Mère coupable* en 1797 (dans le rôle de la comtesse). Maîtresse du comte d'Artois.

MLLE DANTIER : aucun renseignement à son sujet.

MLLE LA CHASSAIGNE, Marie Broquain de (1747-1820) ; sociétaire en 1769 pour les rôles d'amoureuse et de confidente.

MLLE LAURENT, Charlotte (1766-18??), sociétaire en 1785.

MLLE OLIVIER, Jeanne Gérardin dite (1764-1787). Agnès dans *L'École des femmes* ; sociétaire en 1782.

MLLE SAINT-VAL CADETTE, Blanche Alziari de Roquefort, dite (1752-1836), reçue sociétaire à la Comédie en 1776 ; tragédienne, elle crée cependant ce rôle du répertoire comique.

BIBLIOGRAPHIE

Tout ce qu'a écrit Beaumarchais n'est pas encore édité dans les moindres détails : quelques lettres restent encore probablement inédites ; des pièces de son théâtre privé, et, peut-être, des mémoires, ou leurs ébauches, rédigés à l'occasion de ses nombreux procès, restent sans doute également à l'état de manuscrits et d'esquisses. Dans son œuvre dramatique, il faut distinguer, d'une part, les parades et les drames qui n'ont pas encore éveillé tout l'intérêt mérité, et d'autre part la célèbre trilogie, composée du *Barbier de Séville*, du *Mariage de Figaro* et de *La Mère coupable*, dont le chef-d'œuvre central a profondément marqué l'histoire du théâtre occidental.

Le Mariage de Figaro suscite un intérêt toujours renouvelé chez les gens de théâtre, les spectateurs et la critique. Les indications suivantes ne donnent qu'un aperçu limité de cette vitalité ; ne sont signalés que les ouvrages qui semblent devoir être consultés en priorité, et dont le choix n'échappe pas à l'arbitraire. Parmi les études récentes, on a voulu mettre en évidence un nouveau courant de recherche qui s'intéresse à Beaumarchais comme inventeur du droit de propriété littéraire.

ÉDITIONS DE L'ŒUVRE DE BEAUMARCHAIS

Il serait imprudent de parler d'œuvres complètes, mais on trouvera dans les éditions et articles suivants une très grande partie de ce qu'a composé Beaumarchais (théâtre, mémoires, correspondance).

Gudin de la Brunellerie, *Œuvres complètes de Beaumarchais*, éd. Collin, 7 vol., 1809.

É. Fournier, *Œuvres complètes de Beaumarchais*, Laplace, Sanchez et Cie, 1876.

B. N. Morton et D. C. Spinelli, *Correspondance de Beaumarchais*, Nizet, 1969.

P. et J. Larthomas, *Œuvres de Beaumarchais*, Gallimard, « Bibliothèque de la Pléiade », 1988. [Cette édition, qui fait référence,
contient, outre la trilogie, diverses pièces de théâtre privé,
ainsi qu'*Eugénie*, l'*Essai sur le genre dramatique sérieux*, *Les
Deux Amis* et *Tarare* (livret d'opéra), les mémoires contre
Goëzman et ceux sur l'affaire des fusils de Hollande. Elle
comporte, de plus, un précieux choix de documents. Dans les
notes sont reproduits les plans du décor, à consulter pour
comprendre la scénographie du *Mariage*.]

R. Pomeau, « Beaumarchais et les lendemains du 14 juillet
1789. Une lettre inédite », *Revue d'histoire littéraire de la
France*, XCVII, 1997, p. 1024-1030.

R. Laplace « Le fonds Beaumarchais à la Comédie-Française »,
Revue d'histoire du théâtre, CCII, 1999, p. 71-78.

D.C. Spinelli et A. Garbooshian, « Beaumarchais and Dupaty.
Somme unpublished correspondence », *Studies on Voltaire
and the Eigtheenth Century*, 2002, 6, p. 117-140.

—, « Beaumarchais and the Rivarol. Some unpublished correspondence », Oxford, *Studies on Voltaire and the Eigtheenth
Century*, 2005, 7, p. 95-109.

G. Banderier , « Une lettre inédite de Beaumarchais », *French
Studies Bulletin*, n° 101, Nottingham, hiver 2006, p. 101-102.

ÉDITIONS DU THÉÂTRE DE BEAUMARCHAIS

Heylli et Marescot, *Théâtre complet*, Académie des bibliophiles,
Paris, 1869-1871.

P. Larthomas, *Parades*, Sedes, 1977. [Avec *Zizabelle mannequin*,
inédit.]

J. Scherer, *Le Barbier de Séville*, suivi de *Jean-Bête à la foire*,
Gallimard, « Folio », 1982.

J.-P. de Beaumarchais, *Théâtre*, Garnier, 1980 (rééd. LGF, Le
Livre de Poche, 1985, et La Pochothèque, 1999). [La trilogie
est accompagnée du *Sacristain*, « avant-texte » du *Barbier*.]

P. Frantz, *Le Barbier de Séville*, Théâtre de Poche, 2000. [Avec
des indications sur la réception de la pièce.]

J. Goldzink, *Le Barbier de Séville*, GF-Flammarion, 2001. [Édi-
tion avec dossier.]

ÉDITIONS DU *MARIAGE DE FIGARO*

J. Scherer, Sedes, 1966. [Édition avec une analyse dramaturgique : une lecture indispensable.]

J. B. Ratermanis, Genève, Studies on Voltaire, LXIII, 1968. [Dans cette édition sont reproduits les trois manuscrits de la pièce.]

A. Ubersfeld, Éditions sociales, « Les classiques du peuple », Paris, 1968.

J. Goldzink, Larousse, 1992.

G. Kahn, Oxford, Voltaire Foundation, SVEC 12, 2002 [Édition critique avec les variantes de la version scénique originale.]

BIBLIOGRAPHIE DE BEAUMARCHAIS

B. N. Morton et D. Spinelli, *Beaumarchais : A Bibliography*, Ann Arbor, Michigan, The Olivia and Hille Presse, 1988.

P. Frantz, « Bibliographie sélective des agrégations », *L'Information littéraire*, LVI, juillet-septembre 2004, p. 49-51.

OUVRAGES BIOGRAPHIQUES

L. de Loménie, *Beaumarchais et son temps*, Calmann Lévy, 1880.

R. Pomeau, *Beaumarchais ou la bizarre destinée*, PUF, 1987 (rééd. 1995).

J-P. de Beaumarchais, *Beaumarchais : le voltigeur des Lumières*, Gallimard, « Découvertes », 1996. [Pour une première approche.]

M. Lever, *Pierre Augustin Caron de Beaumarchais. I. L'Irrésistible ascension. 1732-1774*, Fayard, 1999.

–, *Pierre Augustin Caron de Beaumarchais. II. Le Citoyen d'Amérique. 1775-1784*, Fayard, 2003.

–, *Pierre Augustin Caron de Beaumarchais. III. Dans la tourmente, 1785-1799*, Fayard, 2004.

D. C. Spinelli, *L'Inventaire après décès de Beaumarchais*, Honoré Champion, 1998.

ÉTUDES SUR L'ŒUVRE DE BEAUMARCHAIS

NUMÉROS SPÉCIAUX DE REVUES

Comédie Française, n° 174 (mars 1989), n° 183 (février 1990), n° 188 (décembre 1990).

Europe, n° 528, avril 1973.

Méthode !, n° 7, automne 2004. [Nombreuses études consacrées à la trilogie.]

Revue d'Histoire littéraire de la France, n° 6 (novembre-décembre 1974), n° 5 (septembre-octobre 1984) et n° 4 (2000).

OUVRAGES GÉNÉRAUX ET ARTICLES

J. Scherer, *La Dramaturgie de Beaumarchais*, Nizet, Paris, 1954 [Nombreuses rééditions augmentées, lecture indispensable.]

P. Larthomas, *Le Langage dramatique*, Colin, 1972 [Ouvrage général mais qui puise souvent ses exemples dans *Le Mariage.*]

F. Lévy, « *Le Mariage de Figaro*, essai d'interprétation », *Studies on Voltaire*, CLXXIII, 1978.

G. Conesa, *La Trilogie de Beaumarchais*, PUF, Paris 1985. [Approche stylistique précise.]

J.-J. Tatin-Gourier « Les réécritures romanesques du *Mariage de Figaro* avant 1789 », dans *Le Personnage romanesque*, dir. Gérard Lavergne, université de Nice-Sophia Antipolis, 1995, p. 447-457.

P. Robinson, *Beaumarchais et la chanson*, Oxford, Voltaire Foundation, 1999.

–, *Beaumarchais : hommes de lettres, homme de société*, dir. Philip Robinson, Bern, Peter Lang, 2000.

V. Giraud, *Beaumarchais, l'aventure d'une écriture*, Honoré Champion, 1999.

F. Lecercle, « Beaumarchais et la dramaturgie de l'hallucination », *Le Travail des Lumières*, dir. C. Jacot-Grapa, N. Jacques-Lefèvre, Y. Séité et C. Trevisan, Honoré Champion, 2002, p. 515-531.

Pierre Frantz et Florence Balique, *Le Barbier de Séville, Le Mariage de Figaro et La Mère coupable de Beaumarchais*, Atlande, 2004. [Étude littéraire et stylistique.]

M. Nadeau, « Théâtre et esprit public. Les représentations du *Mariage de Figaro* à Paris, 1784-1797 », *Dix-huitième siècle*, XXXVI, 2004, p. 491-510.

J-P. de Beaumarchais, « Les métamorphoses de Figaro », *Studies on Voltaire and the Eigntheenth Century*, 2005, 5, p. 1-10.

À PROPOS DES MÉMOIRES ET DES DROITS D'AUTEUR

M. Lombardi, « Con le mani pure. Beaumarchais i memoriali contro il guidice Goëzman », *Paragone*, XLVII, 5-6, juillet-août 1996, p. 3-50.

G. Brown et D. Spinelli, « The *Société d'auteurs dramatiques*. Beaumarchais and the *Mémoire sur la préface de Nadir* », dans *Romance Notes*, XXXVII, 1996-1997, p. 239-249, Chapel Hill, NC.

S. Mc Meekin, « From Beaumarchais to Chénier. The *droits d'auteurs* and the fall of the Comédie-Française : 1777-1791 », *Studies on Voltaire and the Eigtheenth Century*, n° 373, 1999, p. 237-371.

M. Poirson, « Portrait de l'artiste en propriétaire. Le dramaturge fortuné ou les avatars du statut de la propriété intellectuelle au XVIIIe siècle », *Littérature classique*, n° 40, automne 2000, p. 119-138.

CATALOGUE

Exposition « Beaumarchais », Bibliothèque Nationale de France, Paris, 1966.

FILMOGRAPHIE

Le Mariage de Figaro, réalisation Marcel Bluval, INA, 1961 (pièce filmée).

Beaumarchais l'Insolent, libre adaptation d'une pièce de Sacha Guitry, réalisation Édouard Molinaro, 1995 [Beaumarchais devenu personnage.]

N° d'édition : L.01EHPN000220.C004
Dépôt légal : août 2008.
Imprimé en Espagne par Novoprint (Barcelone)